ISSN1882-0670

比較経営研究 第46号

日本比較経営学会 編

Japan Association for
the Comparative Studies
of Management

ポスト株主資本主義の経営

ポスト株主資本主義とポストコロナの経営（学）の探究

JN044927

文理閣

巻頭言

　「ポスト株主資本主義の経営：ポスト株主資本主義とポストコロナの経営（学）の探究」を特集とする『比較経営研究』第46号の完成・発行を学会会員の皆さんと喜び、学会の共通資産として共有したいと思います。

　2月24日ロシア軍がウクライナに軍事侵略を開始しました。特に、世界経済の発展をインフラ的に支えてきた化石燃料とSWIFT国際金融決済情報網が同盟強化と制裁の手段として本格的に利用され始めています。これらは多層的にそして地域横断的に繋がってきた世界経済を分断する危険性があります。その危険性のなかで日本の社会と企業そしてそのステークホルダーの網の目はどのように変化していくのでしょうか。

　特集の最初の柴田努論文は株主資本主義の鋭角的な通説批判です。戦後資本主義の特徴であった「社会的規制に基づく経営者支配」は、1970年代以降企業経営に対する社会的規制が大幅に後退することに伴い「企業の金融化のもとでの経営者支配」と「経営者主導の株主第一主義」に変化しました。だが、社会・環境規制の要求の高まり、アクティビストの株主からの要求の精鋭化、資本の価値増殖自体の低減化により、経営者権力の強化を目的とする「株主第一主義」も限界となり、経営者が主導する戦略が質的転換を迫られています。これがステークホルダー資本主義論の唱道となっています。しかし企業内外から経営者権力のコントロールメカニズムの構築なしにはステークホルダー資本主義の実効性がないと主張します。

　これに対して、國島弘行論文は、株式（資本）の所有構造－ガバナンス（経営者への管理）－支配（経営者の解任・更送）－経営戦略－労働者等市民生活を一環的な連鎖として捉え、その中で金融化の中核にある「投資ファンド」の構造に特に注目します。我が国の特徴であった株式相互持合いからアウトサイダー（投資ファンド）所有構造への転換、M＆A市場の形成、外国投資家の台頭、米国政府の投資摩擦圧力と日本政府の対応、東証改革、投資アクティビストの活躍を指摘し、多様な投資フォンドと運営

会社の影響力のため株価引き上げが上場企業の主要な経営目的になり、賃金引き下げ・停滞、人員整理、下請けの単価引き下げ、人権の無視に繋がっていると指摘します。最後に労働組合の経営事項に関わる「団交権」の制度化の必要性を指摘します。この点では柴田論文と共通します。

　この両翼の論文に対して、続く村上了太論文の挑戦は、生活と地域をめぐる歴史的・比較的調査研究から、ポスト株主資本主義はステークホルダー資本主義一般ではなくて、協同組合や共同が経済社会に占める度合いを深めるような資本主義が模索される必要があると展望します。続く桜井徹論文は、株主資本主義批判としての企業パーパス論を取り上げます。この論は産業財団所有という具体的姿を取ってきましたが、株式市場からの影響を受けないことの上に、株式会社＝社会の受託者という視点から、従業員の「社員権」＝従業員の経営参加（労働者協同組合的）の側面を持つことに注視します。そこにポスト株主資本主義の展望を見出しますが、国家所有と社会的規制の必要性については触れられていないと指摘します。

　ワークショップの成果である夏目啓二論文は次の点を問題提起しています。Wintelismの限界を明らかにしている森原報告では、プラットフォーム資本主義の下でのステークホルダー資本主義との関連性を解明すること、中小企業群である素形材産業における量的縮小の問題を解明している永島報告では、株主価値重視経営への転換が進み、素形材産業の量的縮小が今後も続くなかでステークホルダー資本主義への転換をどのように展望することができるのか、最後の芳澤報告では、先の柴田努論文と國島弘行論文の対抗と異なって、株主資本主義的経営と経営者資本主義的経営という複眼的見方を提起しています。

　引き続き、この領域の研究の発展と交流が盛んになることを期待しています。

　　2022年3月6日

日本比較経営学会

理事長　田中　　宏

目　次

ワークショップ

講演会

論文

研究ノート

書評

特集によせて

ポスト株主資本主義の経営
――ポスト株主資本主義と
ポストコロナの経営（学）の探究――

藤　原　隆　信（第46回全国大会・プログラム委員会委員長）

　本特集は、2021年7月30日〜8月1日に立命館大学・びわこ草津キャンパス（BKC）にて開催（開催方式はZoomによる全面オンライン方式）された日本比較経営学会第46回全国大会の統一論題「ポスト株主資本主義の経営―ポスト株主資本主義とポストコロナの経営（学）の探求―」の報告及び討論を基にした論考が収録されている。

　同大会の趣旨文は以下の通りである。

　2020年は、人類史的に見て画期をなす年になった。それは言うまでもなく、前年に中国・武漢で始まったとされる新型コロナウイルスが、地球的規模で感染拡大したという事実にもとづいている。新型コロナウイルスの感染拡大は、企業・経営や社会のありように変革を迫るだけでなく、学術の世界にも新しい課題を提起している。

　20世紀末以来の30年間を振り返ってみると、株主資本主義にもとづく経営が世界を覆ってきたことを共通認識とすることは大方の理解を得ることができよう。その一方で、株主資本主義がもたらす矛盾は深まり、2019年8月に米ビジネス・ラウンドテーブルが、注目すべき声明を明らかにした。それは、すべてのステークホルダー（顧客、従業員、サプライヤー、

地域社会そして株主）の利益になるように会社の目的を再定義するということであった。

　このようなもとで、日本比較経営学会もこの3年間における研究を展望しつつ取り組んでいきたい。その焦点は、新型コロナウイルスの感染拡大と株主資本主義の見直し（の萌芽）という現実を踏まえた比較経営研究である。

　日本比較経営学会は、1976年に設立されて以降、企業・経営を社会のあり方と関連づけて究明すべく取り組んできた。21世紀の最初の四半世紀において、転換期を迎えたと認識される「企業と社会」について、比較経営（国別、産業別、セクター別、企業別など）からアプローチしていきたい。

　さしあたり第46回全国大会においては、「ポスト株主資本主義の経営」をテーマとして、株主資本主義の現段階と株主資本主義を超える企業・経営の可能性について議論したい。株主資本主義は営利部門のみならず非営利部門や社会のありようにも大きく影響してきた。その実態を総体的に把握し、その中から生まれつつある新しい企業・経営の可能性を明らかにしていきたい。

　以上のような趣旨の下で行われた4名の報告、及びその後の討論では、「株主資本主義（株主第一主義、ファンド資本主義）の経営」をめぐるさまざまな問題が提起されると共に、そのような経営のあり方へのアンチテーゼとして「地域に根ざした経営（共同性を重視した経営）」や「企業の存在意義（パーパス）を重視した経営」についての議論が展開された。本特集は、それらの報告と討論を踏まえて執筆されたものであり、「ポスト株主資本主義の経営」という視点から新たな企業のあり方、経営のあり方を示唆するものであると言えよう。

（ふじわら　たかのぶ／筑紫女学園大学）

株主第一主義の転換と企業支配構造

柴 田 努

1. はじめに

　2019年8月のアメリカのビジネス・ラウンドテーブル（以下BRT）の声明や2020年1月に開催された世界経済フォーラムの宣言である「ダボス・マニフェスト2020」など、企業経営をめぐる大きな変化が存在する。変化の主要内容は、従来の株主利益を最優先する経営から、株主以外のステークホルダーの利益も重視する経営への転換である。世界経済フォーラムの会長であるクラウス・シュワブは、「株主資本主義」（shareholder capitalism）や「国家資本主義」（state capitalism）とは異なる資本主義の形態として、「ステークホルダー資本主義」（stakeholder capitalism）の重要性を強調する。この背景には、世界的に広がる格差の拡大や気候危機に代表される環境問題への対応が挙げられる。これらの問題は「株主資本主義」によって生み出されているという理解が広がり、多くの批判が提起されている（Schwab 2019a, Schwab 2019b, Schwab and Vanham 2021）。

　ではこのシステムを乗り越える社会、すなわち「ポスト株主資本主義」とはいかなる経済システムであろうか。冒頭に挙げた「ステークホルダー資本主義」への期待が高まっているが、これは有力なオルタナティブになりうるであろうか。この問いに答えるためには、株主資本主義とは何かということの解明が必要である。株主の利益を重視した経営という意味では広く共有されているこの概念も、企業経営の主導権を握っている経済主体は誰かという議論では論争が生じているため、株主資本主義とは何か、それを推進してきた主体や権力の所在はどこにあるのかという点を明らかにする必要がある。

通説的な整理を行えば、戦後資本主義において長らく続いてきた経営者支配は、1970年代以降の機関投資家の台頭と新自由主義政策によって、株主による支配が復活し、その権力を基礎として「株主資本主義」が論じられている。しかし、柴田（2020）で明らかにしたように、現代の巨大企業における経営者の権力は依然として強固なものであり、従来の株主価値最大化経営においても、経営者の裁量を最大限認める仕組みとなっている。この観点から分析すれば、今回のステークホルダー資本主義への転換も、経営者の権力拡大を重視している側面が浮かび上がる。

　以上をふまえて本稿の課題は、株主資本主義や株主第一主義として捉えられてきた企業行動の特質とその推進主体を明らかにすることである。

　本稿の構成は以下のとおりである。第2章で企業経営における構造的な変化と株主第一主義として捉えられている資本主義の構造を明らかにする。第3章では、1970年代以降の機関投資家の台頭を背景にした株主による企業支配力を分析する。そして第4章では、今回の株主第一主義からの転換は、経営者主導の転換であることを明らかにし、その意義と限界について検討する。

2. 企業経営の構造変化と株主第一主義

　ポスト株主資本主義を考察するためには、株主資本主義とは何かということの検討が必要である。株主資本主義とは論者によって力点の置き方に違いがあるが、おおよそ次のような企業経営のあり方とそれによって構築される経済システムを意味する。

　第1の特徴は、株式会社はその所有者である株主のものであり、経営者は株主の代理人として、株主利益を最大化するように経営を行う必要があるという企業理論である（株主主権論）。これが株主資本主義論の理論的な柱となる。そして第2に、株主利益の最大化を達成するためには、株主による経営者へのコントロールを強めることが要請され、そのシステムの構築が実践的に追求される（株主による企業支配）。コーポレート・ガバナンス改革をめぐる主要な論争点はここに含まれる。第3に、以上の理論

と実践の結果として株主による企業支配が強まることで、経営者はその圧力に屈して（経営者支配の終焉）、労働者へのコスト圧力（リストラや賃金の引き下げ）や企業の中長期的な投資の削減を行い、株主への分配（配当と自社株買い）を最優先する企業行動をとるようになる。そして、これらの諸要因によって企業経営における短期主義や所得格差の拡大など現代資本主義におけるさまざまな問題が生じることとなる。

　クラウス・シュワブは、ステークホルダー資本主義の意義を論じた著書のなかで、株主資本主義とは、企業利益の最大化とそれにもとづく株主への分配を唯一の目的とする資本主義の形態であり、1970 年代に誕生しその後数十年にわたって世界的に影響力を拡大してきたと述べている（Schwab and Vanham 2021, pp.171-172）。ここで書かれていることは、フリードマンの有名な論説（Friedman 1970）で展開されたいわゆる「フリードマン・ドクトリン」が株主資本主義の基礎となっているという認識である。

　また、株主資本主義と類似するものとして、「株主第一主義」（shareholder primacy）という概念も広く使われている。マーティン・リプトンが指摘するように、「株主第一主義」とはアメリカ資本主義の基盤となる企業行動の形態であり、これはフリードマン・ドクトリンと内容的に同じものであることから（Lipton, 2020）、フリードマン・ドクトリンと株主資本主義、そして株主第一主義には概念としての共通性がある。以下、本稿では主として株主第一主義という用語を用いる[1]。

　株主第一主義の特徴は、すでに述べたように①株主主権論と②株主による企業支配、③株主利益最大化経営がもたらす資本主義の構造的変化という 3 つの側面から把握されるが、①の理論的内容に基づいて②の実践が行われ、③の変化が生じたという構成になっている[2]。そこで問題となるのは、②の実践における「株主による企業支配」とはどのような根拠に基づいて論じられているかという点にある。

　株主による企業支配の重要な根拠として、株式市場における機関化、すなわち機関投資家の持株比率の上昇が挙げられる。1950 年以降の 10 年ごとのアメリカ企業の株式所有比率の推移を確認すると、個人株主は 1950

5

年の92.8％から2020年の39.5％まで減少しているのにたいして、1950年に6.8％だった機関投資家による持株比率は上昇を続け、2020年には55.5％とアメリカ企業の半数以上の比率を記録していることが分かる[3]。特に1980年代と90年代は年金基金、2000年代以降はミューチュアル・ファンド、2010年以降はETF（Exchange-traded funds）が急速に増加している。

　アメリカ資本主義は株式会社の発展に伴う株式所有の分散から、長らく「所有と支配の分離」を基礎とした経営者支配の形態であったが、このような機関投資家の持株比率の上昇は株式所有権の再集中を生み出し、再び所有と支配が一致する「株主支配」へと転換したという議論を生み出すこととなる。

　そして、このような株主支配の「結果」として、利益処分としての株主への分配（配当＋自社株買い）が増大する。配当支払総額（非金融企業）は1970年代の年平均405億ドルから80年代の年平均約1,012億ドル、90年代年平均約2,215億ドル、2000年代年平均4,369億ドル、2010年から2018年の平均約6,858億ドルと急増し、純利益に占める配当の比率（配当性向）も1980年代以降上昇している[4]。

　自社株買いも1970年代までの水準と比較すると1980年代以降高い数値を示しているが[5]、近年はその規模において際立っている。1990年代後半以降の資本発行総額と自社株買い等による償却総額とその差として表される純資本発行額の推移を確認すると、2007年の純資本発行額は約7,063億ドルのマイナスであり、その後金融危機で縮小するが、2011年から2019年の年平均は約4,403億ドルのマイナスとなっている。アメリカの株式市場においては、一部の年を除いて株式による資金調達よりも自社株買い等が上回っているのであり、株主への配分を重視する企業行動が強まっていることが確認できる[6]。

　以上のような機関投資家の持株比率の上昇とそれを背景とした株主への分配（配当・自社株買い）の増大は資本主義経済に構造的な変化をもたらした（以下の点、詳しくは柴田2020、第3章を参照）。第1に、賃金の停滞と不安定雇用の拡大である。1980年代以降、生産性の上昇と賃金上昇のリンクが切断され、賃金の伸び率は抑制され不安定な雇用形態で働く人

の割合も増加している。第2に格差の拡大である。株主価値を重視する企業行動はストック・オプションの拡大と高株価経営を生じさせ、トップ1％への所得シェアの集中を生み出す。第3に中長期的な投資の減少である。これは自社株買い重視の企業行動から生じる[7]。そして第4に、企業の短期主義である。四半期決算を軸にした過度に短期的な株価重視の経営は、経済の長期的な成長を阻害するものであるという批判が高まっている（淵田 2012）。

　これらの変化はいずれも1980年代以降に生じたものであり、機関投資家の台頭とそれに基づく株主への分配を重視する企業行動がその要因として指摘されるようになる。次章では機関投資家による企業支配の実践的側面について分析を進める。

3. 機関投資家の権力とは何か

（1）機関投資家による企業支配

　第2章で確認した株式所有の集中は、企業にたいする支配権の集中を意味し、株主による企業支配を強める可能性が生じる。しかし、株式市場の機関化という現象自体はその可能性を示すだけであり、株主による企業支配を導き出すためには、株主が企業を支配する動機と方法が必要となる。多くの研究が指摘する動機と方法として次の2点を指摘することができる。第1に、1974年のERISA法による年金基金の受託者責任の明確化や1988年の「エイボン・レター」における議決権行使を受託者責任の一部として位置づけたことなど、機関投資家の運用責任が制度的に要請されるようになった点である[8]。第2は、株式所有額の増大から従来のウォール・ストリート・ルールによる運用スタイルに変更が生じた点である[9]。このような受託者責任の明確化や運用額の巨大化によって、企業に直接的に影響力を行使することが、リターンを増大させるためにも不可欠なものとなり、そのための具体的方法として株主主権に基づいた株主アクティビズムの活発化につながったということである。

　以上の議論は、第2章で論じた枠組みを使えば、機関投資家への株式所

有の集中は、株主アクティビズムの活発化をとおした株主による企業支配につながり、そしてその支配の結果として配当・自社株買いに代表される株主への分配の増大と資本主義の構造的変化が生じたという見方である。

　株主支配論のなかでも機関投資家による支配を主張する議論はいくつかの類型に分けることができる。第1に、1990年代以降の年金基金による株主アクティビズムの影響を説くもの、第2に、2000年代以降のヘッジファンド・アクティビズムによる企業経営への圧力を強調するもの、第3に、2010年代以降急速にシェアを伸ばしたインデックス・ファンドによる企業支配への影響を重視するものである。

　これら3つの類型は、時代的な変遷を表してもいるが、それぞれどのような株主によるパワーを重視するかによって違いが存在する。年金基金によるアクティビズムは伝統的な株主アクティビズムとして捉えられ、株主提案や議決権行使、経営者との対話をとおした企業経営に対する圧力として機能する。1990年代前半には、アメリカ最大規模の公務員退職年金基金であるカルパース（CalPERS）などによってGMやIBMといった大企業のCEOが更迭された。これらの現象から、株式市場で存在感を増した年金基金のアクティビズムによって、経営者の支配は後退していったと捉えられていたのである（Useem 1996, pp.1-6）。

　ヘッジファンド・アクティビズムはヘッジファンドへの資金流入額の増加と金融市場における影響力の増大を基礎として、アクティブ運用によるリターン最大化を目的として行われる。この手法では個別企業の経営分析を基礎に、ターゲットを確定し、アクティビズムを行うことが重要となる。

　これとは逆に、パッシブ運用を主とするインデックス・ファンドによる企業支配は、近年のビッグ3（ブラックロック、バンガード、ステート・ストリート）に代表される少数のファンドへの巨大な株式集中とその力をもとにした議決権行使や経営者との対話が軸となって議論される。2009年から2018年のインデックス・ファンドへの流入総額は3.4兆ドル以上で、同期間のアクティブ・ファンドへの流入額の18倍を記録している（Bebchuk and Hirst 2019a, p.728, Table 1）。このことから分かるとおり、近

年はアクティブ・ファンドからインデックス・ファンドへのシフトが生じている。さらに同期間のビッグ3への資金流入額は3兆ドルを超えており、これはアクティブ・ファンドとパッシブ・ファンド全体への流入額の82%を占めていることから3社への巨大な集中が進行していることが確認できる（Bebchuk and Hirst 2019a, p.732, Table 3）。ビッグ3が保有するS&P500社の平均株式数は1998年の5.2%から2017年には20.5%と過去20年間で約4倍に増加しており（Bebchuk and Hirst 2019a, p.724）、このような巨大な株式所有を背景に企業に圧力をかけるという議論である。

　以上の主体をめぐる議論は機関投資家のタイプやその影響力の分析に違いがありながらも、株主支配論である以上、企業支配としては1970年代まで続いた経営者支配を終わらせ、株主の権力に経営者を従わせているという点では共通性がある。

（2）機関投資家による企業支配の限界

　以上みてきた機関投資家の台頭と企業支配をめぐっては、その効果も含めて評価が分かれている。第1章で確認した機関投資家への株式集中と株主への分配の増大、資本主義の構造的変化という3つの事実については共有された現状分析の出発点であるが、この3つのつながりを株主による企業支配の結果として捉えるかどうかに論争点がある。機関投資家による企業支配を強調する議論の限界は以下のとおりである[10]。

　第1に、機関投資家の持株比率が全体としては高いとはいえ、個別の機関投資家の持株比率を分析すると企業支配に十分な所有比率を有していない点が挙げられる。第2に、機関投資家による株主提案は法的拘束力がなく「勧告」に過ぎないという点と株主提案の支持率の低さである。第3に、インデックス運用は運用コストの面からアクティビズムに積極的ではないこともその要因として挙げることができる。さらに、第4にヘッジファンド・アクティビズムはヘッジファンド全体からみた時の運用資産額の低さとそのことに起因する小型株を主要なターゲットとする点から考察すれば、巨大株式会社にたいする影響力は限定的であると指摘することができる。そして、第5にSay on Payの投票結果等の分析から、機関投資家

は経営者の報酬にたいして規制力を有していない点、第6に企業支配の評価においてもっとも重要な要素となる、経営者の更迭に関しても機関投資家はパワーを行使できていないことから、巨大株式会社の全体的傾向として支配権を握っているとは評価できない点を挙げることができる。

　以上の分析は、個別の機関投資家による影響力（第1から第4の点）と全体としてみた場合の支配力（第5と第6に関わる経営者権力のコントロール）を論じたものであるが、前者の個別機関投資家の限界はありながらも機関投資家が「結束」することで権力を行使できるという議論がある[11]。ここで重要になってくるのが、多数の企業で最大株主として存在感を発揮しているビッグ3の動向である。巨大インデックス・ファンドの動機と方法があらためて問われる。

　BRT声明のステークホルダー主義にたいする鋭い批判を展開したベブチャックは、Bebchuk and Hirst（2019b）においてビッグ3の企業経営への影響力について実証研究にそくして次のように分析する。インデックス・ファンドは、運用するポートフォリオの長期的価値を最大化するため、スチュワードシップに基づき積極的に行動するということが暗黙の内に想定されている。価値最大化のための行動は投資先企業の業績評価やガバナンス構造の分析を基礎にした、議決権行使や株主提案、投資先企業との私的な交渉などを指し、「モニタリング」、「投票」、「エンゲージメント」に大別される（Bebchuk and Hirst 2019b, pp.2044-2049）。

　しかし、ポートフォリオに組み込まれる膨大な企業の個別分析にもとづいた投票とエンゲージメントは、巨額のコストを要求されるものである。ビッグ3のスチュワードシップの担当者の数や一人あたりのコストの分析から、スチュワードシップに非常に限られたリソースしか費やしていないことが分かる（Bebchuk and Hirst 2019b, pp.2076-2080, Table 3）。

　以上のモニタリング体制の現状は、ビッグ3が積極的に行っているとされる「行動」について次のような結果につながっている。まず、2017年から2019年の3年間に行われたビッグ3のプライベート・エンゲージメントの分析から、平均して投資先企業の92.5％とエンゲージメントがなかったことが明らかとなる（Bebchuk and Hirst 2019b, pp.2086-2087, Table 4）。

そして、ビッグ 3 の議決権行使の分析から、経営者報酬にたいする「反対」票の少なさが際立っていることが明らかとなり、経営者の利益にそった議決権行使が行われていること（Bebchuk and Hirst 2019b, pp.2091-2092, Table 5）、取締役選任に関与することに消極的であること（Bebchuk and Hirst 2019b, pp.2097-2101）、2014 年から 2018 年の 5 年間に出された 1,500 件の株主提案の調査から、ビッグ 3 が提出した株主提案は 1 件もなかったこと（Bebchuk and Hirst 2019b, pp.2103-2105, Table 9）が示される。

　以上の実証研究をふまえて、インデックス・ファンドがポートフォリオの価値最大化のために積極的に行動するという想定とは逆の事態が生じていることが明らかになる。Bebchuk and Hirst（2019b）は、ビッグ 3 が過度に企業経営に介入する戦略をとっていないことによって、経営者はビッグ 3 への株式集中が進むことに抵抗するのではなく、むしろそのような集中が自分たちの利益につながると考えるようになると述べている（Bebchuk and Hirst 2019b, p.2070）。ビッグ 3 への株式集中は、経営者支配の強化につながっているという指摘である。

　株主による企業支配のイメージとして共有されていることは、「物言う株主」が議決権行使や株主提案、経営者にたいする圧力を強めることで、経営者は株主の支配力に屈してその要求に従わざるをえないというものである。しかし、実際には企業支配論において重視されてきた複数の分析視角から明らかなように、株主による支配が現代資本主義における巨大株式会社で成立していると評価することはできない。「劇場型」のアクティビストはマスコミ等も使って派手にその存在感を示すが、それをもって巨大株式会社の支配が経営者から株主に移行したとはいえないのである[12]。

4．経営者主導の株主第一主義からの転換

　本章では第 2 章、第 3 章の分析をふまえて、株主第一主義からの転換はどのような企業行動の変化を意味しているのかということを検討する。第 3 章では、機関投資家による企業支配という議論は限界を有していることを明らかにした。ここから今回の株主第一主義からの転換は経営者主導の

戦略の転換として位置づけることが可能となる。

（1）株主第一主義と企業価値

　株主第一主義とは第2章で述べた大きな枠組みとして把握できるものであるが、より具体的には「取締役が株主の利益を第一に追求する義務を負うことを、米国ではshareholder primacy」と呼ぶ（田中2020a、123頁）。よってその評価のためには「株主の利益を第一に追求する義務」とは何かという点が重要となる。

　では「株主の利益」はどのように実現されるのか。株主第一主義やフリードマン・ドクトリンをめぐる議論では、「株主の利益」は企業の長期的価値の増大をとおして高まるという前提が置かれている。そして、Friedman（1970）の論説の本質はそのタイトルである「ビジネスの社会的責任とはその利潤を増やすことである」（The Social Responsibility of Business is to Increase Its Profits）にあることから分かるとおり（Lipton, 2020）、企業の長期的価値の増大のためには、企業利潤の最大化が求められるのである。

　以上の株主第一主義の特徴から次の点を指摘することができる[13]。第1に、株主第一主義はその用語からみると逆説的であるが、経営者の強い裁量を前提としているということである。なぜなら企業利潤最大化をとおして実現される企業の長期的価値の実現や株主利益の最大化は、その目的と結果において市場の不確実性に左右されることになるからである。

　たとえば、経営者が短期的な意味での株主利益を重視せず（たとえば配当を削減して）、雇用や環境問題への支出を増加させたとしても、それがただちに株主利益に反する行動であると判断することはできない。なぜなら、利潤最大化を目的とした企業行動がそのまま結果としての利潤増大を達成できるかは市場リスクなどさまざまな要因に影響を受けることになるからである。すなわち、企業利潤の増大を目的としていれば、株主以外のステークホルダーを重視する企業行動をとることは株主第一主義の理論枠組みにも組み込まれているのであり、これはフリードマンや多くの論者も強調している点である[14]。よって、株主第一主義においても、経営者の強

い裁量を前提とした「経営判断の原則」（Business Judgement Rule）が適用され、経営者の決定は法的にも保護されている。この点がアメリカ資本主義における経営者権力の所在として広く指摘されることである[15]。

　第2に、企業利潤増大と企業価値の関係、さらにはそれが株主利益にどのようにつながるのかという論点である。ここには重要な前提として、企業の業績や企業価値は株式市場において投資家から正確に評価され株価として現れるということが想定されている。つまり、企業の長期的価値の増大（可能性も含めて）が株価として表現されることをとおして、株主の利益になるということである[16]。

　しかし、株価が正確に企業価値を反映しているかという点は議論が分かれている[17]。本稿ではこの論点についてはこれ以上立ち入らないが、いずれにせよ株主第一主義における重要な評価軸として「株価」があり、高株価経営が達成されているならば、企業経営にたいして投資家としては文句がないという構造が生じることとなる。この高株価経営こそ、企業のペイアウト政策やM&A戦略、リストラクチュアリングをとおした経営者の経営戦略として実行されるものであり、株主第一主義の重要な特徴となる[18]。

（2）経営者支配の構造変化と株主第一主義からの転換

　以上の経営者の裁量を前提とした企業経営は、Berle & Means（1932）が明らかにした、経営者支配の構造をさらに強めたものであると評価することができる。バーリとミーンズは、株式会社への経済力の集中と株式所有権の分散（Berle & Means 1932, 第Ⅰ編）、そして株主の法的権利の後退（Berle & Means 1932, 第Ⅱ編、第Ⅲ編）という現象を分析し、株式会社の発展は経営者の裁量を拡大し、経営者支配が強まることを論じた。

　そして、資本主義経済の長期的傾向として所有と支配の分離が進み、経営者の権力が強まるという分析に基づいてその社会的なコントロールの必要性を論じたところ（Berle & Means 1932, 第Ⅳ編）に彼らの研究の主眼があり、ニューディール政策や戦後資本主義のいわゆる「黄金時代」の基礎となるさまざまな企業規制として実現されていったのである。このような経営者支配の構造を柴田（2020）では「社会的規制に基づく経営者支配」

と定義した。

　しかし、1970年代以降、経営者は経済の低成長と企業利潤の低下から脱却するために一つの階級として行動するようになり、資本主義の構造を変化させていく。具体的には企業の自由度を縛る規制の緩和・撤廃と企業利潤増大を達成するためには制約となっていた労働運動への攻撃である。すなわち、経営者権力をコントロールする目的で構築されていた「社会的規制」の緩和がその主要な標的となる。

　Horn（2017）が的確に指摘するように、金融化は特定の経済主体の戦略によって生み出された現象である。そして経済の金融化から生じる金融の力と金融主導の経済構造という仕組みを最大限利用して、経営者は階級間の力関係を大きく変えていったのである。自社株買い規制の緩和や最高所得税率の引き下げ、反トラスト法の緩和、さらにはストック・オプションにいたるまで、企業経営において従来社会的に規制されてきた構造を大きく変えることで、経営者による権力が拡大していくこととなる。まさに経営者は新しく生み出された「株主価値」というイデオロギーを最大限利用して、自らの権力を拡大すると同時に、従来の企業行動を株主第一主義に適した形に変更していったのである。このような構造を柴田（2020）では「経済の金融化のもとでの経営者支配」と定義した。

　以上をふまえたうえで、今回のBRT声明やダボス・マニフェストなどの株主第一主義からステークホルダー主義への転換を評価すれば、企業支配をめぐる権力構造の変化が生じているわけではなく、経営者主導の株主第一主義からステークホルダー主義への転換という側面が導き出される。

　なぜ経営者は従来の株主利益を重視する経営戦略を転換したのか。その背景には次の3つの要因が存在する[19]。第1に、企業経営をめぐる社会からの要請の強まりである。気候危機に代表される地球環境をめぐる問題や、付加価値分配の歪みを反映した格差の拡大は巨大株式会社にたいする批判とその社会的規制の要求として提起されている。第2に、主としてヘッジファンド・アクティビズムなどの株主からの要求の高まりである。第3に、従来の株主利益を重視する企業行動に限界が生じていることである。企業利潤低迷への対応として選択された、株主価値イデオロギーに基

づく株主価値最大化経営は、資本家と労働者の力関係を大きく転換し、資本優位の構造をつくりだすという「成果」をあげた。しかし、労働者への分配の削減と長期投資削減をともなう株主配分重視経営は、資本の本質である価値増殖と対立的な状況をつくりだす。

　以上をふまえて今回の「転換」を経営者主導の側面から分析すると、第1と第2の点は、外部からの規制にたいして、経営者権力の源泉である経営者の裁量を防衛することに目的があり（社会による企業コントロールと株主からの圧力への対応）、第3の点は企業利潤増大という資本の本質にたいして従来の株主第一主義が限界に達していることへの対応（企業利潤のマイナス要因への対応）という面が明らかとなる。以下詳しくみていく。

　第1の点においては、政府や社会からの企業コントロールは、経営者の経営決定権限への規制（コントロール）をとおして実現される。すなわち、経営者の権力を規制し、直接的にステークホルダーの利益を確保しようとするものである。経営者が自らの支配を維持・強化するためには、このような社会的要請に応えつつ、実質的なコントロールは回避するという2つの課題を同時に達成する必要がある。だからこそ、「画期的」なBRT声明を打ち出すと同時に、あらゆる外部からの規制は排除するという状況が生じているのである[20]。

　第2の点はヘッジファンドなどのアクティビストからの要求を退けるために、ステークホルダー主義を打ち出しているという側面である。1980年代に急増した敵対的買収にたいする防衛の時にもこの手法は用いられており、2019年のBRT声明以前にも段階的に株主の影響を弱める動きが続けられてきたことが指摘されている[21]。ステークホルダー主義への転換にたいして、投資家や株主主権論の立場から厳しい批判が出されている背景として、まさに経営者権力の強化という側面が存在するからである[22]。

　第3の点については、ステークホルダー重視経営が企業利潤増大につながるかどうかは、理論的には資本と労働の付加価値分配をめぐる対立関係が存在している以上、その実効性に疑問が出されている。労働者への分配の増大やサプライチェーンなどの労働条件の改善、環境対策などは短期的

には企業利潤の低下要因ともなりうるものであり、企業利潤最大化の担い手である経営者の行動と矛盾を生じさせる。そのため、株主への分配を相対的に弱めることで、経営者の裁量として利害関係者に対応しようとする企業行動は限界を有しているのである[23]。

　以上のように、巨大企業の経営者支配の構造を前提とすれば、1980年代以降の企業行動は、ある時期には経営者が株主利益を重視する行動をとり、また別の時期には株主への分配を一定弱めたりすることで形作られてきたのであり、企業経営における決定権限は株主との対立を内包しながらも、経営者優位の構造を維持・強化してきたのである。よって、今回の株主第一主義からの転換を企業支配論の視角から分析すれば、経営者権力の強化を目的とした経営者主導の戦略の転換であることが明らかとなる。

　このような経営者主導の転換という把握から分析すると、ポスト株主資本主義としてのステークホルダー資本主義の限界も明らかとなる。すなわち、株主第一主義や株主資本主義の構造を変えるためには、権力の源泉である経営者の決定権限をいかにコントロールするかということが重要なのであり、ここに踏み込まない「ステークホルダー重視経営」はその実現可能性の面において限界を有しているのである。株主主権論の強みは、まさにこの経営者権力のコントロールを理論的・実践的に追求しているという点にある。だからこそ株主主権論からのステークホルダー主義への批判は、一定の説得力を持つものとなっているのである（Bebchuk and Tallarita 2020, pp.116-123）。ステークホルダー主義を実効性のあるものにするためには、株式会社の発展によって強められてきた経営者権力を企業内外からコントロールするメカニズムの構築が必要なのである。

5. おわりに

　本稿の結論は以下のとおりである。

　第1に、株主資本主義や株主第一主義として把握される資本主義の構造的変化は、株主支配を軸に論じられることが多いが、企業支配論の分析視角に基づいた株主アクティビズムの分析から、株主が現代資本主義におけ

る巨大株式会社の支配権を握っているという評価は現実を正確に捉えていない。

　第2に、経営者主導の「転換」として把握されるステークホルダー主義への転換も、経営者権力の社会的コントロールに踏み込まなければ、企業の支配形態を変えることはできないということが明らかとなった。ポスト株主資本主義の展望は、巨大株式会社の意思決定構造をどのように企業内外から規制していくかという点に見出されるのである。

注
1)　株主第一主義と株主資本主義は厳密にいえば違いが存在する。株主第一主義は企業ガバナンスの議論として主に用いられ、企業経営にたいする取締役会の義務や意思決定の正当性などを論じるものである。ここでは企業支配構造としては株主による支配なのか経営者による支配なのかは一義的には明らかではなく、幅を持ったものとなる。他方、株主資本主義は資本主義経済の構造的な変化を捉える概念であるが、企業支配の把握としては株主による支配が強まった結果として生じた資本主義の形態という含意が強く出ている。つまり、株主資本主義という用語には「株主による企業支配」が前提とされているのである。本稿では企業支配論の視角から分析を行うため、株主による支配という前提が強調される株主資本主義ではなく、株主第一主義という概念を使用する。
2)　この構成について一点補足をすると、株主主権論の立場からはここで述べた③の変化については否定的に捉えている。たとえばフリードマン・ドクトリンの是非をめぐる討論会で、株主第一主義の立場の重要性を強調するクリフォード・アスネス（AQRキャピタル・マネジメント）は、企業が長期的価値を犠牲にして短期的利益を追求したという議論にたいして、コロナ・パンデミック前の2020年初頭になぜアメリカ企業の利益は過去最高になったのか、自社株買いで雇用が減ったというがなぜコロナが拡大する直前は失業率が歴史的な低水準だったのかと疑問を述べ、株主第一主義をめぐる弊害について否定する（Asness et al. 2021, p.40）。Kaplan（2020）も1980年代以降の貧困率の減少等を根拠に、株主価値最大化という目標は世界的に非常に成功しているという前提から議論しなければならないと述べている。
3)　データの出所はFinancial Accounts of the United States Z.1。機関投資家の合計に海外（Rest of the world）を含めたが、この大部分は海外のヘッジファンド、年金基金、ミューチュアル・ファンド、ソブリン・ウェルス・ファンドによるものであると考えられるためである（Dasgupta et al. 2020, p.4）。さらにトップ1,000社の巨大企業の持株比率に着目すれば、1987年の46.6%から2009年の

73%と上昇し、全体平均よりも高い値を示している（Tonello and Rabimov 2010, p.27）。このことから分かるように、機関投資家による巨大企業の持株比率は全体平均よりも高い傾向がある。

4）　データの出所は、配当支払額はBureau of Economic Analysis National Income and Product Accounts Table 7.10、配当性向はBureau of Economic Analysis National Income and Product Accounts Table 1.14, Table 7.10を参照。詳しい分析は、柴田（2020）、55-57頁を参照。

5）　柴田（2020）では1960年代以降の自社株買いの推移を粗付加価値との比率で示した（柴田、2020、58頁、図2-3）。

6）　以上、自社株買いのデータは柴田（2020）、57-58頁、Kuchinski et al.（2017）を参照。

7）　たとえばLazonick（2017）は、過去30年間、雇用創出とイノベーションに投資されるはずの何兆ドルという資金が株価操作のための自社株買いに使われてきたと述べている（Lazonick 2017, p.221）。

8）　藤井・鈴木（2004）、84-93頁、柴田（2020）、64-65頁を参照。

9）　Pinto（2006）, p.13，神野（2000）、5-6頁、柴田（2020）、9頁を参照。

10）以下の機関投資家による企業支配の限界についての記述は、柴田（2020）第2章をもとにしている。詳しいデータや先行研究については同書を参照してほしい。

11）たとえば、2021年5月のエクソン・モービルの株主総会において、少数持株のヘッジファンドであるエンジン・ナンバーワンが推薦した複数の取締役が選任されるという「異例」の事態が生じた。この背景には運用資産額30兆円を超えるカリフォルニア州教職員退職年金基金（カルスターズ）が、役員選びや集票も含めたバックアップを行ったことがその成功要因として指摘されている（日本経済新聞2021年7月3日付）。これは機関投資家の「結束」によって、会社提案の現職取締役再任が阻まれたという事例である。しかし、各種報道において「異例」や「株主の春」という表現、そしてオックスフォード大学のロバート・エクルズ教授の「世界中に響き渡った号砲のようなものだ」という発言（日本経済新聞2021年6月9日）にあるとおり、極めて珍しい事例であることが分かる。

12）アクティブ運用の詳細な分類や「集中型投資」のアクティブ運用と「劇場型」のアクティビストの違いについての分析は、江口（2017）を参照。また、20世紀初頭からの金融資本主義と経営者資本主義の攻防については、Davis（2008）が詳しく論じている。デイヴィスはミューチュアル・ファンドの分析から、支配なき所有集中というシステムを「新しい金融資本主義」と定義している。

13）以下の点は柴田（2021）の記述をもとにしている。

14）Bebchuk and Tallarita（2020）は、企業の社会的責任を否定したことで有名なフリードマンも株主価値の最大化のためにはステークホルダーに配慮した経営が必要であることを述べていたと論じている（Bebchuk and Tallarita 2020, p.110）。アメリカン・エンタープライズ研究所（AEI）のマイケル・ストレインによれば、フリードマンは長期的価値の最大化を論じていたため、たとえば労働者にたいして不当な扱いをすることは株主価値最大化につながらないと主張していたと説明する。そして、これは多くの経済学者やフリードマンの議論を擁護する人々も認めていることだと述べている（Asness et al. 2021, p.38）。

15）「企業が社会のためになる目的を掲げることは、大方の見方に反して、大いに法に則った行為である。世界のどこにも、投資家の収益最大化を法律で義務づけられた企業は存在しない。たとえば米国法では、あきらかに長期の株主価値を破壊する事業判断は違法だが、企業の売却など厳密に定義された数少ない状況を除いて、取締役の判断にはかなりの裁量が認められている」（Henderson 2021, p.36, 訳48頁）。「取締役は、それが長期的に会社の利益を増進すると誠実（good faith）に判断する限り、投資の実施、製品の値下げ、従業員の賃上げといった、それ自体は株主以外の者の利益となる行為をすることができ、その適否は、経営判断原則によって審査され、株主の訴訟による攻撃をほぼ免れる」（田中 2020a、127頁）。

16）「株主が、会社の将来収益を反映した市場株価で株式を売却することにより、会社が将来生み出すと期待される価値を、現在において享受できるということである。会社の事業上の投資が収益を生み出すまでに何年もかかる場合でも、その投資が、長期的に見て株主資本コストを上回る利益率を挙げると期待される限り、期待を反映して市場株価は上昇し、現在の株主の利益になる。（中略）他方、会社の事業が長期的にも株主資本コストを上回る利益率を上げると期待できない場合には、株主は、会社の取締役に対し、事業の売却を求めたり、余剰資金を配当や自社株買いの形で株主に還元することを求めるであろう」（田中 2020b、81頁）。

17）田中は注16で引用した文章に続けて、「もちろん、今述べたことは、株式市場に投資する投資家が、発行会社の将来収益を適切に評価し、市場株価が企業価値を反映した水準に決まることを前提にしている。もしも投資家・株主が、将来収益を適切に評価せず、短期的な業績のみに着目して、低収益事業の売却や株主還元を求めるようになれば、長期的な会社の収益性は損なわれるだろう」（田中 2020b、81頁）と述べている。クリフォード・アスネスは、市場が完璧ではないということは認めつつ、今日の株価は将来予想されるすべてのキャッシュフローの現在価値を反映しているという理論におおむね同意していると主張するが、それにたいしてマーティン・リプトンは短期的な価値と長期的な価値の間には大きな違いがあり、短期主義的な企業経営によって長期的

な価値を犠牲にした利益最大化が生じていると論じている（Asness et al. 2021, pp.38-39）。

18）株価重視の要因としては、企業利潤増大を達成するために行われた規制緩和とその結果として生じた経営者によるM&A戦略がある。詳しくは柴田（2020）、第3章（アメリカの分析）、第4章（日本の分析）を参照。

19）以下の記述は、柴田（2021）をもとにしている。

20）株主主権を重視するベブチャックも、ステークホルダーの利益を保護するための最も効果的な方法は、法律や規制など外部からの介入であると述べている（Bebchuk and Tallarita 2020, p.94）。しかし、BRTや巨大企業の経営者は、連邦政府がコーポレート・ガバナンスをより強力にコントロールすべきだというエリザベス・ウォーレンやバーニー・サンダースなどの提案にたいして否定的な態度を示している。外部からの規制をめぐる動きについて詳しくは、Rcok（2021）を参照。また、ステークホルダー主義を制度的に実現するためには、取締役会への労働者代表の参加などのコーポレート・ガバナンスの変革が求められるが、2020年の株主総会でウォルマートやAT&Tで従業員代表を取締役に選出する株主提案は会社側の反対で否決された（田村ほか 2020、37-38頁）。このように、政府規制や労働者の力を強める政策にたいして、巨大企業は「ステークホルダー主義」を掲げつつ強く反対しているのである。フリードマンへの鋭い批判を展開するマーティン・リプトンも企業経営の規制については、政府による義務化への道、「共産主義や社会主義」であるとして否定的に捉えている（Asness et al. 2021, pp.45-46）。

21）BRTの「コーポレート・ガバナンスの原則」の変遷をみると、すでに2016年には「短期的な株価引き上げを目的とした株主による経営への介入をけん制する文言」が入っている（雨宮2020、34頁）。つまり、「BRT声明の最大の皮肉は、同声明が大々的に否定した1997年の『株主至上主義』宣言は、すでにその後のビジネス・ラウンドテーブルによるコーポレートガバナンス原則の改訂で抹消され、存在しなくなっていたということである」（田村2020、138頁）。

22）投資家や株主第一主義の支持者からは、BRT声明のステークホルダー主義によってCEOの権限がさらに強まり、その経営責任を問えなくなるという点に批判が集中している。詳しくは、Council of Institutional Investors（2019）やAsness et al.（2021）の議論を参照。

23）このような企業利潤最大化という側面とともに、Bebchuk and Tallarita（2020）は経営者がステークホルダーを重視する「インセンティブ」を持たないという点を強調している。

参考文献

Asness, Clifford, Glenn Hubbard, Martin Lipton and Michael R. Strain（2021）, American

Enterprise Institute Roundtable: Was Milton Friedman Right about Shareholder Capitalism?, *Journal of Applied Corporate Finance*, Volume 33 Number 1, 36-47.

Bebchuk, Lucian A, Roberto Tallarita（2020）, The Illusory Promise of Stakeholder Governance, *Cornell Law Review*, Volume 106, 91-178.

Bebchuk, Lucian A, Scott Hirst（2019a）, The specter of the giant three, *Boston University Law Review*, Vol. 99, 721-741.

Bebchuk, Lucian A, Scott Hirst（2019b）, Index Funds and the Future of Corporate Governance: Theory, Evidence, and Policy, *Columbia Law Review*, Vol. 119, 2029-2146.

Berle, A. and Gardiner Means（1932）, *The Modern Corporation and Private Property*, Revised Edition（1991）, Transaction Publishers. 森果訳『現代株式会社と私有財産』北海道大学出版会、2014年。

Business Roundtable（2019）, *Statement on the Purpose of a Corporation*, （https://opportunity. businessroundtable.org/ourcommitment/）

Council of Institutional Investors（2019）, Council of Institutional Investors Responds to Business Roundtable Statement on Corporate Purpose, August 19, 2019. （https://www. cii.org/aug19_brt_response）

Davis, Gerald F.（2008）A new finance capitalism?: Mutual funds and ownership reconcentration in the United States, *European Management Review*, Volume5, Issue1, 11-21.

Dasgupta, Amil, Vyacheslav Fos, Zacharias Sautner（2020）, Institutional Investors and Corporate Governance, *ECGI Working Paper Series in Finance*, 1-111.

Friedman, Milton（1970）The Social Responsibility of Business is to Increase Its Profits, *The New York Times Magazine*, September 13, 1970. 加藤尚武監訳『企業倫理学Ⅰ―倫理的原理と企業の社会的責任―』晃洋書房、2005年、83-91。

Henderson, Rebecca（2021）, *Reimagining Capitalism in a World on Fire*, Penguin Business. 高遠裕子訳『資本主義の再構築：公正で持続可能な世界をどう実現するか』日本経済新聞出版、2020年。

Horn, Laura（2017）, The Financialization of the Corporation, in Baars, Grietje and Andre Spicer eds., *The Corporation: A Critical, Multidisciplinary Handbook*, Cambridge University Press, 281-290.

Kaplan, Steven（2020）, The Enduring Wisdom of Milton Friedman, Harvard Law School Forum on Corporate Governance, on Wednesday, September 30, 2020. （https://corpgov. law.harvard.edu/2020/09/30/the-enduring-wisdom-of-milton-friedman/）

Kuchinski, William R., Richard E. Ogden, Damian R. Thomas, and Missaka Warusawitharana（2017）, Equity Issuance and Retirement by Nonfinancial Corporations, FEDS Notes. Washington: Board of Governors of the Federal Reserve System, June 16, 2017. （https:// doi.org/10.17016/2380-7172.2008）.

Lazonick, William（2017）, The New Normal is "Maximizing Shareholder Value": Predatory Value Extraction, Slowing Productivity, and the Vanishing American Middle Class, *International Journal of Political Economy*, Volume 46, Issue 4, 217-226.

Lipton, Martin（2020）, The Friedman Essay and the True Purpose of the Business Corporation, Harvard Law School Forum on Corporate Governance, on Thursday, September 17, 2020.　（https://corpgov.law.harvard.edu/2020/09/17/the-friedman-essay-and-the-true-purpose-of-the-business-corporation/）

Pinto, Moshe（2006）, The Role of institutional Investors in the Corporate Governance, *German Working Papers in Law and Economics*, Volume 2006, 1-71.

Rock, Edward B.（2021）, For Whom is the Corporation Managed in 2020?: The Debate over Corporate Purpose, *The Business Lawyer*, Vol. 76, Spring, 363-395.

Schwab, Klaus（2019a）, Why we need the 'Davos Manifesto' for a better kind of capitalism, （https://www.weforum.org/agenda/2019/12/why-we-need-the-davos-manifesto-for-better-kind-of-capitalism/）

Schwab, Klaus（2019b）, Davos Manifesto 2020: The Universal Purpose of a Company in the Fourth Industrial Revolution, （https://www.weforum.org/agenda/2019/12/davos-manifesto-2020-the-universal-purpose-of-a-company-in-the-fourth-industrial-revolution）

Schwab, Klaus and Peter Vanham（2021）, *Stakeholder Capitalism: A Global Economy that Works for Progress, People and Planet*, Wiley.

Tonello, Matteo and Stephan Rabimov（2010）, The 2010 Institutional Investment Report: Trends in Asset Allocation and Portfolio Composition, *The Conference Board Research Report*, No. R-1468-10-RR, 2010.

Useem, Michael（1996）*Investor Capitalism: How Money Managers are Changing the Face of Corporate America*, Basic Books.

雨宮愛知（2020）「株主が主導するステークホルダー主義への転換―米国における脱株主第一主義の動き―」『証券アナリストジャーナル』第58巻第11号、30-40。

江口高顯（2017）「多様な投資家、多様なガバナンス効果―パッシブ運用の拡大が意味するもの」公益財団法人資本市場研究会編『企業法制の将来展望―資本市場制度の改革への提言』財経詳報社、415-441。

柴田努（2020）『企業支配の政治経済学：経営者支配の構造変化と株主配分』日本経済評論社。

柴田努（2021）「ステークホルダー資本主義への変化をどう捉えるか」『唯物論研究年誌』第26号、大月書店、102-126。

神野雅人（2000）「機関投資家とコーポレート・ガバナンス」『第一勧銀総研レビュー』2000年2月号、1-29。

田中亘（2020a）「株主第一主義の合理性と限界（上）」『法律時報』92巻5号、123-130。

田中亙（2020b）「株主第一主義の合理性と限界（下）」『法律時報』92巻7号、79-86。

田村賢司・鷲尾龍一・池松由香・広岡延隆・大西孝弘・飯山辰之介（2020）「分配と衆知でつくる「寛容な」資本主義：統制型でない未来」『日経ビジネス』2020年7月13日号、36-41。

田村俊夫（2020）「株主主導の新ステークホルダー主義〜 ESG・SDGs時代のコーポレートガバナンス〜」『資本市場リサーチ』vol.56、134-183。

藤井康弘・鈴木誠（2004）『米国年金基金の投資戦略―コーポレート・ガバナンスへの取組み』東洋経済新報社。

淵田康之（2012）「短期主義問題と資本市場」『野村資本市場クォータリー』2012年秋号、52-87。

＊URLについては、2021年11月30日付で全てアクセスを確認している。

（しばた　つとむ／岐阜大学）

株主（ファンド）資本主義と日本の企業経営の変容

國 島 弘 行

1. はじめに

　今、株主資本主義での投資ファンドを中心とする「短期主義的」株式所有とコーポレート・ガバナンスは、企業経営を短期的な株主価値重視へ変容させ、市民・労働者の人権に深刻な悪影響をもたらしながら、世界的に拡大している。このような株主資本主義の矛盾は深刻化し、それへの批判の声は日々高まってきている。2019年アメリカ経営者団体Business Roundtableは、企業目的を株主（shareholders）第一とする株主資本主義を転換し、多様な利害関係者（all stakeholders：顧客、従業員、取引先、地域社会、株主）尊重に変更する声明を出し、大きな衝撃を世界に与えた。

　すでに、2006年当時のコフィー・アナン国連事務総長は、株式・金融市場で支配力を強めている投資ファンドが「短期主義的コーポレート・ガバナンス」によって投資先企業に短期的（四半期）利益追求を強要し、環境と社会の破壊をもたらしているとした。そして、国連責任投資原則（Principles for Responsible Investment：PRI）を提唱した。そこでは、投資ファンドにESG（Environment、Social、Governance）投資、すなわち投資ファンドが投資先企業に環境や社会を重視し、長期主義的なコーポレート・ガバナンスを行うように求めた。

　投資ファンド自らも、短期主義的コーポレート・ガバナンスを修正すべきとの主張も現れている。コンサルティング大手マッキンゼーや資産運用世界最大ブラックロック等多くの年金基金・投資ファンド・企業による

NPOであるFCLT（Focusing Capital on the Long Term）Global（2013年設立、2016年Global追加）は、2017年報告書において、投資ファンドの企業への短期的圧力によって企業価値破壊をもたらしているとして、「一株当たりの四半期業績指針」（quarterly earnings per share "EPS" guidance）の廃止を提唱した。

ILO（International Labor Organization）は、リーマン危機の中2008年、「さまざまな新しい金融商品と投機機会から生れる短期的な利益が呼び物となり、生産的経済から富が吸いあげ」られているとし、「金融主導のグローバリゼーション」から、ディーセント・ワークを世界中のすべての人へ提供する「公正なグローバリゼーション」への転換を求めた（拙稿、2011a）。しかし、このような多くの批判の声にもかかわらず、株主資本主義の影響力は拡大し続けている。

株主資本主義への移行をめぐって、柴田（2020）は、「社会的規制に基づく経営者支配」から「経済の金融化のもとでの経営者支配」（株主配分重視経営）への移行と明快に捉える。しかし、金融化の中核にある機関投資家は短期的な株式運用者であり、経営者を更迭できるパワー（支配力）を持っていないとし、株主資本主義への移行は、「経営者支配」の質的変容であると捉える。しかも、現実に金融化の中核にある「投資ファンド」の構造を意識的に捨象する。その結果、所有構造の変容が支配と経営に与えている影響の分析を困難にしている[1]。

本稿では、株式（資本）の所有構造―ガバナンス（経営者への管理）―支配（経営者の解任・更送）―経営戦略―労働者等市民生活を一環としたものとして捉える。そして、日本での法人資本主義から株主資本主義への移行におけるそのような状況を検討したい。とりわけ、所有権力のネットワークが法人資本主義での企業集団管理から株主資本主義での「投資ファンド」（及びファンド運営会社である投資顧問会社）へと移行していることに注目したい。そして、企業官僚としての専門的経営者が株主、とりわけ投資ファンドのために、株価引上げによるキャピタル・ゲイン獲得のために機能している現状も分析したい。

2. 日本における株式所有構造の変容

(1) 企業集団での株式相互持合と経営者への支配

　法人資本主義（企業集団内株式相互持合）から株主（ファンド）資本主義への移行状況を分析するために、法人資本主義と企業集団についてまず確認したい。戦後占領下財閥解体後の企業集団形成は、戦前の財閥からの、大金融機関と大企業の融合・癒着としての「金融資本」の再編であった。戦後高度成長期の所有構造を特徴付けたのは、ドッジ・ライン不況での株価暴落下での買収防衛のための三井、三菱、住友の「旧財閥系企業集団」形成と、1964年「資本自由化」（100％外国資本所有多国籍企業の自由進出）・証券不況株価低下に対する買収防衛のための第一勧銀、三和、富士（芙蓉）の「銀行系企業集団」形成とでの「株式相互持合」であった。そこでは、各集団内での中核大企業間での「株式相互持合」を基軸に、企業の借金経営戦略を支えた「メインバンク・システム」、商社を中核とする「集団内取引」、企業集団内での包括的な産業体系の形成である「ワンセット主義」とその企業間の事業調整等、大型プロジェクトや新規産業等に対する集団単位での「共同投資・研究」、企業集団内での役員相互派遣・重役兼任を行う「人的結合」、集団内の中核的大企業の社長による定期的な会議である「社長会」等により「法人資本主義」（奥村、1975）の下での企業集団（組織関係）管理を形成・確立した。とくに、「社長会」は、翼下に多様な組織を持ちながら、世話人会や事務局（普通銀行や商社等）を中心として、活動していると言われている。そこでは、企業集団戦略、各企業間の事業領域＝経営戦略の調整、業績低迷・不祥事企業の最高経営者の解任等、都市銀行等からの最高経営者の派遣も指摘されてきた。通常の最高経営者の任命や経営戦略の決定の権限は、各企業の経営者に委譲されていたが、例外的事項は事実上の大株主会としての社長会に留保され、社長会が経営者を支配・統治していたと言うことができる（拙稿、2011）。

　企業集団内株式相互持合に基づく法人資本主義での買収防衛・会社支配

のための「政策保有株」を所有する「インサイダー」（宮島他、2011）は、1990年上場株式の63.5％まで増加した。これにより、資産運用のために株式所有する「アウトサイダー」は抑制され、期間利益・利益率・配当性向等短期的に株価を上昇させる要因を抑制し、高度成長経済の企業経営秩序である借金経営、売上・生産額・利益額重視、積極的設備投資、会社本位的長期的経営等を可能とし、大企業中心の「資本の固定化」（資本の有機構成の高度化と固定的所有）をもたらした（拙稿、2011b）。

　同時に、戦後直後での「民主化」政策の下での労働組合の影響力の拡大は、職員と工員との「工職身分格差」を撤廃させ、経営者の生産サボタージュ・無為無策に対する争議手段としての人事を含む「経営権」に介入する「生産管理闘争」が一時的に盛り上がった。冷戦構造形成によるアメリカ占領政策転換後の大争議以後、大企業では、「経営権」から労働組合を排除し、会社主導の企業別労働組合を育成した。使用者・経営者側での「経営権」掌握により、労働者主体の自律的な職場集団を企業主導での労働者の支配・管理の手段に転換した。そして、大企業での会社主義的「労働の固定化」としての終身（長期）雇用や年功制ももたらした。

　法人資本主義の下でのインサイダー所有（買収防衛・会社支配のための株式所有）は、1990年度63.5％をピークに、1997年銀行危機、2002年小泉政権竹中プランにおいて急激に低下し、2020年度には23.7％に急減している（2004年以後事業法人から議決権のない自己株式を除いている）。企業集団の中核にあった都銀・地銀等は、1985年度16.5％をピークに1996年度15.1％から2020年度2.7％にまで急減している。現在、企業集団内の相互持合の低下とともに、企業集団からの離脱が増加し、企業間事業調整や企業救済等が困難になり、企業集団の管理能力の急激な低下がみられていると言われている（週刊ダイヤモンド、2016）。

（2）株主（ファンド）資本主義の株式所有構造
①　株式所有構造の変容と株主（ファンド）資本主義

　株式市場の主役は、法人資本主義でのインサイダー所有（買収防衛・会社支配のための株式所有）から、ファンド資本主義でのアウトサイダー

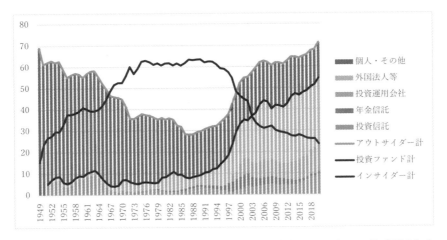

凡例:
- 個人・その他
- 外国法人等
- 投資運用会社
- 年金信託
- 投資信託
- アウトサイダー計
- 投資ファンド計
- インサイダー計

図1　全国の証券取引所におけるアウトサイダー（資産運用のための株式所有）と投資ファンド（資産運用機関）の持株比率の推移　1949 ～ 2020年度　％

注）1969年までは単元数比率、1970年以後は保有金額比率。インサイダーは、都銀・地銀等（1984年まで投資信託を引いてある）、事業法人等（2004年以後自己株式を除く実質事業法人）、その他金融機関（信用金庫、信用組合、労働金庫、農林系金融機関、政府系金融機関、証券金融会社等）保険会社の集計。投資顧問会社は、ここでは日本投資顧問業協会に所属している会社。また、投資顧問会社は、通常投資一任業と投資助言業等を含むが、ここでは投資一任業の日本株式運用金額に限定している。年金信託は、企業年金の公的年金運用分は含まない。

資料：日本取引所グループ「株式分布状況調査」及び一般社団法人日本投資顧問業協会「統計資料」各年度版より作成

（資産運用のための株式所有）へと移行した。図1にみるように、1987年アウトサイダー28.2％、その内で個人・その他20.4％、ファンド（多くは海外投資顧問会社と思われる外国法人等、投資顧問会社、投資信託、年金信託）7.8％であった。が、2020年には、アウトサイダー71.3％、その内で個人・その他16.8％、ファンド54.5％になった。資産運用のために株式所有するアウトサイダーが株式市場7割を超え、資産運用機関である投資ファンドが半分以上を占めることは、株式の譲渡（売買）益であるキャピタル・ゲインや、配当というインカムゲイン等の株主還元を企業に強く求めることになる。とくに、投資ファンドの株式市場での影響力の拡大は、企業にキャピタル・ゲインを拡大するための経営を強く要求することになった。

②　投資ファンドの動向

　次に資産運用機関である投資ファンドの動向を見ておきたい。外国法人等（外国人投資家）は、1978年2.7％であったが、1990年代特に銀行危機後99年18.6％、竹中金融再生プログラム後2004年23.3％、アベノミクス2014年31.7％へ急増し、現在も30％前後で推移している。

　外国法人等（外国人投資家）のほとんどと思われるグローバル投資顧問（資産・投資ファンド運用）会社についてみてみる。ウイリス・タワーズワトソンの研究所の報告書（Thinking Ahead Institute、2020）によれば、世界の運用資産規模トップ500社の運用資産残高は、2002年35.4兆ドルから2019年104.4兆ドルへと約3倍へと増加した。2019年世界GDP（87.2兆ドル）、18年世界株式時価総額（68.65兆ドル：日本6.2兆ドル）を超えている（World Bank）。さらに、その運用資産残高全体の43％を占めるトップ20の運用会社では、株式（Equity：REITSを含む）26.8兆ドル45.9％、債券（Fixed Income）19.7兆ドル33.8％であり、グローバル株式市場に大きな影響力を持っている。株価指数に連動するパッシブ（インデックス）型運用ファンドは急増しているが、ファンドマネージャーが個別銘柄を選定するアクティブ型運用ファンドは2019年76.2％とグローバルには依然中心となっている。Alternatives（ヘッジファンド、買収ファンド、不動産ファンド等を含む代替投資）は3.7兆ドル6.3％である。が、これらは借入が可能であり、少数の特定の企業に集中的に投資されるため、個別企業には大きな脅威になっている。

　1995年「日米金融サービス合意（日本国政府及びアメリカ合衆国政府による金融サービスに関する措置）」で認められた、年金基金等の資金を運用する外資系を含む国内に本社を置く国内投資顧問（投資ファンド運営）会社での投資一任契約における日本株式運用（ラップ業務を含む）は、国内株式市場で1998年度3.5％、2001年度以後7％を超え、安倍政権後急増し、2020年度13.6％まで増加していると推計される[2]。また、投資信託も、2012年度4.5％から2020年度9.7％まで増加している。以下の図2にみるように、国内外の資産運用ファンドが、株式市場で大きな影響力を持ち、企業へのガバナンス力も強めてきているのである。この構造につい

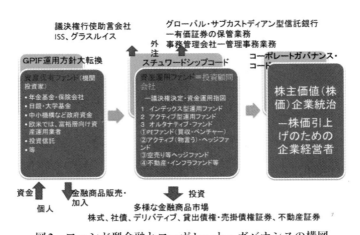

図2　ファンド型金融とコーポレート・ガバナンスの構図

出所：日本投資顧問業協会ホームページ「投資顧問業とは／投資運用業および投資助
　　　言・代理業入門」等から作成

ては、「アベノミクスでのコーポレート・ガバナンス改革」で詳細に検討
したい。

(3) 株式所有と企業支配権の流動化としてのM＆A市場形成

　株式市場でアウトサイダーとくに投資ファンド（資産運用機関）が中心
となるなかで、株式売買高回転率（投資部門別に株式売買額を株式保有時
価金額で割ったもの）が外国人投資家（外国法人等）を中心に急増してい
る。これにより、株式所有（資本）の流動化が高まっていることが確認
できる。全体としては、1992年では22％（0.2回転）から、1999年50％、
2005年に100％を超えた。外国人投資家は、1999年以後ほぼ100％、2008
年以後200％を超えている。とくに2013年アベノミクスと円安効果によ
り、全体でも178％、外国人投資家では317％になった[3]。これにより個別
企業での株価の乱高下をもたらし、敵対的買収の危機に見舞われる可能性
が拡大した。

　この結果、経営者を「支配」する「企業支配権」の流動化、すなわち
M＆Aも進んだ。企業価値研究会は、「企業支配権市場としてのM＆A市
場」（企業価値研究会、2005）が80年代の米国で確立し、EU統合下90

年代後半にEUで形成、日本でも21世紀に入り本格化したと指摘した。IN-IN（国内企業→国内企業）OUT-IN（海外企業→国内企業）を含む国内企業に対するM&Aは、銀行危機後1999年15.5兆円、竹中金融再生プログラム中の2004〜05年では両年ともに10兆円を超え、アベノミクスでのコーポレート・ガバナンス改革中2018年以後10兆円前後で推移し、同時にIN-OUT（国内企業→海外企業）も2018年19兆円をはじめ2015年以後10兆円前後で推移している[4]。国内企業による海外企業買収（IN-OUT）によって国内企業の資金が海外に流出するとともに、国内上場企業では敵対的買収への防衛としての株価を引き上げるための短期的経営が日本でも迫られることになった。

3. 株主（ファンド）資本主義、日本政府、日本企業の企業経営

（1）株主（ファンド）資本主義への転換政策展開と米国対日要求

　米国政府は、1990年代以後貿易摩擦から投資摩擦へ交渉課題を変えていった。1990年「直接投資の開放性に関する声明」、及び1996年「M&Aに関する対日投資声明」では、「持ち合い株」解体、日本企業へのM&A促進そして株主資本主義への移行を要求した。1994年経済同友会の研究会舞浜会議で新日鉄社長今井敬とオリックス社長宮内義彦との間で「企業は誰のためにあるのか」を巡って「今井・宮内論争」が行われ、宮内「企業は、株主にどれだけ報いるかだ。雇用や国のあり方まで経営者が考える必要はない」に対し、今井「それはあなた、国賊だ。我々はそんな気持ちで経営をやってきたんじゃない」と議論された（朝日新聞、2009）。が、財界の主流派は、米国との貿易摩擦を回避するために、投資摩擦で譲歩することを選んだ。

　1995年「日米金融サービス合意」で、公的年金基金や郵便貯金・簡易保険等の資産運用への投資顧問（投資ファンド運営）会社参入容認、それへの外資系（国内に本社）容認、厚生年金基金等の運用規制（資産配分、運用委託先）緩和・撤廃が認められることになった。1995・96年「日本における規制緩和、行政改革および競争政策に関する日本政府に対する米

国政府の要望書」いわゆる「米国対日年次改革要望書」では、外資ファンドによる敵対的「合併・買収（M&A）」の促進、買収後のリストラのための「不動産と雇用の流動化」促進が米国政府から要求された。それを受けて、1995年経団連『新時代の「日本的経営」』以後、解雇自由な非正規労働者が拡大し、資本主権の労働の流動化が進んだ。

　さらに、1996年から2001年「金融ビッグバン」では外資投資ファンドが「フリー・フェアー・グローバル」に日本国内で行動することを保障し、M&A活性化のための純粋持株会社解禁、合併手続簡素化、新設親会社への統合のための「株式移転」、100%子会社化のための「株式交換」を認めた。同時に、「会計ビッグバン」でM&A対象企業を評価（デューデリジェンス）するための時価・連結・減損会計等も認めた。それにより、資産の形式的な評価損を拡大させ、BIS規制での融資制限・回収とともに、銀行危機と企業倒産をさらに深刻なものにした。

　2002年「金融再生プログラム（竹中プラン）」では、買収・不動産・ヘッジ等の投資ファンドが日本国内に来襲・定着し、大企業を含む企業・事業の解体が進められ、雇用・事業の急激な縮小が進められた。他方で、敵対的買収を巡って、2008年『企業価値報告書』以後「ライツプラン（毒薬条項）」等の買収防衛策が容認された。

　銀行危機以後、企業は銀行融資の極端な縮小により設備投資・人件費削減と、自己金融としての「内部留保」とを迫られた。金融機関は融資縮小と低金利に対しシンジケート・ローン（メインバンクが多様な金融機関からの融資をコーディネート）やプロジェクトファイナンス（PEやインフラ・ファンド）等、さらには次項のような手数料型のファンド金融ビジネスモデルへ変容させてきている（拙稿、2020）。

　『2002年日米投資イニシアティブ報告書』（日米投資イニシアティブ、2002、23頁）では、「米国経済は、80年代前半のスタグフレーションの困難の中で、これまでの長期雇用システムや大企業組織を解体させ、規制緩和などの構造改革を推進させ…その結果、新しい経済資源同士が出会い、新しい技術、新しい経営手法を編み出していった」とし、日本でも、「海外からの直接投資は、日本経済の再生にとって不可欠な要素となってい

る。日本の制度改革の前進の結果、今や日本は、投資家にとって障害はかなり除去されている市場となっている」と指摘し、買収ファンド等の急増と、それによる企業・人員整理と売却益との拡大とを評価した。

（2）アベノミクスでのコーポレート・ガバナンス改革と
　　株主（ファンド）国家資本主義

安倍政権は、アベノミクスの第三の矢としての成長戦略である「日本再興戦略」の中核にコーポレート・ガバナンス改革を置いた。それは、株主（ファンド）の利益を拡大するためのファンド型金融を確立する「インベストメント・チェーンの高度化」（『「日本再興戦略」改訂版2014』30頁）であった。そこでは、図2にみるように、インベストメント・チェーンにおける資産保有ファンド（機関投資家）、資産運用機関投資家（投資ファンド）、企業経営者という3つの構成要素において2014年を契機に以下の大胆な改革が行われた。さらに、これらファンド金融を支える各金融機関の分業促進と役割を明確化する「フィデューシャリー・デューティー」が金融庁2014年「平成26事務年度　金融モニタリング基本方針」で強調された。そこでは、企業集団内での株式相互持合いや預金・融資業務を基軸とする従来のメインバンクからファンド金融への金融資本の変質であることに注目する必要がある。

第1は、資産保有ファンド（機関投資家）である年金基金、投資信託、保険、大学、独立行政法人、日銀等の国民・公的資金等に対し、投資ファンドへ資産を運用委託し、グローバルなリスクマネーへ投機することを求めたことであった。これは、内閣府『公的・準公的資金の運用・リスク管理等の高度化等に関する有識者会議　報告書』2014年で表明され、2014年「年金積立金管理運用独立行政法人（GPIF）の資金運用の大転換」をもたらした。それは年金基金の投資先を安全性の高い財投債や国債から株価・為替変動リスクを持つ国内外株式や国外債券やオルタナティブ（代替）投資へ移行させ、資産運用は投資ファンドへの一任契約等で委託することの宣言であった。GPIFの資産運用状況は、2008年では7割を大きく超えていた財投債や国債等の国内債券が2020年現在25%を切り、国内株

式4分の1、国外株式4分の1、国外債券4分の1を基準に運用されるようになっている。さらに、大きなリスクを伴うオルタナティブ（代替）投資も増加している（GPIF、各年度版）。また、株価を引き上げるために日銀のETF（上場投信）買い入れも巨額化させている。これらの結果、株式市場での投資（資産運用）ファンドの影響力は、海外の投資ファンドを中心とする外国人投資家も含め、決定的な影響力を持つことになった。

第2は、2014年に公表された「日本版スチュワードシップ・コード」（「責任ある機関投資家」の諸原則）である。それは、資産運用機関投資家としての投資ファンド運用会社は、資産を預かっている資産保有ファンド（機関投資家）に対し投資利益をもたらす責任があるというものである。そのために、投資先企業との「目的を持った対話」（エンゲージメント）等を通じて投資ファンドの運用資金回収期間での「中長期的な投資リターンの拡大を図る責任」を果たし、株価上昇のための「攻め」の経営を企業経営者に強制することを求めているのである。これにより、物言う株主としてのアクティビスト・ヘッジファンドを、台頭させることになった。キャピタル・ゲインを追求する投資ファンドによる企業への株価引上げ圧力は決定的なものになっている。

第3は、2015年に金融庁と東京証券取引所が原案を策定・公表し、取引所の有価証券上場規程として定めた「コーポレートガバナンス・コード」である。それによって、企業経営者に株主である投資ファンドの利益（株価）拡大を求めたのである。原則1「株主の権利・平等性の確保」で株主主権絶対化が強調され、買収防衛のための「いわゆる政策保有株式」（持ち合い株、関係会社株所有）解消、2005年『企業価値報告書』以後容認された「ライツプラン（毒薬条項）」等の買収防衛策を原則否定し、株価引上げによる買収防衛を求めた。

原則5「株主との対話」では、株価引上げに有効な「収益力・資本効率等に関する目標」すなわちROE（Return On Equity：株主資本純利益率）目標値とその実現方法との説明を経営者に求めた。ROEは、四半期決算での短期的収益力・資本効率を示す投資家のための株価指標である。政府は、『「日本再興戦略」改訂版2014』ではグローバル水準のROEを、「伊藤

レポート」では8％を上回るROEを求めた。そのため、企業は、賃金・人員、下請け単価、そして設備投資等を削減・抑制することで、分子となる短期的利益を拡大している。また、分母となる株主資本（資本金と資本・利益剰余金からなる）を縮小するために、株主資本から控除となる自社株（自己株式）買いを急増させ、資本・利益剰余金縮小や借入金拡大による対外M&Aも急増している。また、利益率の低い事業等を整理（撤退・売却）する「選択と集中」・「産業の新陳代謝」も進んできている（拙稿、2020、2021a）。

　原則4「取締役会等の責務」では、「独立社外取締役」の拡大が強調され、既存事業・雇用の維持・拡大を求める社内出身の経営者の影響力を縮小・排除する意図がある。さらに、投資ファンドのために株価を引上げる四半期利益を追求する短期的経営を経営者に行わせるため、株価連動型経営者報酬、とりわけ自社株報酬の拡大を求めた（拙稿、2020、2021b）。金融庁は、2018年以後『投資家と企業の対話ガイドライン』も策定し、コーポレートガバナンス・コードを補強し、投資ファンド等の機関投資家による企業経営者への支配力・ガバナンスを強めている。

（3）株主（ファンド）主導コーポレート・ガバナンスと企業経営の現状
①　株主（ファンド）のためのコーポレート・ガバナンスと企業経営の深化

　経済産業省は、株主（ファンド）主導コーポレート・ガバナンスを深化させるために、2017年に社外取締役・指名委員会・報酬委員会の活用や経営者への自社株報酬を強調する「CGSガイドライン」、2019年にグループ企業全体の企業価値の向上を目指す「グループガイドライン」、2020年には社外取締役をコーポレート・ガバナンスの中核に置くべきとする「社外取締役ガイドライン」、事業再編において事業の撤退・売却を重視する「事業再編ガイドライン」を策定した。このようななかで、株価引上げのために上場企業数を削減するため、親子上場解消、そのための100％子会社化（上場廃止）あるいは売却（日立グループ等）が進展してきている。また、経営者を株主（投資ファンド）のために統治する独立社外取締役とそれ

中心の任意の指名委員会・報酬委員会が急増している。経営者が自ら株価引上げのために行動する仕組みである「自社株経営者報酬」も急増している。

② 東証再編とコーポレートガバナンス・コード改訂

さらに海外マネーを呼び込むことを目的として2022年4月に東京証券取引所における株式市場を、プライム・スタンダード・グロースの3つの市場に再編することになった。とくに、最上位のプライム市場での上場条件は、「グローバルな投資家との建設的な対話を中心に据えた企業向けの市場」（日本取引所グループ、2021a）を構築するために、市場で取引が見込まれる流通時価総額を10億円から100億円（同時に流通株式比率35％）以上に引上げ、さらに流通株式を従来の10％以上の大株主や役員の所有株式と自己株式に加え、国内の普通銀行、保険会社、事業法人等と役員以外の特別利害関係者の所有株式を上場株式から差し引いたものにした。ただし、海外法人（外国人投資家）は、流通株式にカウントされる。企業経営への株式市場での流通株式、とりわけ国内外の投資ファンドの影響力は拡大することになる。

また、東証再編に対応してコーポレートガバナンス・コードが改訂され（「改訂コーポレートガバナンス・コード2021」）、プライム市場での上場企業において、独立社外取締役は過半数を原則とし、3分の1（その他の市場2人）以上を選任し、独立社外取締役を指名委員会・報酬委員会の過半数（その他3分の1）を基準として選任するとし、国内外の投資ファンドの事実上の代理人が社外取締役として取締役会で極めて大きな発言力を持つことになる。

③ アクティビスト・ヘッジファンドの台頭

投資ファンドのひとつであるアクティビスト・ヘッジファンドは、2000年代後半ではスティール・パートナーズを中心に、株価が安く、現預金を多く持つ企業を標的に「自社株買い・配当」の株主還元を要求し、株価上昇後の株式売却益を獲得した。その後、2013年以後米国で、2019年以後日本で再び大きな影響力を持ってきている。そこでは、「米国でアクティ

ビスト・ヘッジファンドが企業統治の主役に躍り出た」（田村 146 頁）と言われ、株主還元に留まらず、「企業の身売り」「事業分離・売却」「事業再編」等リストラ提案、さらには「CEO・取締役の解任」「自派取締役の選任」等経営者への支配権まで求め、上場企業の経営に介入してきている（岩谷、Jim Rossman, Mary Ann Deignan, and Rich Thomas）。しかも、機関投資家の支持を取り付け、提案の 8 割を成功させ、株価引上げによって、場合により空売り攻撃によっても大きな利益を得ている。

　「事業再編ガイドライン」（79 頁）は、事業の撤退・売却を促進すべきという立場から、「アクティビスト・ファンド」を含む「エンゲージメント活動を積極的に行うアクティブ運用の機関投資家が会社に対して株主提案・株主意見を提出し、それについて、パッシブ運用等の機関投資家が、中長期的な企業価値の向上の観点からその是非を判断する、という相互補完関係も合理的であると考えられる」と述べている。株価の上昇が期待される銘柄を厳選して投資するアクティブ運用が企業・事業再編を提案し、ベンチマーク（TOPIX や日経平均株価などの指標）と同様の投資成果を目指すパッシブ（インデックス）運用が承認することは、「合理的」であるということである。したがって、経済産業省は、株主主義的なコーポレート・ガバナンスと企業経営を深めるためには、アクティビスト・ヘッジファンドが有益で合理的であると主張しているのである。それに対し、2019 年フランス下院報告書は「日本は米国に次ぐアクティビストの第一の『遊び場』となっている」（上村、2021）とした。アクティビスト・ヘッジファンドは、日本でも大きな影響力を持ち、大きな利益を上げているのである。

4.　むすび　―ポスト株主（ファンド）資本主義に向けて

　今、多様な投資ファンドと、その運営会社が株式市場で大きな影響力を持ち、企業への統治力を強めている。その結果、株価引上げが上場企業での経営の主要な目的となり、賃金の引き下げ・停滞、人員整理、下請け単価引き下げ、事業・工場の撤退等により、世界の人々の人権が侵害されて

きている。

　国連は、世界の人民・市民の人権を保障する「公正なグローバリゼーション」を求め、2000年に人権、労働権、環境権の尊重を企業に求める「グローバル・コンパクト」、2011年に人権保護義務、企業の人権尊重責任、人権侵害犠牲者の救済を強調する「ビジネスと人権に関する指導原則」、2015年に「我ら人民」の人権（誰一人取り残さない）をグローバルな普遍的規範として具体化する「持続可能な開発目標（Sustainable Development Goals : SDGs)」を提示した。

　今、人権のための多様な利害関係者による新しい企業・事業ガバナンスでは、単なる利害関係者の尊重に留まらずに、少数派も含む多様な利害関係者が支配権・経営権へ介入することが求められている。英米でも、新しい所有やコーポレート・ガバナンスをめぐって、Inclusive Ownership Fund や労働者等の取締役会メンバー選任等が議論されてきている。とくに複雑化する所有関係の下で、経営に実質的決定権や大きな影響力を持つ投資ファンド、持ち株会社、発注元大企業等に対して、労働組合の「団交権」の対象にする制度化が必要になっている。さらに、労働組合の「団交権」が労働事項に留まらずに、経営事項まで広がることも期待される。

注
1)　柴田氏は、「本書の結論は現代資本主義におけるプライベート・エクイティ・ファンド（PEF）の分析をとおしてさらに深める必要がある」（175頁）と指摘している。しかし、「企業支配力という観点から見ると、ヘッジファンド・アクティビズムの影響力は低く、企業支配が株主に転化したと見ることはできない」と言う。本稿では、経営者による企業支配という想定はない。資本の質の変容との関連で経営の変質を考えている。
2)　一般社団法人日本投資顧問業協会ホームページ「統計資料」から筆者算出。
3)　株式売買高回転率は、東京証券取引所『株式分布状況調査』3月時価及び『投資部門別売買状況』1 〜 12月より筆者算出。
4)　『MARR』レコフ社、毎号から作成。ただし、会社開示資料に基づくものであり、上場企業にほぼ限定されている。

参考文献
朝日新聞（2009）「変転経済」取材班『失われた〈20年〉』岩波書店

一般社団法人日本投資顧問業協会ホームページ　https://jiaa.or.jp/（2022年12月10日アクセス）

岩谷賢伸（2007）「米国アクティビスト・ファンドの実態と資本市場における役割」『資本市場クォータリー』2007 Autumn号

上村達男（2021）「日本が「ファンドの遊び場」に 東芝問題で露呈した法制度の不備」『日経ビジネス』2021年4月28日号

奥村宏（1975）「企業集団の六つの標識」『法人資本主義の構造』日本評論社

企業価値研究会（2008）『企業価値報告書 ～公正な企業社会のルール形成に向けた提案～』経済産業省 https://www.meti.go.jp/policy/economy/keiei_innovation/keizaihousei/pdf/3-houkokusho-honntai-set.pdf　（2022年12月10日アクセス）

金融庁（2014）『平成26事務年度　金融モニタリング基本方針（監督・検査基本方針）』

金融庁、日本版スチュワードシップ・コードに関する有識者検討会（2014）『「責任ある機関投資家」の諸原則 ≪日本版スチュワードシップ・コード≫ ～投資と対話を通じて企業の持続的成長を促すために～』2014年、改訂2017年、再改定2020年 https://www.fsa.go.jp/news/25/singi/20140227-2/04.pdf（2022年12月10日アクセス）

金融庁・東京証券取引所　コーポレートガバナンス・コードの策定に関する有識者会議（2015）「コーポレートガバナンス・コードの基本的な考え方　コーポレートガバナンス・コード原案　～会社の持続的な成長と中長期的な企業価値の向上のために～」2015年 https://www.fsa.go.jp/news/26/sonota/20150305-1/04.pdf　（2022年12月10日アクセス）

金融庁（2018）『投資家と企業の対話ガイドライン』2018年、改定2021年

國島弘行（2011a）「日本的企業社会と日本的経営の再編—開発主義と新自由主義を超えて—」日本比較経営学会『比較経営研究』第35巻、2011年

國島弘行（2011b）「日本企業の所有構造とコーポレート・ガバナンス」林正樹編著『現代日本企業の競争力』ミネルヴァ書房

國島弘行（2014a）「1980年代アメリカにおける企業経営と経営労務」労務理論学会『労務理論学会誌』第23号

國島弘行（2014b）「日本企業の危機と株主価値志向経営—日本的経営の解体と再生をめぐって—」日本経営学会『経営学論集』第84集

國島弘行（2015a）「株主価値志向経営と新自由主義的グローバル化—市民価値志向経営への転換のために—」 重本直利編著『ディーセント・マネジメント研究 —労働統合・共生経営の方法—』晃洋書房、2015年

國島弘行（2015b）「現代の「鉄の檻」としてのアメリカ大企業 —株主価値志向コーポレート・ガバナンス批判—」市民科学研究所『市民の科学』第8号、2015年

國島弘行（2018a）「成長なき経済、企業の余剰資金、対外M&A」大西勝明・小阪隆秀・田村八十一編著『現代の産業・企業と地域経済—持続可能な発展の追究—』

晃洋書房

國島弘行（2018b）「金融のグローバル化とコーポレート・ガバナンス改革」重本直利・篠原三郎・中村共一編著『社会共生学研究—資本主義をマネジメントする—』晃洋書房

國島弘行（2018c）「激変する企業経営下での、企業の余剰資金拡大、労働者、対外M&A—資本主義をマネジメントするに向けて—」同上書

國島弘行（2019）「社会と企業における情報創造　—誰のため、何のための情報か？—」明治大学経営学研究所『経営学論集』第66巻第2号

國島弘行（2020）「ファンド資本主義と現代の企業経営」『労研ブックレット』第1号

國島弘行（2021a）「ROE重視経営——株主のための「攻め」のガバナンス」野中郁江・三和裕美子 編著『図説 企業の論点』旬報社

國島弘行（2021b）「株主価値経営に邁進する経営者」同上書

経済産業省（2014）『「持続的成長への競争力とインセンティブ ～企業と投資家の望ましい関係構築～」プロジェクト（伊藤レポート）』https://www.meti.go.jp/policy/economy/keiei_innovation/kigyoukaikei/pdf/itoreport.pdf　（2022年12月10日アクセス）

経済産業省（2019）「グループ・ガバナンス・システムに関する実務指針（グループガイドライン）」

経済産業省（2020）「社外取締役の在り方に関する実務指針（社外取締役ガイドライン）」

経済産業省（2020）「事業再編実務指針～事業ポートフォリオと組織の変革に向けて～（事業再編ガイドライン）」

週刊ダイヤモンド編集部（2016）「三井・住友 名門烈伝　日本をつくった27大財閥の素顔」『週刊ダイヤモンド』2016年4月2日号

首相官邸（2014）『「日本再興戦略」改訂版2014』https://www.kantei.go.jp/jp/singi/keizaisaisei/kettei.html　（2022年12月10日アクセス）

柴田努（2020）『企業支配の政治経済学』日本経済評論社

島田雄大（2016）「コーポレート・ガバナンス改革　—投機資本の「稼ぐ力」を強くするアベノミクス—」『経済』2016年7月号NO.250

田村俊夫（2014）「アクティビスト・ヘッジファンドと企業統治」『資本市場リサーチ』2014年冬季 vol.30

東京証券取引所（2015）「コーポレートガバナンス・コード ～会社の持続的な成長と中長期的な企業価値の向上のために～」2015年、改訂2018年、再改定2021年

内閣府（2014）『公的・準公的資金の運用・リスク管理等の高度化等に関する有識者会議　報告書』

年金積立金管理運用独立行政法人（GPIF）『業務概況書』各年度版https://www.gpif.go.jp/operation/　（2022年12月10日アクセス）

日米投資イニシアティブ（2002）『成長のための日米経済パートナーシップ

―2002年日米投資イニシアティブ報告書』https://dl.ndl.go.jp/view/download/digidepo_3487927_po_juii2002report_j.pdf?contentNo=1&alternativeNo=（2022年12月10日アクセス）

日本国政府及びアメリカ合衆国政府（1995）「日本国政府及びアメリカ合衆国政府による金融サービスに関する措置」（日米金融サービス合意）https://americancenterjapan.com/aboutusa/usj/5046/（2022年12月10日アクセス）

日本取引所グループ（2021a）「市場区分見直しの概要」https://www.jpx.co.jp/equities/market-restructure/market-segments/index.html（2022年12月10日アクセス）

日本取引所グループ（2021b）「コーポレートガバナンス・コード2021年6月版」https://www.jpx.co.jp/equities/listing/cg/index.html（2022年12月10日アクセス）

日本取引所グループ（2021c）「コーポレートガバナンス・コードの全原則適用に係る対応について」https://www.jpx.co.jp/equities/improvements/market-structure/nlsgeu000003pd3t-att/nlsgeu000005b3j7.pdf（2022年12月10日アクセス）

米国政府（1996）『日本における規制緩和、行政改革および競争政策に関する日本政府に対する米国政府の要望書』(Submission by the Government of the United States to the Government of Japan Regarding Deregulation, Administrative Reform and Competition Policy in Japan,1995, 1996) American Center Japan ホームページに所収（日米関係主要文書―経済）https://americancenterjapan.com/aboutusa/usj/5046/（2022年12月10日アクセス）

宮島英昭・新田敬祐（2011）『株式所有構造の多様化とその帰結：株式持ち合いの解消・「復活」と海外投資家の役割』RIETI Discussion Paper Series

Business Roundtable "Statement on the Purpose of a Corporation" 2019https://opportunity.businessroundtable.org/ourcommitment/（2022年12月10日アクセス）

FCLT Global（2017）"Moving Beyond Quarterly Guidance: A Relic of the Past" https://www.fcltglobal.org/wp-content/uploads/Moving-Beyond-Quarterly-Guidance-A-Relic-of-the-Past.pdf（2022年12月10日アクセス）

Jim Rossman, Mary Ann Deignan, and Rich Thomas, Lazard（2021）"Annual Review of Shareholder Activism" Harvard Law School Forum on Corporate Governance、January 25,2021（https://corpgov.law.harvard.edu/2021/01/25/annual-review-of-shareholder-activism）（2021年7月20日アクセス）

PRI Association "Principles for Responsible Investment（2020）" https://www.unpri.org/pri/about-the-pri（2021年12月12日アクセス）

Thinking Ahead Institute & Willis Towers Watson（2020）*The world's largest asset managers – 2020* https://www.thinkingaheadinstitute.org/content/uploads/2020/11/TAI_PI500_2020.pdf（2021年12月12日アクセス）

（くにしま　ひろゆき／創価大学）

ポスト株主資本主義の企業経営
——生産手段の共同所有を必然とする
資本主義の発達段階に関する比較考察——

村 上 了 太

1. はじめに

　本稿の目的は資本主義の発達段階と消費生活の関係性について検討を加え、将来の姿を占うことにある。さらに本稿の特徴としては、ポスト株主資本主義の企業経営に「地方」という要素を組み込んで検討する。

　本稿では資本主義の初期段階を商人資本主義と呼ぶことにするが、それが時間をかけて次第に株主資本主義へと姿を変えてきたことはいうまでもない。資本主義の発達に伴って、世界や各地域のレベルにおいて様々な課題（気候変動、交通弱者、過疎化ほか）を露呈させてきた。様々な課題が露呈している昨今、この株主資本主義の見直し論さえ主張されるほどである。

　では次の選択肢にはどのような世界が待ち受けているのだろうか。一部には社会主義を所望する動きが見られつつも、本稿では資本主義の枠内での「改良」が現実的であるという観点から述べていくことにする。その際に、過去と現状とを比較することも必要であると考え、歴史という要素を加味させた。現代における資本主義の諸課題は過去に遡ってその解決策の糸口が見出されるのではないだろうか。過去に遡るということは資本主義の発達段階に相違が見られることも考慮に入れるとともに、その対抗軸としての「共同」や「協同」にも言及する。

　地方における資本主義の発達に伴う諸課題を取り上げつつ、その対抗策を過去に遡って学び取り、現代にかかる課題との関連性を指摘しつつ、今

後の資本主義のあり方を占う。さらに地方の要素を含め、とりわけ沖縄（一部では奄美）という視点、そして共同（協同）という概念の必要性も説くために英国（一部、米国も含む）をも対象に据えた多面的な比較研究を試みる。最後に組織の持続可能性のヒント、すなわち挫折事例からの教訓にも触れて、その代替策を検討する。

2. 課題の設定

　沖縄・奄美地方に点在する共同店[1]に関する既存研究は、次のようにまとめることができる。すなわち、1）この研究が奥集落に偏っていること、2）経済的機能に限られていること、3）産業組合や農協との関わり合いが十分に考察されていないこと[2]、などである。1）については、1906年に沖縄初の共同店が那覇から120km北方にある集落で産声を上げたことが影響していると考えられる。日本本土からの情報が最も早く流入し、産業組合の仕組みも沖縄では最も早く取り入れることができたと考えられる。そして琉球王国の時代から自給自足の生活を営み、さらに台風被害が不可避な自然環境を抱えていることにも起因する集落民の団結力が相隣共助の団結力が強く、「近世共産村落」[3]を形成していた。2）については、歴史の観点から各種の数値をもって分析がなされてきたことが背景にある。3）1899年の農会法や産業組合法との関連でいえば、奥共同店も1914年から1916年まで産業組合に衣替えしたが、再び共同店に戻ったことも特筆に値する。特に3）については、「共同店は村落共同体の内輪の施設であり、産業組合等は『お上のもの』という認識の相違があるだけである。一般の部落住民にとっては、名称は産業組合であれ、農協であれ、あるいは共同店であれ、真に部落住民と密着した『われらの店』であればよいわけである」[4]という指摘もある。短命であった理由は、1）金銭交換用の切符を発行したこと、2）産業組合に組織を変更した際、生産剰余金を村民に分配したこと（いわゆる資金ショート）、3）住民に動揺を来たしたことなどの要因が重なったのである[5]。産業組合の黎明期に奥集落では短命に終わったことを鑑みれば、「われらの店」とは産業組合ではなかった

のである。つまり、1903年時点での沖縄にある産業組合は1社しか存在しなかったことや[6]、奥集落における産業組合が3年で破綻したことを考えると、「官製の天下り的な組合は、やはり奥の風土には馴染まなかった」[7]のである。

　そして1916年に共同店が復活したが、太平洋戦争下における、いわゆる10・10空襲で店舗や運搬船が消失したことに伴い、1945年11月4日付で解散したが、奥生産組合として1947年4月7日に再開した[8]。復活と同時に、1946年には製材所、1947年には製茶業、そして1948年には「おく丸」の建造などが進められるに至った[9]。そして、1972年の本土復帰を経て、2021年現在も共同店として経営が続けられている。

　次の事例として、恩納共同組合（売店）を取り上げる。2021年現在沖縄県内最大規模の収益を誇る同組織は、1922年に恩納産業組合が発足した後、戦時統制下の1943年に恩納村一円の組織として恩納村農業会に改組され、1950年に恩納共同売店となった[10]。さらに、1953年に恩納農業協同組合、1967年に恩納村農業協同組合（恩納村全域を対象）の発足に伴い、恩納共同組合（売店）として今日に至る[11]。2019年度には、集落内にある万座毛（株）によって運営されている万座毛周辺活性化施設内に万座毛支店が開設された[12]。

　法人格と地域出資をキーワードにして他地域に目を転ずると、福井県美浜町菅浜地区にある菅浜生活協同組合にも触れる必要がある。この組織は、菅浜地区122戸全戸が組合員となっており、もともと共同販売所から始まり、1972年に菅浜生活協同組合となって今日に至っている[13]。

3．協同組合の歴史的経緯

（1）日本

　歴史を遡ると、我が国では江戸時代における大原幽学の先祖株組合や二宮尊徳の報徳思想の存在を見逃してはならない。ここでは紙幅の都合で前者に絞る[14]。先祖株組合とは、「加入者が先祖株として地株代を出し合って、農地の共同管理を行うものであった。また、（大原：筆者注）幽学は

消費組合も作ったとされ、江戸時代に零細資本の結集による農村協同組合を設立されたことで知られていた。その創設年が、ロッチデールやライファイゼンよりも先であったことから、世界的な産業組合の創始者として取り上げられることになったのである」[15]とあり、江戸時代に協同組合の淵源を求めることができる。概要については、表1の通りである。構成員資格が存在しない限りは、永遠に積み立てておき、場合によっては「一統相談」による意思決定がなされている。この一統相談とは共同店の原点である「共同一致」にも相通じる。また、先祖株組合を推進した大原幽学は、自給自足の生活を続けてきた農民が頼ってきた頼母子講に不正を働く事例が生じてきたことから、それを固く禁じた[16]。

　1899年には農会法、1900年には産業組合法が施行され、産業組合の普及が始まったのである。ここで産業組合と協同組合の表現方法については、「私の甚だ遺憾に思うのは、（産業組合法制定の前段階：筆者注）当時の立案者がドイツ語の『産業及経済組合』というのを短くして『産業組合』と訳したことであります。ドイツの言語が長すぎて面白くないならばなぜ英仏の言語を採用して『協同組合』といわなかったのでしょうか。産業組合という名称はあまりに実利的・物質的な響きをもっているではないか。協同組合こそ組合の高尚なる精神を示すに適してはいないか。私はこの組合運動は一種の精神運動であるという見地からして従来好んで協同組合という名称を用いておりました」[17]とある。戦前期には産業組合、そして戦後には協同組合と呼称が変更になった理由は、言語がドイツ語から英仏語に移行したことにも影響を受けているであろう。

表1　先祖株組合の概要

① 金5両分の地株（先祖の株）と定めて私用せず、永年積み置くこと
② 年々の利分は永年積み上げること
③ 地株や利分などの世話人は一統相談して決めること
④ 組合員の資格を喪失した場合、1銭も渡さない。ただし、1軒100両以上の株が積み立てられている場合、一統相談の上、半株を相続させる。残りは子孫の積み立て置くべきこと

出典：『東京朝日新聞』1911年3月5日（朝刊）。

(2) 沖縄

　集落出資の協同組織がなぜ発生するに至ったか。沖縄の共同店は確かに個人商店の増勢を恐れた集落が「共同一致」(いわば集団のコンセンサスというべきか)の下で、組織化を実現させたのである。いわば下からの共同所有が実現したのだが、これまでの通り、集落における共同所有が集落一体の中心的な役割を果たしたというよりは、他店舗との競合状態に置かれていた状況に変わりはなかったのである。そして1914年の産業組合化はいわば「上から」の共同所有を意味するものであることから、集落における共同所有の温度差が生じたため、3年で幕を閉じるに至ったのである。つまり、上からの「共同一致」は下からのそれよりもはるかに脆弱であった。

　沖縄の共同店を考える場合、「無法人格」、「有償労働」と「地域課題の解消」という3点について指摘したい。沖縄の場合は、一部、株式会社または認可地縁団体等の形態が採用された事例があるものの、多くは法人格を有さないことから、人格なき社団として活動してきた[18]。また、地域課題(諸般の事情により買い物弱者支援が残存しているが、店舗にもよるが、他には精米、酒造、金融、公共浴場、運輸、薪炭販売などにも業容を拡大させていた)[19]の解消を伴うビジネスが共同体によって営まれると同時に、有償労働をも可能とさせてきたことから、経営学でいうところの共通価値の創造(Creating Shared Value、以下CSV)が実現できていた。陸の孤島、人口増加そしてブルーオーシャンという種々の条件の下、共同店は、初期段階からCSVを意図したというより、むしろ共同体として公平な立場で、生活に必要な各種の事業を営むために設立・拡充が図られ、結果的に複合事業協同組合と位置付けられることになったといえる。

(3) 英国
①協同組合の歴史

　次に、英国における消費に関する協同労働を比較対象として考える。協同労働や協同組合運動などの空想的社会主義運動の流れからすると、ロバート・オウエン(Robert Owen)によるニューラナーク(New Lanark)

の経営を軸に、米国ニューハーモニー（New Harmony）の建設と失敗が指摘されなければならない[20]。

こうした稀有な事例を除いては消費者協同組合の多くが持続可能性のある組織であるといえる。ロバート・オウエンの思想的源流を受けながら英国では、1844年発足のロッチデール公正先駆者協同組合（The Rochdale Society of Equitable Pioneers）や1919年発足のプランケット財団（Plunkett Foundation）などに影響を受けた諸活動が各地に伝播した。

またニューラナークやロッチデール公正先駆者組合以前にも協同組合は設置されており、「ロッチデール組合が発生するまでには18世紀の終りから多くの組合がすでに存していたのを忘れてはならない。然してこれら多くの組合はおのおのそれぞれ内在する欠点の為に失敗している。…英国労働者の産業組合の中で何らか明かなる記録の残存している最初のものは孤立した製粉組合および麺麭製造組合であった。その中で真に組合の形態を備えて最も古く存在していたと思われるのは1769年にスコットランドのエヤーシャイヤー（Ayrshire：筆者注）にあるフェンウィック（Fenwick）なる一小村の小組合であろう。この組合は少数の貧しい機械工等の設けたもので、ただこれによって幾片物を廉く買入れてそれだけ自分たちの乏しい賃金の購買力を増そうという以外には別にたいした目的はなかったのである」[21]と述べられている。このような小規模組合の設立と挫折は、次第に確固たる協同組合へと昇華させていったといえる。

②現状

2021年6月23日現在、後者は、小売店386店舗、パブ144店舗、農場40店舗など、合計790店舗を数えている[22]。また、小売店のうち法人格を有する店舗は90%を超過している[23]。中でもコミュニティ利益組合（Co-operative, Community Benefit Society）が最多の70%（財団資料で確認できる390店舗中275店舗）を占めている[24]。これまでの店舗数の推移について図1で確認しておこう。

英国のコミュニティ・ビジネスは、例えばリーマン・ショックの時期に店舗数を増やしたように、地域協働による課題解決が行われてきた。また

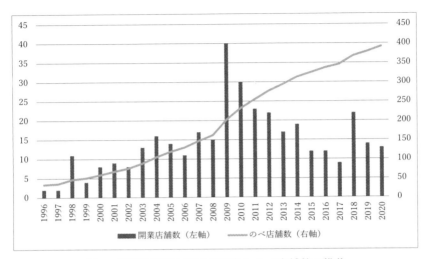

図1　英国共同店の開業店舗数とのべ店舗数の推移

出典：Plunkett Foundation, "Community Shops: A better form of business 2021", p.8.

　その他の時期においても「後継者不足」（我が国の事業承継問題にも通底する）や経営難などの理由でやむなく個人商店などを閉ざすことになるのだが、こうした課題に取り組むため、コミュニティ・ビジネスが盛んになっていったのである。2009年には前後の開店状況と比べても「地域の危機」が深刻であったと考えられる。さらにのべ店舗数が右肩上がりであることにも留意が必要である。つまり、持続可能な地域課題の解消が各地で行われ、一部の閉鎖よりも増加が上回って店舗数が純増になった理由は、ビジネス全般に比較するとその強靱な体質を有しているからである。たとえば、2019年の新規開店は12店舗、取引停止が5店舗であったことから、共同店の店舗数は7店舗の純増となり、長期残存率は92.5％となっている[25]。英国共同店の増勢は、たとえば、表2のように店舗の所有形態を見ても、支出の軽減も影響していると考えられる。特に家賃が毎月100ポンド以下や、そもそも家賃が生じない形態としてのコミュニティ所有による費用の軽減が見られることも指摘したい（表3）。

　共同店の開設は、いわゆる買い物弱者という社会課題を解消するために行われた対策である。共同店の開設はコミュニティ・ビジネスとして捉え

表2　店舗の所有形態（サンプル137店舗の調査）

所有形態	店舗数（％）
コミュニティによる所有（買い取り）	62（45.3）
賃貸（市場からコミュニティが賃借）	30（21.9）
低廉／割引価格による賃借	32（23.3）
無償賃借	6（4.4）
他	7（5.1）

出典：図1のp.12.

表3　家賃の相場

家賃（月額）	店舗数（％）
賃借ではない（その他）	53（38.7）
100ポンド以下	16（11.7）
101-200ポンド	11（8.0）
201-400ポンド	7（5.1）
401-600ポンド	6（4.4）
691-800ポンド	6（4.4）
800ポンド以上	3（2.2）

出典：図1のp.12.

ることが可能であるが、地域の課題はそれに止まらない。そこで、コミュニティ・ビジネスの支援機関であるプランケット財団では、様々な事業分野にも支援を行っている。

　この財団によると、小売店舗の開設に始まり、パブ、書店、森林組合などコミュニティ・ビジネスの事業領域を拡大させている。そもそもは小売店舗の開設にあるのだが、そのルーツは、1984年のドーセット（Dorset）州にあるハルストック（Halstock）がその嚆矢であり、既存店舗の閉鎖危機を受けて開設された[26]。当初は、村落小売サービス協会（Village Retail Service Association）による支援で開設されたのだが、このViRSAは2004年に合併協議が行われた結果、プランケット財団にその業務が引き継がれた[27]。

4．持続可能性　―事業に課題を有する事例―

（1）諸特徴

　協同労働において、洋の東西、歴史、経営にあたっての諸環境など、そもそも異なる側面が多々見受けられる中、本稿では対象としていない失敗事例[28]から何が得られるのだろうか。結論を先にいえば、ステークホルダー資本主義の実現に必要なことは「共同一致」の浸透に尽きる。先述の沖縄・奄美地方に伝播した産業組合が閉店を余儀なくされたのは、1）高

利の資本を借り入れたこと、2）理事者（経営に長けた人物と思われる）を配置できないこと、3）団体員の精神不一致であったことなどに要因がある[29]。

ロッチデール以前の組合（共同販売店）の挫折の原因は、1）法人格を有していなかったこと（全組合員の共有ではあったが、組合の管理者が財産を消費しても犯罪となることはなかった）、2）組合員が組合に対して冷淡となったこと（小資本家となって、組合員の家族は組合より他の商人からの購入を選好するようになった）、3）組合員が現実的であったこと（将来の理想を顧慮しなかった）[30]などが掲げられている。

ニューハーモニーの事例では共同体における統合原理の欠如が指摘されていたが、洋の東西や歴史的背景の相違を加味しても、協同労働の必要性が構成員の間に浸透しているか否かがその成否に影響していると指摘されよう。

加えて、無償ボランティアに支えられた英国共同店の運営は、一般の小売商店や沖縄の共同店に比べても人件費の抑制や家賃の軽減が存続可能性の鍵となっている。たとえば、沖縄の場合は一般の小売商店と同じく人件費を確保しながら存続のための収益を確保する必要があることから、総じて年商2,000万円から5,000万円が計上されなければならない[31]。

さらに指摘されるべきは、法人格についてである。英国共同店の場合は、沖縄の場合は県内最大の恩納共同売店組合でさえ、法人格を有していない。宮古島市狩俣地区の狩俣マッチャーズは株式会社であるが、多くのその他は法人格を有していない。

（2）共同所有そして共同一致

共同所有という現象を理解する場合、共同所有の必然性そしてその持続可能性までの言及が共同一致によってなされてきたか否か。そしてその組織体がコモンズに位置付けられるかどうか。少し掘り下げて検討する。そもそも、コモンズとは、「草原、森林、牧草地、漁場などの資源の共同利用地のこと。地球環境問題への対応が求められる中、グローバル・コモンズ（global commons）たる地球環境の保全にも示唆を与える営みとして、

再び脚光を浴びている。近年では、自然環境や自然資源そのものを指すというよりも、それぞれの環境資源がおかれた諸条件の下で、持続可能な様式で利用・管理・維持するためのルール、制度や組織であると把握されている」[32]と指摘されている。これを見ると、共同利用地がその基盤にあることから、共同店はコモンズの範疇に位置づけられる。その証左としては、これまで事例に掲げている奥について「奥の部落制度中最も共産的施設を有せるものは産業組合の実質を有する共同店を中心とせる共有財産なり。共同店は部落の共同施設にして共有財産として経営せらる」[33]と記されているからである。

協同労働とは雇用労働との対極にある概念である。雇用労働は、雇用者と被用者の支配／隷属関係が固定化されたところから生ずる仕組みであり、労働の過程において雇用者は被用者を搾取することにより富を蓄積する。他方で協同労働とは、支配／隷属関係が生ずることなく、フラットな組織である[34]。

そこで、協同労働とは社会保険制度などを除いては支配／隷属関係が存在しないことから共同一致への方向性が見いだされる。共同一致は、対等な関係性から、物事を「決める」より物事が「決まる」という点に特徴がある。同時に構成員は、株主でもあり、経営者でもあり、労働者でもある。

（3）下部構造からみる共同店の日英比較

共同体の諸活動から得られた経済事情は、共同店の有する上部構造のあり方を規定する。まずは下部構造の経済事情であるが、沖縄各地で見られたブルーオーシャンの環境の下では集落における経済循環が順調であり、加えて消費者の増大も見られた。とすると閉ざされた集落では経済循環が機能することになり、まさにWIN/WINの関係が構築されてきた。そのため、下部構造の「豊かさ」＝適度な配当を中心とした状態が上部構造を規定し、集落の行事や互酬性といった豊かさを提供することができたと考えられる。

他方、レッドオーシャン化によって下部構造が揺らぎ始め、次第に上部

構造を支える体力が奪われる。結果として、下部構造から規定される共同一致の精神すら揺らぎ始め、ひいては存続すら危ぶまれることになる。共同一致という観点からは、沖縄の場合は、共同体として共同一致の原則で集落の様々な行事が行われてきた延長として共同店が設置されてきた。端緒となった奥では確かに2者（社）の対立および1者（社）の集落への寄付ということで共同店の歩みが始まるが、その他の地域では業者間の競合が必ずしも伴っていたわけではなく、奥集落の仕組みが各地へと伝播していったと考えられる。他方、英国の場合は、リーマン・ショックの時期に店舗数が急増し、さらに持続的な増大を見ている限りでは、スーパーの撤退や個人商店の事業承継の問題など地域を取り巻く環境の変化が共同一致へと導いたといえる。このようなことから、沖縄では、休業か廃業かが定かではないため、総数こそ全体像の把握が困難であるが、次第にその店舗数を減少させていることは否めない。

　加えて共同店の日英比較で指摘されるべきことは、沖縄の場合は、商人資本との競合によって設置されたということは資本主義の発達段階が前期資本主義の段階にあったということである。前期資本主義に設けられた共同店は、ブルーオーシャンの環境の中で1世紀にわたって存続できたが、次第に株主資本主義へと様相を変えてきた。結果として、商人資本主義への抗いを前提とした沖縄の場合は株主資本主義の渦中に巻き込まれて閉鎖を余儀なくされたのである。他方、英国の場合は、後継者不足や地域の販売店の撤退を受けて勢力を伸ばしてきたことを鑑みても、株主資本主義への抗いが背景にあると認識できる。

5. 商品サービスと社会インフラ

（1）前史としての1960年代

　移動販売は、かつては行商（農水産物や衣料品など）などの歴史を有するが、戦前には百貨店や戦後のスーパーの時代が到来し、複数の商品を取りそろえた販売形式が導入された。

　買い物弱者や買い物難民と称される現象は昨今のものというより、以

前から生じていた課題と考えられる。中でも1964年に公表された「動く
スーパー」とは、「大型バスを改造したような形で両側座席が冷凍ケース。
客は前のドアからはいり、うしろのドアで代金を支払う仕組み。同社で
は、仕入れ市場から消費者に直行でき、衛生的で新鮮、経費も安上がりと
ご自慢。雨や風の日も回れる上、バスのようにダイヤを決めれば、主婦の
買い物計画の便利もはかれると売り込みに懸命だ」[35]と報じられた。そ
して、1965年には「東京都衛生局は、このほど、申請者の東京ストア（東
京都中央区銀座3の3、社長忠岡武重氏）に対し、肉類を含めての移動販
売事業を正式に課すると通知した。…これで、東京都内の買いもの不便な
団地などに、今月末ごろから冷凍装置つきの移動販売車がいよいよお目見
えすることになる」[36]と報じられている。いわゆる「流通革命」[37]とい
う文字が紙面を賑わすに至ったのである。だが、理念とは裏腹に、精肉販
売業者や地元商店街からの反発が根強く、東京ストア大型車27台、小型
車32台の計59台の出店計画を有していたが、実際には大型車10台の展開
にとどまった[38]。精肉業者の反対は、「食肉の場合、神戸で解体し、その
場でパッケージに入れ、国鉄の冷凍専用車で運んだものを、業界を通さず
消費者へという"バイパス"方式」[39]が業界の利益を損ねると見なされ
たからである。

　なお、東京ストアによる流通革命は、東京都議会議員との汚職にまで発
展するに至った。この汚職は、東京ストアの後継組織である「動くスー
パー」の精肉販売業の営業許可を巡って、東京ストアが東京都知事に食肉
移動販売車の営業許可を申請すると、他の業者から反対されることを知る
に至り、都議会議員が東京ストア社長に現金を要求し、東京都衛生局食品
衛生課長もこの要求に応じるように勧めたが、未遂に終わった事案であ
る[40]。この事案はさらに広がりを見せ、1）現金をだまし取ろうとした恐
喝未遂事件では東京地裁によって被告に懲役1年（東京高裁への上告は棄
却）、2）摘発後の公判でアリバイ工作を行って偽証を行わせた偽証事件
（東京高裁で懲役10月、最高裁への上告棄却）などの刑が確定した[41]。

　さらに動くスーパーは、1968年に負債約4億円を抱えて倒産したことを
受け、元乳酸菌飲料メーカーのバルンから1.6億円を借りて返済に充てた

後、東京ストアの元社長とともに設立されていた[42]。動くスーパーの経営者たちは、冷蔵庫付き移動販売車に特許権を有しているところに着目し、さらに集配センターや流通センターを首都圏に設置して花井を画策するため、移動販売車の権利を20万円から100万円、流通センターの権利を100万円から500万円の出資金を募り始めたのだが、経営難に陥り、1970年6月には神奈川県下の出資者21人から詐欺の疑いで告訴されていた[43]。

その後も移動販売の仕組みは各地で生まれることになった。例えば、1985年には大学や企業を対象とした弁当の移動販売車や、先述の移動販売（1台で3コースを持ち、週2回の巡回）が都内のスーパーで実施された[44]。

(2) 移動販売の可能性

共同店の販売機能の維持さえ困難になると、地域には買い物弱者問題が起きる。買い物弱者問題とは、単に中山間地のみならず、スーパーの撤退した都市部でも起きている現象である。現に、そのような地域を対象とした取り組みとして買い物サービスが提供されることになり、「商品を運ぶ」もしくは「人を運ぶ」などの形態が取り入れられている[45]。

先の（1）にて示したように、行商に端を発する移動販売サービスは、モータリゼーションによってその形を自動車による移動販売へと転換し、各地のニーズに応じてサービスが提供されてきた。2021年度まで持続されているかどうかの調査は、種々の制約があることから本稿では言及しないことにする。

さて、移動販売として21世紀のサービスとしては、移動スーパーとくし丸[46]（以下、とくし丸）がその勢力を拡大させていることは他の研究でも指摘されている。スーパーとくし丸の場合は、購入者からは1アイテムにつき一律10円（そのうち、個人事業主として扱われる販売パートナーには5円）、そして提携しているスーパーからは同じく17%の手数料を得ることで販売パートナーの収入が確保されている[47]。スーパーにとっては商圏の拡大、販売パートナーにとっては雇用の創出と収入の増大、さらに消費者にとっては買い物弱者からの解消、並びに移動のための時間コスト

の節約などが期待されており、2021年6月現在47都道府県全てに進出している[48]。

　だが、とくし丸にも買い物弱者を全てカバーするだけの体力＝採算性についての課題が残されている。とくし丸は、1時間あたり複数の消費者に商品を提供できる前提で訪問ルートが策定される。このルートは、CSVとしてとくし丸が活動できる商圏であることから、とくし丸にとっての限界でもある[49]。

　例えば、徳島県美馬市木屋平（こやだいら）地区は、JR穴吹駅から30キロほど南方に位置しており、当該地域までの行程には消滅した集落が点在している。事実上片道約1時間程度の移動時間を要することから、販売金額に比して燃料費が嵩むことから、とくし丸の進出が困難であった。私企業レベルでは補いきれない買い物弱者に対して、行政が動きを見せ、「美馬市買物支援事業補助金交付要綱」の第5条特例地域移動販売事業として「市長が特例地域での移動販売及び見守り活動に必要と認める経費」[50]を補助するようになった。このため、より深刻な買い物弱者（いわば、とくし丸の限界点）へのアプローチが可能となった。

（3）商品販売サービスのあり方

　英国および沖縄における運営、そしてその代替措置としての移動販売を「サービス」という点で捉えた場合、それぞれの比較による諸特徴をここでまとめておく。

　共同店と移動販売の共通項は、商品を移動させるか、人を移動させるか、いずれかの動きをもって提供される仕組みにある。かつては行商として行われた移動販売サービスは、1960年代にはモータリゼーションの影響を受けて行商から移動販売へと販売商品の多様化が図られ、とりわけ高度経済成長期に建設された都市部の地域やその他買い物困難地域にも進出する動きが見られた。だが、この時期に開花した移動販売ビジネスは、理念こそ高かったものの、実際にはいくつかの不祥事を招くなどしたことにより、持続可能な買い物弱者対策とはいいがたい状況に陥った。そして高度経済成長も終わり右肩上がりも終焉を遂げて、都市部も地方も過疎化の

影響が生ずるとともに、株主資本主義の浸透は買い物弱者を増大させた。

　小売り機能に特化した共同店＝共同売店も移動販売も、実質的にはサービスの提供者と利用者の関係性が固定化されている。商品の購入という関係によって構築された状態で「見守り」が行われ、時には消費者としての消費活動に「異変」が見られた場合の対応が行われている。他方、英国の場合は、上記のような関係ももちろん含まれるが、さらなる特徴として「無償ボランティア」（unpaid volunteer）としてサービスの提供者としてもその関係に携わることができることから、ボランティア相互の見守り機能も有していることが指摘されなければならない。消費者としての見守りと、販売協力者としての見守り機能を併せ持っていることは、固定化した関係性から進むべき「次のステージ」ではないかと考えられる。

　協同労働とは支配／隷属関係という上下関係のない仕組みを指すことは明らかである。だが、そのフラットな関係は雇用関係のみならず、利害関係者との役割分担においても指摘できることである。協同労働を核としながらも、必要に応じて利害関係者の役割分担も容易になる形は、いわばかつて共同体で営まれてきた役割分担の仕組み（いわば平等主義）と軌を一にするものである。

6. 持続可能性に関する比較

（1）歴史的側面からの比較

　歴史的側面からみても、共同一致は見逃せない概念である。江戸時代にも一統相談として共同一致が図られていたし、ニューハーモニーの事例にも通底しているところである。共同店も存続に向けた共同一致がなされていないことも起因していると思われる。では、かつて閉鎖を余儀なくされた産業組合の破綻、すなわち「挫折」から学べる持続可能性について表4でまとめておこう。

　この表をみると現代の協同組合のみならず、共同店にも指摘されうる内容であることが理解できる。これまで奥産業組合が短命であった理由を列挙したが、その際には2）、3）、5）および12）が指摘された。2）につい

表4　産業組合の挫折要因

要　　因	摘　　要
1）定款の不備	
2）資本の欠乏	
3）道義心の欠乏	ロバート・オウエン、ライファイゼンおよびシュルツは、道義心による計画である
4）組合に関する知識の欠乏	
5）理事が不正行為を行うこと	多数の組合員が理事を信用し、諸般の決定を一任してしまう恐れがある
6）利益の増殖すなわち成功を急ぐこと	
7）購買販売の不慣より招く損失	
8）政党によって政治目的で設立された組合	政治目的以外に、組合の目的が不明瞭になること
9）商人との競争で倒れる可能性があること	
10）信用売買をすること	いわゆる掛け買い・掛け売り
11）組合相互に競争すること	
12）帳簿の不整頓・監査の不行き届き	
13）臨時費と経常費、固定資本と流通資本の使途を乱し、建築費・器具費を過大に支出すること	
14）倉庫・工場の管理が悪く、不注意なる物品授受して損失を計上すること	
15）信用組合において貸出方法を誤ること	
16）経費の濫用	

注1：筆者が一部現代語に意訳している。
注2：原著では17）までの指摘がある。だが、17）は、特定の事項を対象としているのではなく、読者にその判断を委ねているとしていることから割愛した。
出典：西垣恒矩『第一産業組合論』（産業組合大全）、大日本産業組合中央会、1907年、278-285ページ。

ては既存の共同店を解散させて出資金を住民に返還したことが要因である。産業組合への再出資に否定的であったが故に、いわゆる資金ショートを生じさせたのである。4）については共同店との相違点が周知されていたとは考えにくい。

　5）については、組合員が特定の理事に「一任」した結果の問題である

ことから、共同店や産業組合のような協同出資、協同労働そして協同経営
には至らない状態である。共同（場合によっては協同）経営に関しては
これまでの通り共同一致が前提とされなければならない。6）に関連させ
ると、奥共同店では当初、個人商店と競合する時期があり、その際にも個
人商店の優勢が伝えられていたことはすでに指摘したが、個人商店は短期
利益での追求を続けた後、その集落の営業を終えた。その後は共同店が息
の長い経営を続けていったのである。そして、太平洋戦争という特殊な事
情による破綻・解散があったことも否めない。また、ニューラナークと
ニューハーモニーとの対比、とりわけ後者の挫折は、3）が主因である。

　上記を踏まえると、共同組織のあり方を産業組合の歴史、とりわけ失敗
事例の歴史から得られる教訓は、持続可能性を妨げる禁忌（タブー）事項
であるともいえる。また、現代の共同店や協同組合にも適用されうる指摘
が含まれていることも特徴である。

　（2）英国との比較
　英国の側面として指摘されることは、1）多くの場合、コミュニティ利
益組合やコミュニティ利益会社などの法人格を獲得していること、2）組
織の存続を意識して、無償ボランティアを多用していること、3）（特に、
沖縄の共同店と比較して）経営支援機関がコミュニティ・ビジネスの運営
に重要な役割を果たしていること、などを掲げることができる。つまり、
株主資本主義との対抗が沖縄よりも鮮明に表されていると思われる。

　共同店の拡大で着目されるべきは、リーマン・ショックが共同店の開設
を促したことである。それまで地域を支えてきたと思われる小売店の経営
悪化や後継者不足で店舗の閉鎖を余儀なくされたことから、たちまち買い
物弱者を生じさせた。

　とすれば地域出資を基盤として、協同経営と協同労働がなされているよ
うに見受けられる。だが、双方の生まれた背景が異なり、沖縄は商人資本
主義に生まれた体質を残存させながら、次第に株主資本主義の波に飲み込
まれていった。他方、英国では株主資本主義の波の中でその勢力を増大さ
せていることが特徴である。結果として、英国の場合は人件費や家賃の軽

減などが見られることから、持続可能な組織体制が構築されている。

　沖縄の場合は、商人資本主義に対抗するための共通目的をもって共同店が営まれており、外部との競争環境が未成熟である環境の下で存続してきた。次第に株主本主義が流入し始め、次第にレッドオーシャンと化してきた。このような波に飲み込まれながら、一部では旧態依然とした体質を残した沖縄の共同店は、英国よりも体力の弱さが指摘されなければならない。ここでいう体力の弱さとは、1）人口減に伴う消費人口の減少、2）コンビニやスーパー、ネットスーパーの拡大という環境の下で、商人資本主義のままの経営が続けられていることである。共同一致が存続を選択しているとすれば、法人格の取得を含め[51]英国を参考にした経営改革も必要となる。

　もしもこの選択肢に共同一致がなされない場合は、早晩、存続の危機を迎えることになるし、共同店に代わるサービスを待たなければならなくなる。

7. まとめ

　本稿は、沖縄の共同店や日本の産業組合、特に消費の面からの共同について、さらには英国との対比における協同も含めて、過去の教訓と現状、さらには将来について多面的な分析を試みてきた。加えて2020年12月に成立した労働者協同組合法は協同労働の普及と促進が期待されるところである。もちろん、発足の経緯や法人形態に着目されるのではなく、これまでも協同組合や共同店が経営危機や経営破綻を経験したように、経営＝「存続」に向けた共同一致が見られなければならない。

　沖縄の共同店は、商人資本主義の段階における共同体が原動力となった。商人資本主義の拡大を防遏するために設立されて以降、沖縄や奄美各地に伝播していった。他方で、次第に資本主義は様相を変え、株主資本主義の時代が到来することにより、各地の小売市場においてもレッドオーシャン化が進んで、共同店は一部を除いて存続の危機を迎えている。こうした商人資本主義の時代にできた共同店は、とくし丸やその他の買い物支

援サービスへの転換が進むことが予想される。

　共同店の「強み」（見守り頻度の高さ）を生かして持続可能な地域社会を目指すとすれば、英国の共同店が参考に値する。英国の場合は、株主資本主義の時代にも適応したモデルであるといえ、存続を強く意識していることに特徴を有する。沖縄の共同店をCSVの一環と位置づけるならば、英国の場合はコミュニティへの利益が最優先事項に掲げられ、人件費の削減や家賃の軽減などが持続可能性を高めている。すなわち沖縄と英国の共同店は、背景とする資本主義の様相が異なることは明らかである。

　本稿では、沖縄や我が国の共同と協同に関する歴史考察をはじめ、英国の事例とも対比させながら、ポスト株主資本主義の行方を考えてきた。結論としては、資本主義の枠内を維持することを前提としつつ、協同組合や共同が経済社会に占める度合いを深めるような資本主義が模索される必要性があるのではないだろうか。

注
1)　これは集落（市町村より小さな大字や小字などの単位といえる。後述の英国の場合は、小教区parishに相当すると考えられる）出資の複合事業協同組合と指摘できる。沖縄各地では「共同店」、「共同売店」そして「協同店」などの表記も見受けられる。特定の店舗名の場合は、それぞれを使い分けるとして、原則として「共同店」を用いる。歴史的文脈からすると、1) 共同体構成員にとって必要不可欠な事業（信用、購買、販売、生産など）を営んでいたが、2) 2021年現在では、ほとんどの店舗では販売機能のみが残存している（一部では、製茶業、販売機能から生じた見守り＝福祉機能もある）。そのため、正確には1)が共同店（複合事業協同組合ではあるが、市町村単位で組織される産業組合ではないところに相違がある）、2)が共同売店（人格なき社団としての消費生活協同組合）と表現できる。なお、沖縄県内には2021年6月現在では約50店舗、奄美地方には数店舗がそれぞれ存在する。また、これまでの研究をまとめたものに沖縄国際大学南島文化研究所『共同売店のあらたなかたちを求めて―沖縄における役割・課題・展望―』（南島文化研究所叢書）編集工房東洋企画、2020年を参照されたい。
2)　安仁屋政昭・玉城隆雄・堂前亮平「共同店と村落共同体：沖縄本島北部農村地域の事例 (1)」『南島文化』（沖縄国際大学）、第1巻、1979年、50-51ページ。
3)　田村浩『琉球共産村落の研究』沖縄風土記社、1969年、149-150ページにも同じ内容の言及がなされている。

4）安仁屋・玉城・堂前前掲論文51ページ。なお、より古い文献としては、同上書156ページにも同じ内容の言及がなされている。

5）田村前掲書1969年、158ページ。

6）『東京朝日新聞』1903年7月13日。長野の69社（信用組合）、静岡の16社（販売組合）、石川の18社（購買組合）そして総計では長野の102社などに対して、岡山、高知そして沖縄では1社ずつの設立であることが報じられている。

7）奥のあゆみ刊行委員会『字誌 「奥のあゆみ」』国頭村奥区事務所、1986年、90ページ。

8）同上書96ページ。

9）同上書96ページ。

10）恩納共同組合（売店）『記念誌』（恩納共同組合（売店）の歩み）2018年、10ページ。

11）同上書、12-17ページ。

12）万座毛ウェブサイト（https://www.manzamo.jp/manzamou.php:2021年10月17日アクセス）。

13）岩橋涼「集落が作った小さな生協〜菅浜生活協同組合」『くらしと協同』2016年春号（第16号）、2016年、44ページ。もちろん400人規模の集落で小売店を経営するには、収益が見込まれにくい。同論文46ページによると、菅浜の特徴は、1）夏の海水浴客、2）原発の定期検査作業に従事する作業員などといった外部からの購買力に支えられていたことが指摘されている。また、福井県生活協同組合連合会ウェブサイト（https://www.fukui.coop/kenren/cooplist/sugahama-coop:2021年10月1日アクセス）によると、発端は、「1925年5月に集落の大半が焼失する大火にあい、昭和初期からその復興として菅浜共同販売所が設立され」たことに拠る。

14）二宮尊徳については、様々な文献が確認される。たとえば、並松信久「二宮尊徳における農業思想の形成」『農林業問題研究』第70号、1983年や大淵三洋「二宮尊徳の思想と仕法に関する若干の考察」『日本情報ディレクトリ学会誌』第19巻第1号、2021年などを参照されたい。

15）河内聡子「大原幽学の発見―『日本的産業組合』の創出と歴史的叙述の転換を巡って―」『日本文芸論稿』（東北大学）、第36号、2013年、21ページ。

16）高倉テル『大原幽学』東邦書院、1939年、119ページ。沖縄の共同店は集落世帯の共同出資がルーツであったこととは対照的であると指摘できる。だが、目的は同書119ページには、頼母子講が農民の生活を苦しめ、時には講米や講金の担保として田地を提供し、それらを失う事案が多発したことから、むしろ農民の破産を防ぐために頼母子講を禁じて、先祖株組合を推奨したのである。

17）上田貞次郎「産業組合か協同組合か」『産業組合』第237号、1925年、2ページ。

18）ほとんどの共同店が法人格を有さない一方、地域によっては「財産区」として法人格を有する場合がある。この財産区とは、1）米軍基地演習場に貸与している集落所有地の地代を受け取る場合、2）中南部の開発のための浅海地域での浚渫された土砂に対する賠償金を受け取る場合、3）ダムなどの公共施設の賠償金を受け取る場合などに設けられる。この財産区については、次の2つの研究業績を例示しておきたい。1つは沖縄を対象とした島袋純・前城充・大城武秀「序章　沖縄の地域自治組織の成り立ちと今」『地域自治組織の現状と課題―調べてみて、こんなに独特いろいろ創意工夫、沖縄の自治会―：2009年度「自治講座：私たちが創る、沖縄の自治」最終報告書』（琉球大学国際沖縄研究所）2010年、本土ではあるが、軍用地料を対象とした川瀬光義「財産区と軍用地料」『京都府立大学学術報告（公共政策）』第12号、2020年、1-16ページ。

19）こうした背景には、貨幣経済の浸透、市場経済化などが集落各地にも伝播したことに伴う共同体の営みがあったといえよう。

20）吉村正和「オーウェン共同体と千年世俗的王国」『言語文化論集』（名古屋大学）第XXIX巻、第2号、2008年、278ページには、「主要な原因のひとつが共同体の統合原理の欠如にあることは間違いがない。あるいは、本来（生物学的に）人間には必要に迫られない限り共同生活を送ろうとはしないという側面があるのかもしれない」と言及されている。また、尾上四郎「英国協同組合（一）」『産業組合』第242号、1925年、60ページには「住民は過激論者、熱心な自由主義論者及び無精な理論家等の雑然たる集合である上に、悪辣な詐欺師がその間に介在していたことに起因する」と記されている。

21）篠田七郎「ロッチデール消費組合以前の英国の消費組合に関する研究」『産業組合』第232号、1925年、7ページ。

22）プランケット財団ウェブサイト（https://plunkett.co.uk/community-business-map/:2021年6月23日アクセス）。

23）Plunkett Foundation, "Community Shops: A better form of business 2020", p.10.

24）Plunkett Foundation, "Community Shops: A better form of business 2021", p.10.

25）ibid, p.6.ただし、調査時点では、若干の数値の変動があることにも留意されたい。

26）Mike Perry and James Alock, "Community Owned Village Shops – A better form of business"（https://www.thenews.coop/wp-content/uploads/s5-PerryAlcock-129.pdf:2021年6月20日アクセス）、p.38.

27）堀部修一・野嶋慎二「英国集落における住民主体のコミュニティショップ活動に関する研究」『日本建築学会計画系論文集』第78号、第691号、2013年、1948ページ。またプランケット財団のウェブサイト（https://plunkett.co.uk/our-story/:2021年6月20日アクセス）では、この店舗は1991年5月30日に開設された。

28）例えば、沖縄国際大学生活協同組合は2004年度をもって解散の運びとなった。理由は様々掲げられるが、大学キャンパスでは図書や食品を販売する業者が営業を行い、大学生協はキャンパス内での営業ができなかったこと、さらにはネット通販の復旧も経営危機に追い討ちをかけたものと考えられる。2021年現在でも、埼玉医療生協（『朝日新聞』2021年6月15日朝刊）や宮内庁生協（『毎日新聞』2021年6月24日）などの解散も報じられている。

29）田村前掲書1969年、157ページ。

30）篠田七郎「ロッチデール消費組合以前の英国の消費組合に関する研究」『産業組合』第232号、1925年、12ページ。

31）小巻泰之「過疎高齢化地域における小規模小売店（共同売店）―維持可能性に関する定量的試算―」沖縄国際大学南島文化研究所編前掲書、323ページ。

32）「コモンズ」朝日新聞社『知恵蔵』。

33）田村前掲書1969年、153ページ。

34）ただし、社会保険制度上、「事業主」が設定されなければならないことにも留意が必要である。

35）『朝日新聞』1964年1月18日（夕刊）。

36）『読売新聞』1965年2月23日。

37）『毎日新聞』1965年9月6日（夕刊）によると、経済企画庁生活局長は「流通革命の日本的兵器（本文では日本的新兵器）」と評価する一方、農林水産省農林経済局は「民間でこの車の利用希望者がどのくらいみこめるのかもう少し様子を見なければ、政府として動きようがない」とコメントを出している。

38）『読売新聞』1966年12月27日。

39）同上記事。

40）『毎日新聞』1966年4月8日（夕刊）。

41）『毎日新聞』1969年10月11日（夕刊）。

42）『毎日新聞』1971年11月26日。

43）同上記事。

44）『朝日新聞』1985年11月7日。

45）高橋愛典・竹田育弘・大内秀二郎「移動販売事業を捉える二つの視点―ビジネスモデル構築と買い物弱者対策―」『商経学叢』（近畿大学）第58巻第3号、2012年、440ページ。

46）村上了太「SDGsを徳島から考える―ディーセント・ライフのための産学協同―」日本比較経営学会編『持続可能な社会と企業経営』文理閣、2020年、82-90ページも併せて参照されたい。

47）とくし丸ウェブサイト（https://www.tokushimaru.jp/oubo/:2021年6月23日アクセス）。

48）同上サイト（https://www.tokushimaru.jp/zenkoku/#47:2021年6月23日アクセ

ス）。

49）なお、事業本体の余力で、到達困難な商圏まで進出する場合（いわば、内部補助）は、企業の社会的責任（Corporate Social Responsibility）と位置づけられる。

50）美馬市ウェブサイト（https://www.city.mima.lg.jp/gyousei/oshirase/files/bosyuuyoukou.pdf:2021年10月27日アクセス）。

51）法人格については、2020年12月4日に臨時国会で成立した労働者協同組合法に基づく法人化も選択肢に加えられた。ただし、その可能性は施行と設立状況を加味しなければ検討が厳しいことから、本稿執筆時点（2021年11月）では詳細な検討は控えることにして、諸特徴を3点に絞って指摘するにとどめたい。第1点は、同法第3条に「一　組合員が出資すること。二　その事業を行うに当たり組合員の意見が適切に反映されること」と記されたように、共同一致を淵源とした条文が記されていることが特徴である。第2点は労働者協同組合に類似するNPOとの関連について、「労働者協同組合法（ワーカーズ法）の要点」『季刊　社会運動』2021年7月号、84-85ページによると、「（ワーカーズコープやワーカーズコレクティブのこと：筆者注）現状はNPO法人や任意団体などとして活動している。しかしNPO法人は、出資が認められず、会費や寄付が頼りだ。労協は、組合員が出資して自ら働くことで、財政上の安定が図れ、仕事に積極的に関わることにつながる」とある。第3点は、「社説」『朝日新聞』2020年12月18日には「出資や運営、労働が一体的な構造になると、利害相反が起きかねない。賃金や労働条件が不当に切り下げられれば、当の働き手の利益が損なわれるだけでなく、安値受注などの温床になり、地域の労働市場に悪影響を及ぼす懸念もある」と指摘されている。今後の展開に期待したい。

（むらかみ　りょうた／沖縄国際大学）

持続可能な社会と企業所有

——株主資本主義批判としての企業パーパス論の意義と限界——

桜 井 　 徹

1. はじめに：対象と課題および分析視角

（1）対象と課題

　企業パーパス論は、2019年の米国の経済団体Business Roundtable（BRT）や世界的投資運用会社であるBlackRockのLarry Fink CEO、さらに世界経済フォーラムの見解を通じて一般化してきた。それらは、「株主資本主義への反省」とステークホルダー（利害関係者）への配慮を表明、さらにはステークホルダー資本主義への転換を主張しているが、その背景には地球環境危機や社会危機を訴える若者を中心とする社会・政治運動がある（桜井 2021）。

　本稿[1]で対象とする企業パーパス論[2]は、株式会社論から学問的・体系的に議論を展開しているBritish Academy（英国学士院）の「企業の未来」（The Future of the Corporation）プロジェクトおよび、同プロジェクトを指揮したCollin Mayerの著書（Mayer 2018，Mayer 2020）にあらわれた見解である。この見解は、端的に言えば、「企業のパーパスは利益を生み出すことではない。それは、人間と地球の諸問題に対する収益的（profitable）な解決策を生み出すことである。この過程で企業は利益を生み出すが、しかし利益追求は企業のパーパスそれ自体ではない」（British Academy 2018, p. 16）という見解[3]である。

　本稿の課題は、株主資本主義批判としての、この企業パーパス論の意義と限界を、持続可能な社会の実現における企業所有のあり方に関連させ

て、①資本主義批判論における企業所有との対比、②先行研究との対比、そして、③企業パーパス論が推奨する企業所有形態である産業財団所有企業の実際の分析を通じて、明らかにしようとするものである。

(2) 課題設定の意図

このように課題を設定した意図を、以下4点に分けて説明したい。

第1に、持続可能な社会の実現における企業所有のあり方をなぜ問題にするのか。今日、SDGsに示されるように、一方では地球温暖化問題に見られるような地球環境危機、他方では飢餓、貧困、経済格差の拡大に象徴される社会危機の双方から持続可能な社会の実現が求められている。多くの議論は、持続可能な社会を実現するために、企業、とりわけ株式会社はどのような役割を担うべきかという視点からなされている。SDGsの諸目標への企業の関与の仕方、SDG投資、義務的CSR（桜井 2019）および社会的規制の強化などである。これらは有益かつ必要な議論である。

しかしながら、それらは、現在の危機をもたらしたこれまでの資本主義、それに関連した企業のあり方、とりわけ企業所有形態はほとんど問題にしていない。換言すれば、持続可能な社会では、どのような企業所有形態がふさわしいのかという視点が必要である。

第2は、株主資本主義批判としての企業パーパス論を資本主義批判論との対比で論じるという分析視点について。今日の危機の原因が、これまでの資本主義と企業、とくに企業所有のあり方にあるとしても、危機の原因が、資本主義そのものにあるという立場（資本主義批判論）と株主資本主義にあるという立場（株主資本主義批判論）の相違がある。前者は資本主義そのものの転換が、後者は資本主義の再構築が課題となる。

資本主義批判論の代表は、斎藤幸平（斎藤 2020）および小西一雄（小西 2020）の見解である。

それでは、資本主義批判論と株主資本主義批判論は「水と油」の関係にあるのだろうか。抽象的に言えば、資本主義批判は株主資本主義批判をも含むことは当然であるにしても、株主資本主義批判も、資本主義批判をその中に部分的に含んでいるはずではないだろうか。筆者には、両者の関連

を理論的に解明する能力はない。その代わりに、両アプローチがモデルとした企業像の対比を通じて、この関連を考えてみたい。端的に言えば、資本主義批判論はコモンズ（共同所有ないし社会的所有）、とりわけ労働者協同組合を推奨するのに対して、株主資本主義批判としての企業パーパス論は産業財団企業を想定している。

　第3は、企業パーパス論を代表的な先行研究と比較することである。ここで取り上げる見解は、1930年代に、所有と支配の分離論に関して、経営者を株主の受託者と考えるAdolf Berleの見解を批判し、経営者を社会全体の受託者であるとする立場から株式会社の公共的性格を強調したMerrick Doddの見解（Dodd 1932）と、1950年代以降に、株式会社を信託制度とみなす立場から企業パーパス論よりも早く企業目的の重要性を強調し、従業員所有企業でもあり産業財団所有企業でもあるCarl Zeiss社を高く評価したGeorge Goyderの見解（Goyder 1951，1961，1975）である。

　第4は、企業パーパス論が推奨する企業所有形態であるデンマーク、ドイツおよびイギリスにおける6つの産業財団所有企業の実際の分析である。この分析を通じて、資本主義批判論が推奨する労働者協同組合との異同も明確になると思われる。

（3）分析順序

　本稿は以下のように展開される。2.で資本主義批判論を述べ、3.で企業パーパス論の特徴である株主所有による企業支配からの離脱の意味を検討するとともに、あるべき企業像として産業財団所有企業が想定されていることを確定する。4.は、DoddとGoyderの見解と比較した企業パーパス論の問題点の検討である。以上が理論的記述であるとすると、5.は実証的記述である。そこでは、企業パーパス論があるべき企業像としている産業財団所有企業のうち、デンマーク、ドイツおよびイギリスの6つの企業について、「所有と支配」の実際を、株式市場からの独立の程度と、信託制の下での従業員による経営参加の程度の二つの点から分析し、イギリスの場合は、より労働者協同組合に接近することを明らかにする。

　課題に対する回答を述べて、結論としたい。

2. 資本主義批判論と望ましい企業像

(1) 資本主義批判論の主張と特徴

この見解は、斎藤幸平や小西一雄に代表される見解で、今日の危機の原因は価値増殖を基本原理とする資本主義そのものにあるとするものである。

斎藤は、脱成長コミュニズムを掲げ、それを実現する核心政策の最初に「『使用価値』は『価値』を実現するための手段に貶められて」（斎藤 2020、p. 247）いる状態から「使用価値経済への転換」（同上、p. 300）を図る必要を提起している。小西も「利潤と社会的使用価値との関係が逆転した社会、経済活動の動機と目的はどこまでも社会的使用価値の提供であって、『利潤』はそのための手段、経営の持続のために必要な手段にすぎない社会、利潤原理を相対化し、利潤原理の逆転」（小西 2020、pp. 4-5）した社会に転換されるべきだと言う。

(2) 資本主義批判論の企業像

使用価値と価値との対立は、企業の社会性と営利性との対立としても理解される。だからこそ、両者とも、コモンズ[4]と言われる「社会的所有」に基づく企業、総じて、協同組合や市民・自治体所有などの非営利企業が推奨されている。とくに斎藤は、「資本家や株主なしに、労働者たちが共同出資して、生産手段を共同所有し、共同管理する組織」（斉藤 2020、p. 261）である労働者協同組合の役割を強調している。スペインのMondragon 協同組合や米国の事例[5]をあげ、日本でも普及しつつあることに、斎藤のいうコミュニズムの実現への契機を見て取っている。なお、日本では 2020 年 12 月に労働者協同組合法が成立している。

(3)「所有と支配」から見た労働者協同組合の特徴

一般的に、協同組合は、株式会社と比較した経営原則の特徴として、民主的参加と民主的決定、非営利性などが指摘されている（ベーク 1992,

pp. 114-115）。

　労働者協同組合を「所有と支配」から見た場合、その特徴は、端的に言えば、労働者による共同所有を軸にした所有と支配、さらに経営が一致した企業形態である。このことは、上記で紹介した斎藤からの引用文からも明らかであるが、労働者協同組合法[6]第1条も、「組合員が出資し、それぞれの意見を反映して組合の事業が行われ、及び組合員自らが事業に従事することを基本原理とする組織」と定義づけている。その活動を通じて、「多様な就労の機会を創出することを促進するとともに、当該組織を通じて地域における多様な需要に応じた事業が行われることを促進し、もって持続可能で活力ある地域社会の実現に資すること」が期待されている。

　労働者協同組合は、所有と支配、さらに経営が一致しているが故に、所有者による直接管理（民主的管理）が行われことができるのである。営利性についても、配当は、「組合員が組合の事業に従事した程度」として限定的である。

　もちろん、労働者協同組合は資本に対抗して存在するものではあるが、斎藤も認識しているように、市場経済の中で、とくに株式会社との競争の中で存在することによる問題点が指摘されている。しかし、それでも上で述べた優位性は存在すると思われる。

3．企業パーパス論の特徴とあるべき企業像

（1）企業パーパス論と啓発された株主資本主義論

　企業パーパス論は、今日の危機をもたらした原因が、資本主義一般ではなく、株主資本主義にあるというものである。

　ここで批判される株主資本主義は、言うまでもなく、「企業経営者の使命は株主利益の最大化で」（Friedman 2002 [1962], p. 133, 邦訳, pp. 248-249）あるというMilton Friedmanの考え方に象徴される株主利益重視の資本主義である。株主資本主義批判の代表的見解とされるのは、本稿冒頭で紹介したBRTの見解である。

　本稿で対象とする企業パーパス論は広義にはステークホルダー論であ

るが、注目すべきは、BRTの見解は、Mayerによって、啓発（enlightened）株主資本主義として批判されていることである。すなわち、BRTを支えている概念は、啓発的な株主、両得（the genius of the and）、および、「良いことをおこなうことによって業績をよくする（doing well by doing good）」ことであると言う。ここで啓発とは、「他の人々の幸福（well-being）が株主に利益（contribution）をもたらすことになると理解している」（Mayer 2020, p. 4）という意味である[7]。したがって、BRTのステークホルダー論は結局は株主利益を重視していると批判されるのである。

(2) 企業パーパス論の特徴1：株式所有による企業支配からの脱却と従業員参加の否定

　Mayerは、今日における経済格差や貧困、環境破壊は多国籍企業を含む株式会社が生み出していることを認めるが、しかし、株式会社の破棄を言うのではなく、株式会社の再構築を主張する[8]。その根拠は、本来株式会社が公的な性格を有しており、今日の状況は、株式会社を契約の束と見なし、株主のみが残余リスクの負担者であり、経営者をコントロールできる権限があるという間違った考え方が流布されているからで、そうした誤った考え方からの転換が必要であるという。

　それは次の言葉によく表れている。「株主のみが株式会社の運命に自らを危険にさらしている唯一の当事者ではな」い。したがって、「株主の権利や権限を強化すればするほど、他の当事者の利益が侵害される危険性が高まる」（Mayer 2018, pp. 37-38、邦訳 pp. 67-68）。Kraft社がCadbury社を買収しCadbury社の工場を閉鎖し（多数の失業者を出し）たこと、銀行が不適切な金融商品を販売していることを指摘し、「株式会社を単に株主のための手段であるとの見方をとり続ける限り、これらの問題（低賃金労働や金融危機における銀行救済問題：引用者）はさらに悪化し、社会、政治、環境に大惨事をもたらすだろう」（同上、p. 37、邦訳 p. 68）と、株主第一主義の経営が世界の貧困や格差拡大を生んでいるというのである。

　とくに会社の支配権を売買することになっている株式市場からの独立を主張しているのである。

　しかし同時に、「会社の支配権を従業員、顧客、国家といった他の当事者に移転させるだけでは」（同上、p. 38、邦訳 p. 68）これらの問題は解決しないと言い、従業員所有企業や顧客所有企業および国有企業に否定的である。何故か。従業員や顧客によって支配されている会社は資金調達上の困難を持っており、国有企業は官僚的であるという理由だけではない。最大の理由は、「従業員、顧客、国家、株主による支配は、これらの者によって全く代表されていない者、すなわち将来世代の犠牲の下にもたらされる」（同上、p. 38、邦訳 p. 68）と言う。同氏は直接指摘していないが、「将来世代の犠牲」という語句に、ブラントランド委員会の持続可能な開発の定義（WCED、邦訳 p.66）を想起しても不思議はない。しかし、将来世代の利益を考慮することと少なくとも従業員所有は矛盾するのであろうか。この点は後述したい。

（3）企業パーパス論の特徴2：信頼関係の束としての株式会社

　それでは、株主の利益追求の手段とならず、単にステークホルダーの利益だけでなく、同時に、将来世代の利益をも考慮するように、株式会社が経営されるにはどのようにすべきであると、Mayerは言うのだろうか。結論を先回りして言えば、その鍵は、経営者ないしは取締役にあると同氏は見ているようである。

　「経営陣による支配と、株主による所有との分離あるいは他の当事者による支配との分離は、株式会社の持つ欠陥ではなく、その属性である」（Mayer 2018, p. 38、邦訳 p. 69訳を一部変更）ことを認識することが必要だと言う。

　「株式会社が株主とは別の法人格を有して」いることから、通常は、経営者は株主に対し受託者責任（a fiduciary responsibility）を負うと見なされているが、全ての構成員に対してそうすべきであり、そうして経営者は、「会社の繁栄を追求する過程でさまざまな当事者の利益のバランスを図ることができ」（同上、p. 38、邦訳 p. 69）ると述べている。ここには、株式会社を契約の束ではなく信頼関係の束（a nexus of relations based on trust）[9]と見なす同氏の見解が現れている。

経営者によるコミットメントを通じて、各利害関係者との信頼関係がうまれ、「会社の掲げる目的を通じて人々や地球が抱える問題に対する有益な解決方法を生み出すという共通の目標のために全ての当事者が鼓舞され、一体となる」（同上、p.39、邦訳 pp. 70-71）と言う。

　こうした見解は、一方では、企業と社会との関係を互酬的（reciprocal）関係と見なす考え方を背景としている（桜井 2021、pp. 38-39）と思われるが、同時に、株式会社論的には、Mayer は、株式会社を株主とは独立した存在であり、経営者は会社の受託者であり、その会社は公的存在であるという考え方に立っているからである[10]。そしてあるべき株式会社とするための改革を次のように述べている。

　「会社法を改正し、株式会社に対しその掲げる目的を定款に記載させ、その目的実現に対する取締役会の受託者責任を再規定し、これらの目的との関係で株式会社の成果を測定する計算書類を作成し、その目的実現に成功したことを評価に繁栄するインセンティブ制度を導入すべきである」（Mayer 2018, p. 42、邦訳 p.75）。成果を測定する計算書とは、物的資本や金融資本だけではなく、知的資本、人的資本や社会資本および自然資本を含めた社会的貸借対照表のようなものが想定されているのは言うまでもない。

　次に、企業パーパス論が想定するあるべき企業像を見てみよう。

（4）企業パーパス論におけるあるべき企業像：産業財団所有企業

　British Academy（2018）や Mayer の講演記録（Harvard Kennedy School 2019）では、英国のガバナンスコードの改訂にみられる従業員の取締役会への参加や、米国のウオーレン議員の提唱する Accountable Company 法案やフランスのミッション企業や米国のベネフィット・コーポレーションなどの多様な企業形態があげられていたが、British Academy（2019）では、ドイツやデンマークの産業財団所有企業があげられている（桜井 2021、p. 45）。

　Mayer が挙げている産業財団所有企業は、ドイツのメディア企業である Bertelsmann と自動車部品企業の Robert Bosch、デンマークのビール醸造メーカーである Carlsberg と医薬品企業である Novo Nordisk、スウェーデンの家具メーカーの Ikea、イギリスの百貨店グループの John Lewis PartnershipおよびインドのTataグループなどである（Mayer 2018, pp. 40, 43, 121, 162、邦訳 pp. 73、78、227、302）。

　これらの企業は産業財団によって所有され、産業財団が、「その利益を事業に投資し、そして剰余金を慈善事業に投資している」（同上, p. 41、邦訳 p.73）点も重要だが、Mayerが注目しているのは次の点である。すなわち、「産業財団の最も重要な目的は、傘下の企業がその創業者によって定められた目的、原理、価値観を遵守するよう監督することにある。もし、監督に失敗した場合、その責任をとるのは財団の中の受託者評議会である」（同上, p. 41、邦訳 p.73）。ここから、同氏は、①明確に規定された目的、②安定的で目的を支える株式所有構造。そして③当該目的の実現に対して説明責任を負う受託者評議会と取締役の存在という要素が組み合わされることを強調している（同上, p.41、邦訳 p. 73）。

　もちろん、全ての株式会社が産業財団所有企業とすべきことは想定されていない。アンカー株主（同上, p. 103、邦訳 p. 196）ないしはブロック株主（同上, p. 90、邦訳 p. 170）の存在の重要性を主張している。

4. 企業パーパス論の先行者としてのDoddとGoyderの研究

（1）Doddにおける法人実在説と「所有と支配」の分離

　Mayerの企業パーパス論は、経営者＝取締役、正確には会社を全当事者の受託者とするところに特徴があった。全当事者の受託者論は、すでにDoddの見解に表れている。

　「所有と支配の分離」問題を理論的にも実証的にも提起したのは、Berle=Meansの『私有財産と近代株式会社』である。実証的には株式所有の分散化が経営者支配に関わる証明であるが、理論的には経営者を株主の受託者（trustee）とし、「信託された権力として会社権力」を述べたことにある。この経営者＝株主受託者論に対してDoddは当時の世論、とくにGeneral Electricの社長の言明に基づいて、経営者は会社それ自体の受託者であると見なすべきと次のように述べている。

　「もし法人体という統一体（unity）が実在的なものであるとすれば、統

一体の経営者たちは個々の構成員の受託者（fiduciaries）であるだけでなく統一体の受託者であるという命題、および経営者たちは、Young氏の言葉にあるように、株主たちの代理人（attorneys）であるよりは一つの機関（an institution）の受託者（trustees）であるという命題は事実であり、単なる法律上の擬制ではない」（Dodd 1932, p. 1160）。

Doddによれば、株式会社が株主利益にのみ奉仕するという考え方は、経営者が株主の受託者であるという仮定とビジネスは私有財産であるという仮定に基づいているが、次の点で、そうした仮定は妥当しない。前者については上記の引用文のように、経営者は株式会社全体の受託者であるという点で、また、後者に関しては鉄道事業のような公益企業だけでなく、他の産業でも公共規制が行われており、さらに当時の判例を引きつつ、ビジネスは「限定的な意味での私有財産」となっているという点である。ここではBerle・Dodd論争に立ち入らない[11]。なお、このDoddの法人実在説に基づく会社の受託者としての経営者把握は、「会社の信任受託者としての経営者」論を展開している岩井克人（岩井 2005）の議論と相似的であるが、指摘にとどめる。

DoddとMayerの見解を比較すると、受託者論における共通性がある。Doddが法人実在説の立場から受託者論を展開するのに対して、Mayerは法人擬制説・実在説にこだわらずに[12]、信頼関係の束の立場から自説を述べているという相違はあるものの、信頼を信託とすれば両者は極めて近くなり、双方とも株式会社の公共的性格を演繹している点は共通する。

とはいえ、両者の差異として指摘すべきは、両者の置かれた歴史的相違は別にしても、政府規制に対する態度である。Doddは、政府規制が私有財産を限定的なものにしていると主張するのに対して、Mayerは、パーパス経営をうながすものとしての政府規制を肯定するが、その活動を制限する政府規制は排除すべきだという立場である。

（2）Goyderにおける信託制度・自己所有としての株式会社と従業員所有

イギリスの産業家のGeorge Goyder[13] が1951年に出版した『私企業の将来』は、British Academyプロジェクト名『株式会社の未来』と名称が似

ているだけでなく、信託を基礎に株式会社論を展開している点で、British
Academy や Mayer らと共通している。

　同書の第9章「信託制度としての会社」は、「われわれが会社目的を株
主の財務上の利害よりも広範な関係で規定しようとするときには、まず
信̇託̇（the Trust）という便宜な法的手段を見出すのである」（Goyder 1951、
邦訳p. 64、傍点原文）の文章で始まる。会社法でも信託概念は、すでに会
社法の基本定款に存在している。「取締役は株主の受̇託̇者̇であり、彼らの
ために忠実勤勉にその職務を遂行するを要し、受託責任違反のときには
法的に処罰されるのである」（同上、邦訳 p. 65）。取締役の忠実義務と善
管注意義務である。ここから、Goyder は、「しかし、産業ではさらに従業
員、地域社会の協力を必要としており、取締役のこれらの集団への義務を
認めうるのである」（同上、邦訳 p. 65）として、取締役を株主、従業員、
地域社会の受託者と見なしている。これを支えている考え方は、Dodd の
場合と同様に法人実在説であり、さらにDodd よりも進んで、会社は会社
の所有物という観念である。「現行会社法は‥‥会社は株主に『所属する』
ものという擬制にもとづいている。しかし、会社は誰にも所属しないし、
『所有』の対象とはなりえないのである。会社は自己所有であり、財産を
保有して一定の活動に従事する法人格をもつものである」（同上、邦訳 p.
26）。

　その際、Goyder がモデルとしたのがCarl Zeiss の産業財団である。同財
団を参考[14]にしつつ、イギリスの会社法に適合する形で責任会社の創設
を提案する（同上、邦訳 p. 97以下）。その第一歩として、基本定款におい
て一般目的条項を設定し、そこに、会社自体の目的（会社の発展と財務上
の発展と成長）、株主目的（一定の配当支払）、従業員目的（好条件の安定
した雇用）および消費者目的（公正妥当な価格で良品質の製品の提供）を
掲げることを提唱している。さらに、従業員にも株主と同等の「社員権」
を認め、従業員代表の取締役会への参加を提案している（同上、p. 103以
下）。ドイツの共同決定法の成立を参考にしたことは言うまでもない。こ
のほか、消費者・地域代表の年次総会への参加、持株保有期間の制限など
も提案されている。

さらに責任会社で注目されるのは、取締役間の意見の相違や、株主と従業員間の意見の相違を調整する役割を持つ特別定款受託者の設置を提唱していることである（同上、邦訳 p. 112）。これは、Mayer の言う受託者評議会に相当する。

さらに、1961年の著作では、「有限責任の私会社および公会社に関する法の修正提案」を行っているが、その修正提案の意図に沿ってすでに従業員のための会社組織が設立されている事例として、Scott Bader と John Lewis Partnership などを挙げている（Goyder 1961，邦訳 p. 169）。

こうした Goyder の提案の背景には、当時のイギリスにおける産業国有化への対抗、また東西冷戦があり、労働者や社会の要求を企業内部に取り込もうとする意図があった。Goyder が自由党関係者であることとも無関係ではない。左右両派から批判がなされたことも理解できる（Goyder 1961 の邦訳解説、参照）。

Mayer との比較では、受託者論に基づき展開されていること、受託者評議会の設置を主張していることは共通している。しかし相違も見られる。2点指摘したい。一つは、Goyder が Dodd と同様に実在説で会社を把握するとともに、さらに進んで会社を自己所有と見なしていること、もう一つは、Goyder が従業員の経営参加および従業員株式保有を積極的に推奨していることである。具体的事例は、上述したように、Scott Bader と John Lewis Partnership である。この2社は、産業財団所有企業であるが、従業員所有企業でもある。

なお、Goyder の見解は、インド独立の父、Mahatma Gandhi の受託者制度（trusteeship）論（石井 1994）に関係があること[15]、Mayer が産業財団所有企業の一つとしてあげた Tata グループの創立者が Gandhi の思想に影響を受けていたこと（梅野 2021）、そうした伝統が義務的 CSR を生み出した背景を形成していることを指摘しておきたい。

5.　産業財団所有企業とその特徴

（1）共通性

　Mayerがモデルとした産業財団所有企業について、創立者、株式所有およびガバナンス構造を見てみよう。ここで取り上げるのは、デンマークのビール・飲料メーカーのCarlsbergと糖尿病インスリンを中心とした医薬品メーカーのNovo Nordisk、ドイツの自動車部品メーカーのRobert Boschと光学機器メーカーのCarl Zeiss、イギリスの百貨店を中心とする小売販売のJohn Lewis Partnerships（JLP）と化学メーカーのScott Baderの6つの企業である。このうち、Carl ZeissとScott BaderはMayerらの著作には登場しないが、Goyderが取り上げていること、またMayerとほぼ同一の考え方

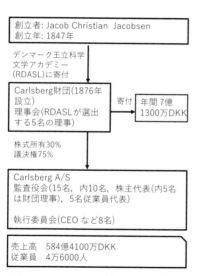

図1　Carlsbergのガバナンス構造

注：財団は上記の他にTuborg財団が存在。

出所：Carlsberg Breweries Group(2020) およびCarlsberg Foundation （2020）から作成。

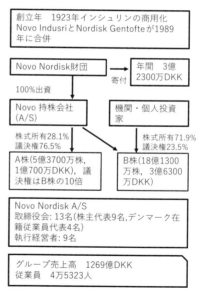

図2　Novo Nordiskのガバナンス構造

注：Novo Nordisk財団はNovozymes A/Sにも出資している。

出所：Novo Nordisk（2011, 2020-a, 2020-b）から作成。

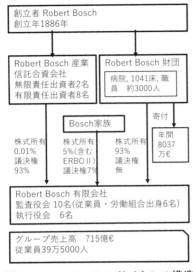

図3　Robert Bosch のガバナンス構造

出所：Robert Bosch（2020），吉森（2015）
　　　などから作成。

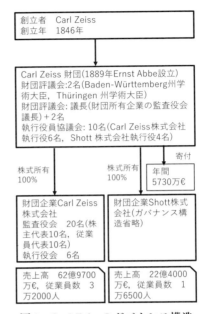

図4　Carl Zeiss のガバナンス構造

出所：Carl Zeiss（2021），Carl Zeiss Stiftung
　　　（2020），吉森（2015）から作成。

をしているパーパス財団がsteward-ownershp企業の代表例（Purpose Foun-dation 2020、p.12）として挙げているので、この分析に含めることとした。Mayerらが挙げている他の産業財団企業は紙面の都合上割愛した。

　図1〜6は、これらの産業財団所有企業について、株主の財団と中核企業の関係、およびそれらのガバナンス構造を図式化したものである。なるべく統一的に把握できるように努めたが、資料収集の限界もあって不均斉となっていることをお断りしたい。

　これらの企業の共通面として次の三点が指摘できる。

　第1は、株式市場からの独立性ないしは「所有と支配の一致」である。

　いずれも、強い公益志向の信念をもった創設者が出資した財団ないしはそれに近い形の企業体が、各グループの中核企業を支配し、株式市場からの支配を受けないようにしていることである。

　第2は、株式ないしは持分に対する配当を原資として慈善ないしは公益

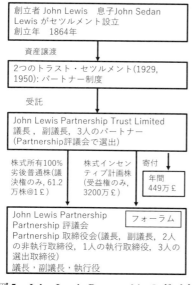

図5　John Lewis Partnership のガバナンス構造

出所：JLP (2021-a, 2021-b) などから作成。

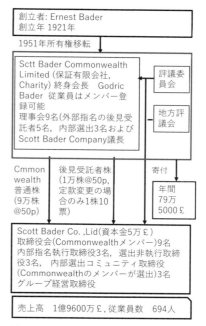

図6　Scott Bader のガバナンス構造

出所：Scott Bader (2014, 2020-a)、富沢・佐藤 (1986) から作成。

活動も行っていることである。研究開発、学術研究支援から環境衛生改善など多面的である。金額は規模や業績により変動があるが、JLP、449万£（約6億7350万円）、Scott Bader、約79.5万£（約1億1192万円）、Carlsberg、7億1300万DKK（約106億9500万円）、Novo Nordisk、3億2300万DKK（約48億4500万円）、Robert Bosch、8037万€（約104億4800万円）、Carl Zeiss 5730万€（約74億4900万円）である。

　この点では、「企業のパーパスは利潤を生み出すことではない。それは、人間と地球の諸問題に対する収益的（profitable）な解決策を生み出すことである」とする主張、とくに、営利を追求する株主からの、株式市場からの独立を主張するMayerらの主張が裏付けられるということが分かる。

　そして第3は、従業員の経営参加と従業員所有企業である。この点は、すでに述べたように、Mayerらが無視しているところである。詳細は次項

で述べる。

　こうした共通性と同時に注目したいのが、それらの共通性の中に存在する差異である。三つの共通の特徴のうち、第1と第3について述べる。第2は多彩すぎて、現時点では正確な把握を行った上での比較は困難である。

（2）相違性
① 株式市場からの独立性

　財団が100％株式ないしは持分を所有し、中核企業が完全に株式市場から独立しているのはイギリスの2企業とドイツの2企業である。

　それに対して、デンマークの2企業は過半数支配にとどまっているが、注目すべきは議決権と資本所有を分離することによって、財団による中核企業に対する支配を維持しようとしていることである。例えば、Novo Nordiskの場合、同社の株式をA株とB株の2種類に分け、A株一株あたりの議決権をB株一株の10倍として、Novo Nordisk財団とその財産管理を担うNovo持株会社のみがA株を保有し、B株はNovo持株会社と機関投資家や個人投資家が保有している。その結果、同財団とNovo持株会社はNovo Nordisk株の保有割合は28.1％にすぎないが、議決権では76.5％を占めている。Carlrsbergの場合も、種類株を発行しているかは確認しえなかったが、Carlsberg財団のCarlsberg株式会社の株式保有割合が30％しかないが、議決権は75％である点は同様である。

　両企業とも、当初は、財団が100％保有していたが、他企業との合併や株式市場からの資金調達の必要から株式を公開したと言われている。この点について、Novo Nordiskは、「われわれが財団所有と株式上場を組み合わせているという事実は、われわれをして長期的戦略に着手しつつ、業績に関する短期の透明性を維持することを可能にしている」（Novo Nordisk 2020-a, p. 180）と述べている。また、Carlsbergでは財団持株の議決権を最低51％以上にすることが2013年に決定されたが、同社の財団憲章は、「この改定がCarlsberg株式会社に株式発行を通じた財務資源の著しい改善を可能にするとともに、Carlsberg財団が従前と同一の支配権を保持しえ

た」（Carlsberg Foundation 2020, p. 4）と述べている。両企業とも資本需要の増加に対応しつつ、財団による中核企業の支配を維持しようとしたのである。

　この議決権と株式所有の分離は、ドイツのRobert Boschでも行われている。それは二重財団という方法である。すなわち、Robert Bosch産業信託合資会社は中核企業の株式を0.01％しか所有していないが、93％の議決権を保有する。それに対してRobert Bosch財団は93％の株式を保有し、そこから生ずる配当金で慈善事業等への寄付を行うが、議決権はない。前者が営利事業の支配と経営を、後者が公益事業を行い、双方にファミリーが関与するという図式である。Robert Boschの経験は、「非上場同族企業として株式上場に依存することなしに成長・繁栄し、公益財団の活動を通じて社会的責任を果たすことが可能であることを実証した」（吉森2015、p. 220）と評価されている。

　さらにイギリスのJohn Lewis Partnership（JLP）は、従業員がパートナーとなり、その株式を共同所有とする立場から、外部株主からの独立、財務自立性を運営原則としている。同社の憲章は次のように述べている。JLPは、「外部の株主の諸要求によって運営されない。‥‥われわれの3つの統治機関は短期的利益によって動かされるのではなく、長期的観点を持ち、財務上の独立性を維持し、事業を発展させ、特徴的な共同所有（co-ownership）モデルを育成することができるのである」（JLP 2021-b, p. 3）。外部の株主からの独立性維持のため、JLPの普通株の全てが二つのセツルメントの委託を受けたJLPトラスト保証有限会社によって保有され、売却されないようにしている。それに代わって、配当受益権しか持たない株式インセンティブ計画株（share incentive plan share）が発行されているが、実質的には社債に近いものである。これもトラストが保有している。こうした資本政策をMarjorie Kellyはequity lockup（持分保全）と見なしている（Kelly 2012, p. 174）。この点はScott Baderも同様である。

② 従業員の経営参加：共同決定と従業員所有
　従業員の経営参加から見ると、6つの企業は二つに分類される。法律に

より経営参加が制度化されている企業と従業員所有により経営参加が行われている企業である。もちろん、法律により制度化されている場合を部分的従業員所有と呼ぶことも可能である（Hansmann 1996, p. 69、邦訳 p. 82）。

前者はドイツの2企業とデンマークの2企業である。とはいえ、ここでも若干の差異はある。Robert Bosch と Carl Zeiss も監査役会に従業員代表が半数選出されている[16]のに対して、デンマークの Carsberg と Novo Nordisk では、監査役会に従業員代表が占める割合は3分の1となっている。これらの従業員の経営参加は各国の法律により制度化されたものであるが、Carl Zeiss のように、制度化される以前から類似の従業員参加を認めていた企業もある（吉森 2015、pp. 180-181）。

注目すべきは、後者の従業員所有による経営参加である。これに属するのは、イギリスの2企業、JLP と Sott Bader である。

JLP の場合は、創設者から寄贈された資産をパートナーが共同で所有する二つのトラスト・セツルメントが、Scott Bader の場合も同様に創設者から寄贈された財産を従業員が共同で管理する Scott Bader Commonwealth Limited が、各々の中核企業を支配することになっている。両者とも、共同所有（co-ownership）や信託制（trusteeship）および民主的管理を強調する創設者の方針の下に設立された（Cathcart 2009, pp.116-118）。

JLP の憲章の冒頭で次のように述べられている。JLP は「他のいかなるビジネスと似ていない。/あなたがこのパートナーシップで働くとき、あなたは一人のパートナーとなる。そして、パートナーとなると、あなたは産業民主制におけるわれわれの実験の擁護者になる」（JLP 2021-b, p. 3）。そして第一部「序編」では、JLP は「パートナー（従業員）の全身（general body）」（同上, p. 5）と規定され、第3部「規則」の最初で、その権限配分は、「民主原則の上で運営されメンバーと代表の間で効率的に配分される」（同上, p. 8）と明記されている。

Scott Bader は、その強調はさらに強い。同社の 憲章によれば「お金を慈善事業に寄付することは素晴らしい。しかし、それは（創設者の）Ernst Bader が会社を我々に寄贈した理由ではない。彼の欲求は急進的な会社を

作ることであった。その繁栄（well-being）が会社内で働いている人々に委ねられる会社、資本主義モデルに基づかない会社、高度なレベルの民主的関与が長く続く会社」（Scott Bader 2014，p. 5）である。同社のサステナビリティレポートは人的投資を強調して、環境、社会、ガバナンスの前に従業員を付け加えたEESG Reportと名付けられており、さらに2017年以来2020年まで、イギリスのInvestor in People金賞を受賞している。

　ここまでくると、資本主義批判論がモデルとして主張していた労働者協同組合とこれらの従業員出資企業との異同が問題となる。

　まず、この2企業は従業員所有企業[17]としても、協同組合としても分類されている[18]。Scott Baderは、1976年の産業共同所有法（Industry Common Ownership Act）の実現に協力し（富沢・佐藤 1986、p. 61）、同法による認証第一号（Scott Bader 2020-b，p. 2）となっている。

　また、前出のKellyは、JLPの利益分配制（ボーナス支給など）、パートナーシップ評議会が年金や慈善寄付の監視を行っていること、とくに、もしJLPの取締役議長が義務を果たさない場合、評議会が彼を解雇する公式権限を有していることを指摘し、「自分たちのボスを解雇する権限を持っている従業員を想像して欲しい」（Kelly 2012，p. 159）と、JLPを労働者協同組合に近い企業として高く評価している。

　とはいえ、次のような評価もある。

　富沢・佐藤（1986、p. 62）で引用されている研究者によれば、Scott Baderの管理システムは、「職場評議会によるチェック・アンド・バランスが試みられているとはいえ、かなり伝統的なピラミッド型のものである」こと、「アーネスト・ベイダーの息子であるゲドリック・ベイダーは終身理事長と定められており、彼がかなりの権限を有するシステムになっている」ことなどから、従業員の権限は限定的であると否定的に評価されている。たしかに、労働者協同組合とは異なり、共同所有であるとはいえ、従業員は経営者ではない。

　組織的民主主義の観点からJLPを研究したCathcartも、JLPの経営は民主主義を極めて抑制的で限定的に意味づけし、民主主義を道具的な目的に使用したと否定的側面を認めている。しかし、同時に、「その民主主義の

意味は矛盾と逆説と闘っており緊張している。このことが、共同所有者である6万9千人の従業員が平等、連帯および民主主義を議論している空間を作り出している」（Cathcart 2009, p. 1）と、矛盾の中の存在としてJLPを評価している。

こうした評価をも考慮するとJLPとScott Baderは問題を持ちつつも、労働者協同組合との共通性を持つ従業員所有企業として評価しうるのではないだろうか。

なお、我が国の株式会社で導入されている従業員持ち株は従業員所有とは大きく異なっているが、議決権を行使することによって経営参加することも可能であることを付記しておく（小松2018、p. 84）。

6．むすびに代えて

本稿の目的は、持続可能な社会を実現する上で、どのような企業所有が望ましいのかについて、株主資本主義批判としての企業パーパス論の意義と限界を、資本主義批判論における企業所有との対比で、また先行研究との対比で、そして、企業パーパス論が推奨する産業財団所有企業の実際の分析の中で検討することにあった。

これまでの検討結果から言えることは次の3点である。

第1は、企業パーパス論が推奨した産業財団所有企業は、株式市場からの影響を受けない側面と従業員の経営参加の側面を持っていた。企業パーパス論は、前者の側面のみに焦点を当てており、後者の側面は捨象していた。前者の側面に企業パーパス論の意義を、後者の側面に、その限界を見ることができる。

第2は、企業パーパス論が従業員の経営参加という側面を捨象したのは、単に株主資本主義批判という理由だけではない。先行研究で取り上げたDoddとGoyderも株式会社は株主だけの受託者ではなく、社会の受託者であるという点は企業パーパス論と共通しているが、とくにGoyderは、パーパスの重要性とともに、ステークホルダーの経営参加、とりわけ、「従業員の社員権」を強調していたのである。

　第3は、資本主義批判論が推奨する労働者協同組合と、企業パーパス論が捨象した従業員所有企業は、大きな差異はあるものの、共通性を有すると理解できる。労働者協同組合もまた株式市場からの独立性を表現する企業形態という点でも両者は共通性を有するのである。したがって、従業員所有を企業パーパス論に含めることが可能であれば、資本主義批判論と株主資本主義批判論は接近することになる。

　もちろん、本稿で指摘した企業は特殊かもしれない。しかし、巨大企業でも株式市場からの独立と従業員所有との方向を進めていくことは可能ではないかと思われる。

　とはいえ問題は残る。一つは、公共所有の一形態である国家所有の問題。もう一つは、Doddが提起した社会的規制の必要性である。持続可能社会実現の為には冒頭で言及したように、社会的規制ないしは義務的CSRも必要である。企業所有との関連の検討は他日を期したい。

注
1)　本稿は、2021年8月1日に開催された日本比較経営学会第46回大会統一論題における報告に基づいている。当日、討論者としてコメントいただいた岸田未来（立命館大学）氏およびご質問いただいた田中宏（同）氏に厚く感謝したい。
2)　この企業パーパス論に親和性を持つものに、組織パーパス論がある。それは、対内的には管理者や従業員を統合する手段として、さらに、対外的、とくに対顧客向けに、ブランディング・マーケティングの手段として利用されている（桜井2021、pp. 30-31）。
3)　ドイツでは、現在、企業パーパス論を根拠の一つとした責任所有（Verantwortungseigentum）の概念の下、スタートアップ企業、家族企業および社会的企業などを対象にした新しい企業形態（Gesellschaft mit beschränkter Haftung mit gebundenem Vermögen 譲渡制限資産有限会社）が議論されている。詳細は、桜井（2022）を参照されたい。
4)　コモンズは、宇沢弘文の提起した社会的共通資本と内容上ほぼ同一である。しかし、社会的共通資本は、電気・ガス・水道および交通・通信などの公益事業や教育、医療サービスなどの分野を包摂している（宇沢2017, p. 25）。斎藤の場合、それ以外の分野にもコモンズの領域を拡大していくことによって、「資本主義の超克」を目指すとされている（斎藤2020、p.142）。なお、斎藤も言及しているドイツの電力再公営化については、桜井（2018）参照。
5)　米国における労協の事例、とくに新自由主義ないしは資本主義との対抗戦略

を各労協が展開していることについては、松本（2021）を参照。なお、2019年発行の調査報告書によれば、米国では「465の労協で推定6,454人が働き、年間総収入は5億ドルを超える」（松本2021、p. 39）。

6）　同法成立の経緯と論点については、島村（2021）を参照。

7）　宮島英昭は、（Mayer 2018）の邦訳書の監訳者あとがきで、株主第一主義の立場にたつBebchuk教授（Bebchuk & Tallarita 2020）も、doing well by doing good論を「"the instrumental version of stakeholderism"と呼び、概念的に株主至上主義と異ならないと強調している」（Mayer 2018の邦訳 p. 455）と述べている。この点は、筆者も同様に指摘したところである（桜井2021、p. 35）。

8）　Mayerの企業パーパス論を支持し、資本主義再構築の立場をとっている著作としてHenderson（2020）やCollier（2018）をあげることができる。

9）　原文は、It is a nexus of relation. Those relations are based on trust（Mayer 2018、p.39、邦訳 p. 70）であり、邦訳書も原文に忠実に翻訳されているが、信頼に基づく関係の束という意味で「信頼関係の束」と訳した。なお、前稿（桜井2021、p. 38）ではtrustを信用と訳出し、「信用関係の束」という用語を用いた。訂正しておきたい。

10）　ただし、別の所では、「契約の束」というエージェンシー的見方と受託者的見方の双方とも必要であるとも述べている（Mayer 2020）。

11）　柴田努は、Berleも「社会的規制を前提条件とするならば、企業は株主利益最大化ではなく、コミュニテイの利益を重視した」のだから、DoddとBerleの結論は同じだとされる（柴田2020、p. 49）。結論は同じだとしても、Doddが法人実在説から経営者を会社それ自体の受託者にした点は、やはり相違と考えるべきだと思われる。

12）　松田健によれば、イギリスではコモンロー上の所有権が受託者に認められていたという歴史的背景から法人実在説をとる必要がなく、実証主義的観点から法人の本質を巡る議論は無意味であった（松田2020、p.3）。

13）　Goyderの一連の著作の存在は、森本（2015）から知見を得た。

14）　Carl Zeissの規約の全文が、1951年と1961年の著書に掲載されている。

15）　Goyder1951の邦訳、pp.181-199に、「企業の社会的責任についてのニューデリー国際セミナー宣言要旨」とニューデリー国際セミナーでのGoyderの報告要旨が掲載されている。

16）　Carl Zeissの中核企業2社は、元々は財団が直接、経営していたので共同決定法の適用外であったが、2004年に中核企業2社が各々株式会社化（吉森2015、p.166）されたので、共同決定法（従業員2千人以上）や三分の一参加法（従業員500人以上の会社の監査役会は従業員が三分の一）の適用を受けることになった。Robert Bosch社も、有限会社ではあるが、従業員規模からして株式会社と同一である（有限会社法52条）。

17) 従業員数の「2020年従業員所有会社上位50」によればJLPは1位でScott Baderは26位で、両社とも従業員所有割合は100％であった。50社の従業員合計は17万8000人、売上高合計は201億£であった（EOA 2020）。同表では、従業員所有割合が25％以上のイギリス籍の未上場独立登記会社と従業員所有割合が75％以上のイギリス籍でない会社のイギリス子会社が掲載されている。

18) イギリス協同組合連合会（Co-operatives UK Limited）のwebsite上のCo-op Directory（https://www.uk.coop/directory）よれば両社とも協同組合である。同website Types of Co-ops（https://www.uk.coop/understanding-co-ops/what-co-op/types-co-ops）では、協同組合は、労働者支配（worker controlled）、生産者所有（producer owned）、消費者所有（consumer owned）、地域社会所有（community owned）、マルチ・ステークホルダーに分類されている。労働者協同組合と従業員所有企業はその根拠法、その出資形態を別にすれば非投資家企業として共通しており、『オックスフォード相互・協同組合・共同所有ビジネスハンドブック』（Michie et al. 2017, p. xxiii）は、メンバー所有組織と呼んでいる。

参考文献

石井一也（1994）「マハトマ・ガンディーの社会経済思想—受託者制度理論を中心として—」『経済論叢』第154巻第1号、pp.72-91

岩井克人（2005）「株式会社の本質 その法律的構造と経済的機能」伊丹敬之ほか編『リーディングス 日本の企業システム 企業とガバナンス』有斐閣、pp. 14-43

宇沢弘文（2017）『社会的共通資本』（電子書籍版）、岩波書店

梅野巨利（2021）『インド企業のCSR—地域社会に貢献するケララ州企業の事例研究—』御茶ノ水書房

小西一雄（2020）『資本主義の成熟と終焉　いま私たちはどこにいるのか』桜井書店

小松章（2019）「日本株式会社の再設計—生産共同体への回帰—」『経営学論集』第89集、pp. 80-86

斎藤幸平（2020）『人新世の「資本論」』集英社

桜井徹（2018）「ドイツにおける電力事業改革と配電事業の再公営化」谷江武士・田村八十一編『電力産業の会計と経営分析』同文舘出版、pp. 183-207

------（2019）「『自発性』と『義務性』からみたCSR概念の変化とその背景：欧州委員会と欧州議会における議論の検討」『経営論叢』第8巻第2号、pp. 35-69

------（2021-a）「SDGsの意義と論点」宮田和保ほか編『地域における鉄道の復権—持続可能な社会への展望』緑風出版、2021年、pp. 299-313

------（2021-b）「株主資本主義批判としての企業パーパス論：意義と限界」『経営論叢』10巻2号、pp. 27-55

------（2022）「ドイツにおける責任所有・譲渡制限資産有限会社法案と企業パーパス論」『国士舘大学　経営研究所紀要』第52号、pp. 79-103

柴田努（2020）『企業支配の政治経済学：経営者支配の構造変化と株主配分』日本経済評論社

島村博（2021）「労働者協同組合法について」『経済科学通信』第154号、pp.22-26

富沢賢治・佐藤誠（1986）「イギリスの労働者協同組合運動」『経済研究』第37巻第1号、pp. 56-78

ベーク、S.A.・協同総合研究所編訳（1992）『変革期の世界における協同組合の価値』同研究所／シーアンドシー

松田健（2020）「現代企業論の基本問題」百田義治編著『現代経営学の基本問題』中央経済社、pp. 2-14

松本典子（2021）「アメリカにおける労働者協同組合の対抗戦略―サンフランシスコとニューヨークの事例が日本に示唆すること―」『協同組合研究』第41巻第2号、pp. 38-51

森本三男（2015）「企業体制と社会的責任：まともな企業」『青山経営論集』第50巻第2号、pp. 79-91

吉森賢（2015）『ドイツ同族大企業』NTT出版

Bebchuk, Lucian A. and Roberto Tallarita（2020）The Illusory Promise of Stakeholder Governance, Discussion Paper No.1052, *Cornell Law Review*.

Berle, Adolf A. & Gardiner C. Means（1932）*The Modern Corporation & Private Property*, Transaction Publishers. 森杲訳『現代株式会社と私有財産』北海道大学出版会

British Academy（2018）Reforming Business for the 21st Century: A Framework for the Future of the Corporation （https://www.thebritishacademy.ac.uk/publications/reforming-business-21st-century-framework-future-corporation/）.

------（2019）Principles for Proposal Business: How to Deliver the Framework for the Future of the Corporation （https://www.thebritishacademy.ac.uk/documents/224/future-of-the-corporation-principles-purposeful-business.pdf）.

Business Roundtable（2019）Statement on the Purpose of a Corporation （https://www.businessroundtable.org/business-roundtable-redefines-the-purpose-of-a-corporation-to-promote-an-economy-that-serves-all-americans）.

Carlsberg Breweries Group（2020）Annual Report 2020 （https://www.carlsberggroup.com/media/ 43034/ carlsberg-breweries-group-annual-report-2020_final.pdf）.

Carlsberg Foundation（2020）The Carlsberg Foundation Charter （https://www.carlsberg-fondet.dk からダウンロード）.

Carl Zeiss（2021）Annual Report 2020/2021 （https://www.zeiss.com/content/dam/corporate-new/ annualreport/2020-2021/annual_report_zeiss_group_2020-21_en.pdf?vaURL=www.zeiss.com/annualreport-download）.

Carl Zeiss Stiftung（2020）Jahresbericht 2019/2020 （https://www.carl-zeiss-stiftung.de/fileadmin/ mediamanager/ downloads/carl-zeiss-stiftung-jahresbericht-1920-german-10032021.pdf）.

Cathcart, Abby（2009）Directing Democracy: The case of the John Lewis Partnership（Doctor Thesis）, School Management University of Leicester　（https://core.ac.uk/download/pdf/10905659.pdf）.

Collier, Paul（2018）*The Future of Capitalism: Facing the New Anxieties*, Allen Lane（ポール・コリアー『新・資本主義論　「見捨てない社会」を取り戻すために』白水社、2020年）.

Dodd, Merrick E.（1932）For Whom Are Corporate Managers Trustees?, *Harvard Law Review*, Vol. 45, No. 7, pp.1145-1163.

Employee Ownership Association（EOA 2020）The Employee Ownership Top 50 2020　（https:// employeeownership.co.uk/wp-content/uploads/Employee-Ownership-Top-50-2020.pdf）.

Friedman, Milton（2002 [1962]）*Capitalism and Freedom: Fortieth Anniversary Edition*, University of Chicago Press（村井章子訳『資本主義と自由』日経BP社、2008年）.

Goyder, George（1951）*The Future of Private Enterprise: A Study in Responsibility*, Basil Blackwell（名東孝二・垣見陽一訳『私企業の将来─社会責任の一研究─』ダイヤモンド社、1970年）.

------（1961）*The Responsible Company*, Basil Blackwell and Mott（喜多了祐訳『第三の企業体制─大企業の社会的責任─』春秋社、1963年）.

------（1975）*The Responsible Worker*, Hutchinson（名東孝二・垣見陽一訳『企業と労働者の責任』ダイヤモンド社、1976年）.

Harvard Kennedy School（2019）Transcript: Colin Mayer on the Purpose and Future of the Corporation　（https://www.hks.harvard.edu/sites/default/files/centers/mrcbg/files/Mayer_2.19.19. transcript. pdf）.

Henderson, Rebecca（2020）*Reimagining Capitalism in a World on Fire*, Public Affairs（レベッカ・ヘンダーソン『資本主義の再構築　公正で持続可能な世界をどう実現するか』日経BP、2020年）.

Hansmann, Henry（1996）*The Ownership of Enterprise*, The Belknap Press of Harvard University Press（米山髙生訳『企業所有論─組織の所有アプローチ─』慶應義塾大学出版会、2019年）.

John Lewis Partnership（JLP 2021-a）John Lewis Partnership Annual Report and Accounts 2021　（https:// www.johnlewispartnership.co.uk/content/dam/cws/pdfs/Juniper/ARA-2021/2021-Annual-Report-and-Accounts-Report.pdf）.

------（JLP 2021-b）John Lewis Partnership Constitution　（https://www johnlewispartnership.co.uk/content/dam/cws/pdfs/Juniper/jlp-constitution.pdf）.

Kelly, Marjorie（2012）*Owning Our Future: The Emerging Ownership Revolution*, Berrett-Koehler Publishers.

Mayer, Colin（2018）*Prosperity: Better Business Makes the Greater Good*, Oxford University Press（宮島英昭監訳、清水真人・河西卓弥訳『株式会社のコペルニクス的転回』東洋経済新報社、2021年）.

------（2020）Ownership, Agency and Trusteeship, *ECGI Law Working Paper*, No. 488/2020, pp.1-17 （https://papers.ssrn.com/からダウンロード）.

Michie, Jonathan et al.（eds.）（2017）*The Handbbok of Mutual, Co-operative, and Co-owned Business*, Oxford University Press.

Novo Nordisk（2011）Novo Nordisk History Third Edition （https://www.novonordisk.co.in/content/ dam/ Denmark/HQ/aboutus/documents/HistoryBook_UK.pdf）.

------（2020-a）Annual Report （https://www.novonordisk.com/content/dam/nncorp/global/en/ investors/ irmaterial/annual_report/2021/Novo-Nordisk-Annual-Report-2020.pdf）.

------（2020-b）Corporate Governance Report 2020 （https://www.novonordisk.com/content/dam /nncorp/global/en/investors/irmaterial/annual_report/2021/Corporate-Governance-Report-2020.pdf）.

Purpose Foundation（2020）Steward-ownership: A short guidebook to legal frameworks （https://purpose-economy.org/content/uploads/purpose-guidebook-for-lawyers10022021.pdf）.

Robert Bosch（2020）Annual Report 2020 （https://assets.bosch.com/media/global/bosch_group/our_ figures/pdf/bosch-annual-report-2020.pdf）.

Scott Bader（2014）Scott Bader Constitution （https://www.scottbader.com/wp-content/up-loads/5843_ constitution-printed-dec-2014.pdf）.

------（2020-a）Annual Report 2020 （https://www.scottbader.com/wp-content/uploads/Scott-Bader-Annual-Report-2020.pdf）.

------（2020-b）2020 Sustainability Report Towards Our 2036 Vision: Scott Bader Employee, Environment, Social and Governance（EESG）: 1st Report （https://www.scottbader.com/wp-content/uploads/Scott-Bader-EESG-Report-2020-1.pdf）.

World Commission on Environment and Development（WCED 1987）*Our Common Future* （邦訳『地球の未来を守るために　環境と開発に関する世界委員会』福武書店、1987年）

追記：各ウェブサイトの最終アクセス日は全て2022年4月5日である。

（さくらい　とおる／国士舘大学経営研究所特別研究員・日本大学名誉教授）

ポスト株主資本主義と企業経営の探究

夏 目 啓 二（コーディネーター）

森 原 康 仁（報告者）

永 島 　 昂（報告者）

芳 澤 輝 泰（報告者）

1. はじめに

　本ワークショップの課題は、ポスト株主資本主義の時代における企業経営の在り方を探究するものである。20世紀末以来の30年間、世界に浸透した株主資本主義の矛盾が深まり、その見直しや変革の動きが始まっている。本ワークショップでは、「企業と社会」という視点から企業経営のさまざまな現場の変革と見直しの動きを捉えるものである（司会：夏目啓二（龍谷大学））。本ワークショップは、以下の3報告により、この課題にアプローチしている。

2. 森原報告

　森原康仁（専修大学）「NEBM（ニューエコノミー・ビジネスモデル）とウィンテリズム──「株主価値重視経営」がもたらした産業組織の制度的限界」では、1990年代のIT産業では「ウィンテリズム」という「ニューエコノミー・ビジネスモデル」が一世を風靡したことを明らかにする。このビジネスモデルは2000年代のITバブル崩壊で限界に達するが、本報告

では、このビジネスモデルの特質、その限界のありようについて検討している。

　森原報告は、1990年代のアメリカIT産業のうち、とくにマイクロソフトやインテルに代表される専業企業の事業モデルを「株主価値重視経営」の具体例のひとつとして捉えたうえで、その限界を整理したものである。以下、報告の要点を整理する。

　1990年代のアメリカ経済は「ニューエコノミー」によって特徴づけられるが、この時代は企業に株主価値の極大化にかなう企業統治の導入が求められた。資本市場の論理が企業組織のあり方に影響するという意味での「コーポレート・ガバナンスのイデオロギー」が、ビジネス・コミュニティに浸透したわけである。これは「事業会社の組織化様式」という観点から、かつての「オールドエコノミーのビジネスモデル」（OEBM: Old Economy Business Model）にたいして、「ニューエコノミーのビジネスモデル」（NEBM: New Economy Business Model）と整理された（ウィリアム・ラゾニック）。この際、NEBMとは、①高付加価値事業へのシフト、②ネットワーク的な企業間の協業、③株主価値を重視した経営様式、④長期雇用慣行の終焉と雇用の流動化の4点から特徴づけられる。

　森原によれば、こうした潮流、とりわけ②の企業間のネットワーク的協業をもっともよく体現した産業が1990年代のIT（情報技術）産業である。この時代における産業組織のあり方は、通常、垂直分裂ないし垂直特化（vertical specialization）型産業組織と呼ばれる。ティモシー・ブレスナハンの整理したように、こうした産業組織の下での企業間競争は、垂直的競争（vertical competition）が支配的となり、産業にたいする影響力は、バスやAPIのようなインターフェースを掌握しているかどうか、すなわち「プラットフォーム」を掌握しているかどうかをめぐる競争に転化すると考えられた（競争は最終製品をめぐってではなく、生産工程全体を規定する領域の支配をめぐっておこなわれるようになる）。

　こうした条件の下で、市場を支配したのがマイクロソフトやインテルである。マイケル・ボーラスとジョン・ザイスマンは、マイクロソフトとインテルをこの時代の典型企業とみたうえで、「Wintelism」と特徴づけてい

るが、Wintelism にもとづくネットワーク的協業は、日本の「リーン生産システム」を代替し、1980年代のアメリカの産業競争力をめぐる問題を克服したと考えられるようになった（「産業組織のあらたなアメリカモデル」）。

　しかし、森原によれば、生産システムの経済的合理性のあらわれ方には多様な様式がありうるのであって、その展開を特定の視点から決定論的に把握することはできない。技術と企業／産業組織、資本市場や労働市場のあり方、経済のマクロ的なパフォーマンス、その他の制度的諸慣行は、補完性と同時に自律性もあるからである。つまり、いわゆる「the one best way」は存在しないし（宗像正幸およびボワイエ＝デュラン）、「唯一の均衡」のようなものを想定することもできない（ストルツ／モエルケ）。すると、Wintelism の限界がいつ、いかなるかたちで現れたかが問題となる。

　森原は、この点について、2000年代初頭のITバブルの崩壊をきっかけとして、イノベーション・サイクルの短縮と極端に短い償却期間によって蓄積された過剰生産能力が露呈したと指摘する。また、きわめて「リーンな」在庫・製造活動や、設計・開発部門の生産性低下という構造問題がもたらした投資コストの極端な増大が過剰能力の負の影響を増幅させたと整理する。さらに、森原は、需要要因としての統合型製品の普及という点にも言及し――Wintelist 的な専業企業はシステム全体に責任をもたないため、iPhone のような「家電化」した統合型製品を提供できない――、以上をふまえて、ネットワーク的な企業間分業にもとづく「利潤戦略」が、コストと品質・技術の両面から2000年代に入って一定の限界を抱えるようになった、と指摘した。（以上、森原康仁報告）

　このように森原報告は、明快な論理とその整理により、Wintelism の限界がいつ、いかなるかたちで現れたかを明らかにした功績は大きい。ただ、2000年代以降のイノベーションは、ITのプラットフォームの登場であり、企業ベースでは、Google, Apple, facebook, Amazon の台頭であり、プラットフォーム資本主義との関連について論及することも課題となろう。

3. 永島報告

　続いて、永島昂（立命館大学）報告「株主資本主義下の素形材産業」では、株主資本主義のもとで機械工業の製造基盤である素形材産業が縮小してきたことを示し、その上で従来の取引関係にとらわれず市場開拓を進めている鋳物企業集団を紹介し、その意味について考察している。

　永島によれば、1990年代以降、マクロ経済の長期停滞、グローバル競争の展開、機械生産のグローバル化が一気に進んだことで、右肩上がりの成長や国内完結型の生産スタイルといった日本的下請システムの前提が崩れ、下請システムが変容した。また日本企業の株主価値重視経営への転換が進むなかで部品の購買戦略、調達戦略が見直され、グローバルな観点での最適地・最適価格調達や部品調達コストのさらなる切り下げも進展した。こうして基盤的技術を有する中小企業の経営環境が大きく変わることになった。

　永島は、機械生産に不可欠な鋳造・鍛造・プレス・焼結といった基礎的な金属加工を部品・機械メーカーに供給する中小企業群である素形材産業（主に銑鉄鋳物製造業）を対象に、次の三点について報告した。

　第一は、1990年代以降の素形材産業の構造変化と環境変化である。『工業統計表』の分析から次のことを指摘した。鉄素形材製造業では全体として縮小している。特に29人以下の小規模事業所、かつ銑鉄鋳物製造業が顕著である。非鉄金属素形材製造業の場合は、事業所数は半減しているものの、従業者数と製造品出荷額等は維持している。全体傾向としては国内の機械生産の低迷、素形材ユーザーの海外展開による国内素形材市場の低迷が背景にある。非鉄金属素形材の生産量が維持されているのは、アルミニウムなど軽量化材質への転換が進展したためである。

　さらに素形材の輸入増加も素形材産業の環境を大きく変えた。鋳造品の場合は、輸入鋳造品が90年代以降に増加し、2000年代以降は為替レートに合わせて増減している。その結果、輸入単価と国内単価が比較され、低い輸入単価は国内単価の引き下げ材料に使われるようになっている。単価

引き下げに対応するため、逆輸入目的の海外進出や輸入商社化する鋳物業者が現れた。こうして低単価、低収益構造が定着した銑鉄鋳物製造業では事業所数の減少に歯止めがかからない。以上の環境変化に加え、後継者不足により、業界団体はさらに小規模事業所が減少すると見通しており、国内の鋳物供給不足が現実のものになる。

　第二は、苦境に立たされている銑鉄鋳物製造業における海外市場開拓の試みである。伸び悩む国内市場での受注獲得競争では活路が見いだせないため、ヨーロッパ市場の開拓にチャレンジする中小銑鉄鋳物メーカーが登場することになる。日本鋳造協会の若手経営者委員会の有志によりリーディング・ジャパン・ファンドリーズが2014年に結成され、日本の鋳物技術をヨーロッパ市場で売り込むため、世界最大の鋳造展示会GIFA（ドイツ）への出展活動をはじめ、これまで2015年に28社、2019年に30社が共同して日本チームとして出展している。欧州企業との商談に至ったケースをみると、いずれも日本メーカーと取引をしたい理由は、複雑形状かつ特殊材質の鋳物部品は他国メーカーだと不良率が「20〜30％」と高いので、「5％程度に抑えられる」日本メーカーから輸入したいというものであった。

　このように日本の中小銑鉄鋳物メーカーによるヨーロッパ市場開拓は可能であり、日本の鋳物メーカーの品質管理能力が高く評価されている（ただしコロナ・パンデミックにより商談は現在、中断している）。その反面、こうした難加工需要の市場規模は小さく、ここだけに活路を見出すことはできない。また中小銑鉄鋳物メーカーの市場開拓能力は概して弱く、この点の強化が課題となっている。

　第三は、素形材産業の量的縮小の問題についてである。経済産業省製造産業局素形材室と素形材センターが素形材産業ビジョン策定委員会を組織し、2006年、2011年、2014年に当該産業のあり方や政策に関する将来ビジョンを策定している。2006年版「素形材産業ビジョン」では、収益悪化と競争力低下の悪循環が生じ、その影響が特に小規模企業に現われていると見ていたが、2014年版「新素形材産業ビジョン」では、中小企業性それ自体が収益悪化の原因だとし、「新陳代謝」を強調するようになった。し

かし現実には退出ばかりが進んでいる。

　永島は、素形材産業の量的縮小により、①得意分野での技術的な「棲み分け」が崩れていく可能性が高いこと、②代替技術への転換は容易ではないこと、③事業継続が困難な小規模企業をM&Aによって特定企業のサプライチェーンの維持を図る行動は他の企業のサプライチェーンの分断をもたらす可能性があること、を指摘した。素形材産業の中小企業は多業種・多産業と取引をしており、機械工業の基盤的な存在である。素形材産業の量的縮小が今後も続くことが予想される以上、日本の製造業全体の製造環境や基盤を今後どう維持していくのかという問題を提起していると考えられる。（以上、永島昂報告）

　永島報告は、日本企業の株主価値重視経営への転換が進むなかで、中小企業群である素形材産業における量的縮小の問題について重要な問題提起をしている。素形材産業の量的縮小が今後も続くことが予想される以上、日本の製造業全体の製造環境や基盤を今後どう維持していくのか、と。日本の製造業全体の再生にとって重要な問題提起となろう。

4．芳澤報告

　最後に、芳澤輝泰（近畿大学）報告「ポスト株主資本主義・経営者資本主義とコーポレート・ガバナンス」では、なぜ株主利益優先の企業経営が可能なのか、株主資本主義による影響と言われるのは本当か、株主主権に正当性はあるか、をコーポレート・ガバナンスの視点から考察している。また、ポスト株主資本主義が、株式会社経営に及ぼす影響について考察している。

　芳澤は、まず始めに株主利益第一主義的経営を可能とする制度的背景を確認する。現在、世界のほとんどの国は資本主義・市場原理の下で経済活動が行われているが、これらの資本主義諸国においては私的所有権が認められている。同権利は物に対する全面的支配、法人や個人が財産を自由に取得・保持・使用・売買・譲渡・処分等できるという、資本主義経済体制の根底に置かれた権利である。そしてこの権利によって、各国における株

式会社の法的所有者は資金を拠出している株主ということになり、また株主総会が株式会社の最高意思決定機関として設置（一部の国を除く）されてもいる。こうした権利や制度が、株主第一主義・株主資本主義的経営を可能としている最大の要因となっており、ミルトン・フリードマンなどが株主利益最大化論を展開する理論的根拠にもなっている、という。

　しかし、株主が本当に会社所有者といえるのかというと少なからず問題が残る。例えば、会社の資本金と総資産の関係を見た場合、総資産が資本金を大きく上回るケースが多々見受けられる。トヨタ自動車に関してみれば資本金6354億円に対して総資産は約50兆円、つまり総資産は資本金の約79倍にも膨れ上がっている。こうしたケースの場合、会社が総資産の79分の1しか拠出していない株主だけのものと言えるのかは甚だ疑問である。その他、自身が稼ぎ出した資金ではなく、労働者が積み立てている年金を拠出することによって有力株主となっている年金基金や、資金の移動がほぼない形で互いの会社の株主になることができる株式相互持ち合いのケースなども取り上げたが、それにより株主が唯一の会社所有者と言うには難しい側面があることを確認・指摘した。また、株主は私的所有権に課せられる責任である所有物および所有物によってなされたことに対する責任を法で免除されている点、すなわち出資額を限度とした有限責任制が認められていることにも着目した。そして、法で所有物によってなされたことに対する後始末の放棄が認められているのであれば、このことは法によって株主の所有者権益を縮小させ、逆に他のステークホルダーの権益を拡大させる根拠にもなり得るのではないかとする見解を示した。

　芳澤は、次に株主資本主義的経営とともに広く見受けられる経営者資本主義的経営を可能とする制度的背景を確認している。経営者支配に基づく経営がなされているとする根拠には、古くはバーリ＝ミーンズによる金融機関を除くアメリカ上位200社の株式所有構造の調査結果があるが、現代においても例えば同国での1978年から2018年の40年間における調査結果などを挙げることができる。それによれば、この間における同国の代表的な株価指数であるＳ＆Ｐ500の増加率は8倍であるのに対して、これら企業のCEOの報酬は10倍以上に増加しているとのことである。日本におい

ても株主総会の集中率は年々低下してきているとはいえ未だ高い状況にあり、総会の時間も70％の企業が1時間以内となっている。また、経営上の重要な情報は一握りの経営者が握り表に出てこないことも多く、株主代表訴訟のほとんどは会社の不正等が新聞紙上で発表されてから起こされているというのが現状である。こうしたことは、株主の分散化や法人どうしによる株式相互持ち合いなどにより可能となっているわけであるが、そもそも経営者支配の根拠とその正当性は経営者が株主のエージェントとしての立場にあることにある。先述の通り株主支配の正当性が薄らいでいるのであれば、株主の代理人としての立場も自動的に怪しくなる。また、仮に代理人であることによる支配の正当性があったとしても、一般に経営者支配の状況は株主の影響力が弱まる、または排除することにより強くなっている傾向があり、経営者資本主義的経営には矛盾や問題点が数多くあることを明らかにした。

　株主資本主義的経営は株主利益を追い求めるがゆえの地球環境破壊、長期的な企業成長を考えない近視眼的経営、株価を高めるための大量の自社株買い、株主への多額の配当とメガファンドなどへの利益集中、および富裕層と貧困層の二極化・格差社会の進展といった問題をもたらしている。また、経営者資本主義的経営は経営の無責任体制、非効率的経営・業績悪化、および企業不正の頻発といった問題の大きな要因となっている。そのため、こうした状況を改善すべく近年国連、米経営者団体であるビジネス・ラウンドテーブル、および世界最大の米ファンドであるブラックロック等が株主第一主義を見直してステークホルダー資本主義への転換の必要性を唱えてきているが、最後にそうした変革の正当性やそのあり方について芳澤が持つ若干の見解を述べている。（以上、芳澤輝泰報告）

　以上のように、芳澤輝泰報告は、株主資本主義と経営者資本主義に基づく企業経営が地球環境問題や格差社会を生み出す要因となっているととらえ、それを可能としている制度的要因やその正当性の有無と限界を明らかにし、また、ステークホルダー資本主義に基づいたコーポレート・ガバナンス改革のあり方について若干の提言を行っている。

5.　おわりに

　このように、本ワークショップの課題は、ポスト株主資本主義の時代における企業経営の在り方を探究することにあったが、森原報告、永島報告、芳澤報告は、その課題に十分に応えるものであった。森原報告は、1990年代のニューエコノミー・ビジネスモデルとウィンテリズムの制度的限界のなかに課題を見出した。ただ、2000年代以降のイノベーションは、ITのプラットフォームの登場であり、プラットフォーム資本主義との関連に論及することも課題となろう。永島報告は、1990年代以降の素形材産業の構造変化と環境変化のもと、中小企業群である素形材産業における量的縮小の問題について重要な問題提起をしている。芳澤報告は、ステークホルダー資本主義に基づいたコーポレート・ガバナンス改革のあり方について若干の提言を行った。3報告は、いずれも、世界に浸透した株主資本主義の見直しや変革の動きが始まっていることを、様々な現場や領域において明らかにした優れた報告であった。

（なつめ　けいじ／龍谷大学名誉教授）

（もりはら　やすひと／専修大学）

（ながしま　たかし／立命館大学）

（よしざわ　てるやす／近畿大学）

株主重視型企業経営の
限界と新しい企業経営のあり方
——SDGs-CSR経営の提唱——

足 立 辰 雄

1. はじめに

　日本比較経営学会第46回大会の講演は、株主重視型企業経営が持続不可能な社会をもたらした主因とみなし、その原因を探り持続可能な社会（成長）につながる企業経営の原理と経営者（2名）によるSDGs-CSR型経営事例の発表を行った。この講演は、『SDGsとCSRがひらく未来～石田梅岩の心学でフェアな成長を～』（足立辰雄・清水正博編著、晃洋書房、2021年出版）を基調としており、同書の執筆を担当した3名が報告した。本論文は、講演会の要約（足立担当）であるが、フリードマンの「株主利益最大化論」への批判と米国BRT声明の意義を補足したうえで、持続可能な成長がどのようにして実現可能かを論じている。

2. 株主重視型企業経営の限界と米国BRT声明の意義

（1）フリードマンの反CSR論と株主重視型企業経営の限界

　株主本位の価値観からCSR（企業の社会的責任）は不要と論じた米国の経済学者、フリードマン（Milton Friedman）の学説がこれまでの米国型経営学の主流とみなされてきた。彼は、1970年に、New York Timesで「ビジネスの社会的責任は利潤を増やすことにある」と題する論文を公表した[1]。そ

の論文は、高度成長期の大企業の工場や自動車などから環境中に排出される廃棄物、排ガスが大気や土壌、河川を汚染し深刻な公害問題を引き起こした結果、企業の責任を厳しく問う世論へのフリードマンの反論になっている。彼の主張は単純かつ明白である。現代企業の多数は株式会社であり、法律上、会社のオーナーは株主である。会社に雇用された経営者や重役は会社の所有者である株主（大株主の意味）に対して経営の代理人として株主の意向に従う責任を負っているが、社会に対する会社の責任を直接負ってはいない。経営者を含む会社役員が個人として地域社会でボランティア活動をすることは自由であるが、会社の資金や時間、労力を使って、社会目的のための決定をすることは許されないと主張する。『資本主義と自由』という著作でも、フリードマンは「企業は株主の道具である」「企業経営者の使命は株主利益の最大化」にあると述べ、企業の経済活動の目的を「株主の利益獲得」にあると株主重視型企業経営を正当化した[2]。この考えは、マルクスの『資本論』第1巻で展開された「自己増殖する価値の運動体」という資本の無限の欲望を現代的に表現したものである[3]。フリードマンは、公害問題や環境問題が生まれる原因に企業の経済活動が関与している事実を無視し、PDCA（計画、実行、評価、改善）サイクルに環境への配慮や社会への配慮を組み込む責任を排除して「株主利益の最大化」に励むことが企業の社会的責任だと豪語した。この反CSR宣言が、その後のアメリカ資本主義と大企業の環境政策（マネジメント）に否定的な影響を与えたことは疑いない。

（2）米国ＢＲＴ声明とＣＳＲ経営への転換

2019年8月、米国トップ企業181社の経営者で組織されているビジネス・ラウンドテーブル（BRT；Business Roundtable）は、「企業の目的に関する声明」（Statement on the Purpose of a Corporation）を公表した[4]。その声明は、フリードマンが主張する株主利益の最大化を目的とする「株主資本主義」から決別し、ビジネスの目的を利害関係者（ステークホルダー）の全てに価値をもたらすことにあると宣言したのである。

株式時価総額ベースでアメリカの全企業の約30％を占める大企業トッ

プの「ステークホルダー資本主義」への軌道修正は、大きな決断と言える。わずか303文字に含まれるメッセージの特徴は次の5つの柱に集約されている。①顧客への価値の提供。顧客の期待に応えられる製品やサービスの提供。人々に満足を与え幸福をもたらす事業の本来の目的（経営の原点）をビジネスの第一目的に据えた。②従業員への投資。従業員への公正な補償と技能や教育などの訓練による支援。企業を内部から支える従業員の多様性や尊厳を大切にする。③供給業者に対する公正で倫理的な対応。協力関係にある他社や大・中・小企業を良きパートナーとみなす。④地域社会への支援。自然環境保護や地域社会に敬意を持って対応する。⑤資本を提供する株主のために長期的な価値を生みだす。

　以上の5つの柱はISO26000というCSRの骨格をなす「組織の社会的責任」の世界規格にも対応している。①はISO26000の「6.消費者に関する課題」に対応している。「先も立ち、我も立つ」と称し、富の主人である人々の満足度の達成（富の実現）を優先すべきとした日本の石田梅岩の心学（商人道）にも通ずる思想である。②はISO26000の「2.人権」「3.労働慣行」に対応している。③はISO26000の「5.公正な事業慣行」に対応している。④はISO26000の「4.環境」「7.コミュニティ参画および発展」に対応している。この声明ではフリードマンが力説した「株主価値の最大化」という言葉はなく、「株主に長期的な価値を生み出す」という持続可能性を重視した表現に変わった。短期的で利那的な金儲け本意の経営ではなく、長期的な視野から全てのステークホルダーの満足を高めて長期的な価値を生み出すように、株主の協力を率直に呼びかけている。だが、ISO26000の中核主題の1番目に記されている「1.組織統治」という項目は欠落している。この項目が含まれないと、5つの倫理的な目標を実践し経営者の独裁や不正を防止するCSR経営の基盤が担保されない可能性は残されている。

　過去20年近いCSR（企業の社会的責任）、ISO26000（組織の社会的責任規格）、コーポレート・ガバナンス（企業統治）、UNEP・FI（国連環境計画金融イニシアチブ）、GRI（Global Reporting Initiative）、ステークホルダー資本主義論などの理論的成果や経営実績も踏まえて、社会・環境・経済の

3つのバランスに配慮し倫理的な事業への目的（Purpose）の構築を今回の
BRT声明が呼びかけたことは、英断の極みである[5]

「株主資本主義」という言葉は、大株主が資本主義を主導するという意
味だが、他方、アメリカには「経営者資本主義」（Managerial Capitalism）
という概念もある。株式会社の発展による所有と経営の分離が進み、株
主から会社のマネジメントを託された専門経営者の権力や社会的影響力
が強まり、投資家らによる「金融資本主義」に代わって経営者階層が
資本主義を主導する「経営者資本主義」が出現すると、チャンドラー
（A.D.Chandler）が1970年代に提唱した学説である[6]。フリードマンが体
験した高度経済成長の時代とは異なり、米国BRT声明は、地球環境の危
機の解決や社会的不公正の是正などグローバルな問題に直面した経営者の
サステナビリティ（持続可能性）への強い危機感の表れと解される。遅
きに失したとはいえ、BRT声明が持続可能な社会を目指す経営目的（Busi-
ness Purpose）の再構築を宣言したことは、フリードマン流の株主重視型
の歪な成長や金儲け本位の反CSR・非CSR型戦略（成長）路線の破綻の
証左である。このBRT声明が知行合一になるかは慎重に見極めねばなら
ないが、アメリカ資本主義がCSR経営への転換を示唆した声明として注
目される。

3. 持続可能な成長はどのようにして可能か

　道義性の高い経営理念（vision）や目的（purpose）を掲げたとしても
どのようにしてその理念、目的を実現するかの科学的な方法・手段を持
たなければ持続可能な成長は実現しない。先述のBRT声明にはその目的
（purpose）実現への展望は具体的に示されていない。ここでは、日本の社
会、経済の実態から持続不可能な現状を直視しその原因を突き止めて企業
経営を中心に解決策を探る。その際、新しい経営モデルを「持続可能な資
本」と命名してマクロとミクロからの企業経営支援策を提示する。

（1）日本の競争力・幸福度の低下から持続可能性を考える

IMD（International Institute for Management Development）が行った各国の国際競争力のランキングでは、日本は2020年時点で34位に位置し凋落傾向を示している。海外直接投資（1位）、金利の格差（貸付利率－預金利子率；1位）、技術貿易収支比（技術輸出／技術輸入；1位）、環境関連技術（2位）、銀行資産（3位）、特許数（3位）など日本企業の国際化に伴う直接投資や技術力、金融資産では高位置にあるが、企業の俊敏性（63位）、企業家精神（63位）、大企業の柔軟性と適応性（62位）、有能な上級経営者（61位）などの企業指標ではほぼ世界最下位の水準にある。企業の巨額の内部留保と労働者の実質賃金指数の低下という2極化の図式は「大企業栄えて民滅ぶ」日本の持続不可能な惨状を浮き彫りにした。国連の持続可能な開発ソリューションネットワーク（SDSN）の「世界幸福度報告書」によると、日本は62位（2020年）の低水準にあり、国際的な基準から見ると日本人の幸福度は先進国で最下位にある。国際競争力と幸福度のランキング調査結果から、「利他」の精神を強化し労働者本位の労働組合への加入など働く者の主体性を回復して人権意識を高め国民の幸福度を引き上げる政策の充実・強化を国民自身が自己主張し実践すべき諸課題を明らかにした[7]。

（2）事業の目的に環境責任、社会責任、経済責任を組み込む

持続不可能な社会をもたらした最大の原因がフリードマンの「反CSR」学説を典型とする企業の私利私欲の成長にあることが明らかになった。次に、持続可能な社会を推進する企業経営に有効な原理とその方策を提示する。産業革命以降、事業の成功と失敗は、もっぱら損益計算書や貸借対照表の売上や利益、資産という経済指標で評価されてきた。だが、現実の経済活動を見ると、経済の物質的基礎である自然環境に大きく依存していることがわかる。エネルギーや原材料の調達、製造、加工、組立、販売、消費、廃棄、回収という製品（サービス）のライフサイクルのそれぞれの段階で、温室効果ガス（CO_2など）の排出、有害な化学物質や放射性廃棄物による環境汚染、生物多様性を損なう原生林の違法伐採、食料や毛皮、医

薬品の原料調達のための資源の乱獲や絶滅危惧種の加速的増大などがあげられる。これらの環境負荷（否定的影響）を計画的に削減しダメージを与えた環境を再生する管理活動を総称して環境経営または環境マネジメント（Environmental Management）と呼んでいる。これは企業の自然保護に対する「責任」であり、「自然価値」とみなされる。他方、どのようなビジネスも人間を労働力として雇用し、商品価値を生み出し、販売促進を行って利益を実現する過程をたどる。この過程で、人として差別されず公正に扱われ人権が保障されているか、経営者に権力が集中してワンマンな経営が行われていないか、セクハラやパワハラの温床となる非民主的な経営が行われていないか、企業自体の経営診断を行ない公正な労働過程を経て利益を生み出している実績を説明する責任がある。これは企業の「社会価値」とみなされる。

　21世紀の資本は、ビジネスの本業を通じた「経済価値」とともに、「自然価値」、「社会価値」という3つの価値から構成される。この3つの価値を統合して推進するビジネスモデルが図1の「持続可能な資本の公式」である。重要なことは、SDGsの17の分野に関連する本業に関わる主力事業を環境配慮型、社会配慮型の製品・サービス（CSRプロダクツ）の開発

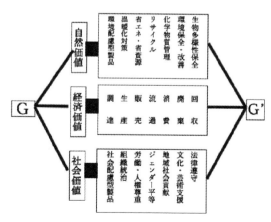

図1　持続可能な資本の公式

出所：K.マルクスの「資本論」第1巻資本の生産過程に記されている「資本の一般的公式」を元に、筆者が加工・作成した。

にシフトし、売上構成に占める比率を100%に近づけることである。これらの情報を企業のPDCAサイクルに組み込み、その方針と実績の正確な情報をステークホルダーを中心に公開する。このようなモラルある持続可能な資本はまだ少数だが、社会的信用を獲得して持続可能な社会の有力な担い手になるであろう[8]。

（3）マクロとミクロからの持続可能なアプローチ

次に、持続可能な資本の経営をサポートするマクロとミクロの制度的措置が担保されねばならない。マクロ的には、社会的責任推進省（仮称）の設置と社会的責任推進基本法（仮称）を制定して、モラルある経営を進めることが社会的規範になるように、行政主導で啓発・推進する。金融機関からのSDGs-CSR優良企業へのESG・SRI投資を促進してクリーンなお金の循環も促す。ミクロ的には、あらゆる組織に、CSR（またはSR）推進委員会（仮称）を設置して、CSRのPDCAサイクルを労働組合をはじめとするステークホルダーの参加もえて推進し、その活動実績をレポートにして情報公開する。表彰事業など国民と市民に対してSDGs-CSR優良企業の見える化を促す。このマクロとミクロの取り組みによって、経営の民主化が進み、持続可能な社会への歩みが確実になるだろう[9]。

注
1) Milton Friedman, The Social Responsibility of Business is to increase its Profits, *New York Times*, Sept. 13, 1970.
2) Milton Friedman, *Capitalism and Freedom*, 1962, p.163, p.160.
3) Karl Marx, *Das Kapital; Kritik der Politischen Okonomie*, Erster Band, Hamburg1890, Dietz Verlag Berlin（1991）, S.134-151.『資本論』第1巻a、新日本出版社、1997年、249-302頁。
4) https://opportunity.businessroundtable.org/ourcommitment/（2020年10月9日取得）
5) この米国BRT声明に関わる社会的背景と「企業パーパス論」の意義と限界を分析した研究に次の文献がある。桜井徹「株主資本主義批判としての企業パーパス論：意義と限界」『國士舘大学経営論叢』2021年3月、27-55頁。
6) Alfred D.Chandler, Jr., *The Visible Hand; The Managerial Revolution in American Business*, 1977, pp.498-500.

7) 足立辰雄・清水正博編著『SDGsとCSRがひらく未来〜石田梅岩の心学でフェアな成長を〜』（以下、『未来』と略称）晃洋書房、2021年5月、3-16頁、参照。

8) 『未来』、82-88頁。足立辰雄「現代CSRの論点と課題」日本比較経営学会編『CSRの再検討』文理閣、2021年、78-81頁。

9) 『未来』、107-116頁、165-176頁。

（あだち たつお／元近畿大学）

韓国型長寿企業の経営理念に関する一考察
——斗山財閥の創業者と二代目をめぐる
公益精神を中心に——

中　川　圭　輔

1.　はじめに

　周知のとおり、1960年代初期の韓国経済は世界最貧国の一つに数えられていたが、それからわずか35年後の1996年にはOECDへ加盟し、名実ともに先進国の仲間入りを果たすに至った。この成果の最大の功労者は、財閥を置いて他には見当たらないだろう。とりわけ、今やグローバル企業へと成長した三星や現代、LGやSKといった巨大財閥が主たる牽引役であったことは紛れもない事実である。一方で、財閥による不祥事の数々も決して見落とすことはできず、国内においても「反企業情緒」なる言葉がしばしば紙面を賑わすほどである。

　このように、功罪両面を併せ持つ韓国財閥であるが、不思議なことにその多くは業歴が短く、創業から未だ1世紀に満たないものばかりである¹⁾。その中にあって、斗山（ドゥサン）²⁾財閥は長年、中堅財閥として位置付けられ、創業125年を超える最古参の長寿企業³⁾として、韓国内ではその名が広く知られている。

　本稿では財閥の栄枯盛衰が激しい中、なぜ斗山は韓国唯一の長寿企業になり得たのかという問題意識の下、同社の創業者と二代目の経営理念⁴⁾に着目する。まず、話の前提として儒教倫理の特徴と企業経営への影響に触れた後、昨今の韓国財閥による一連の不祥事と「反企業情緒」の高まりの

様相を確認する。その上で、斗山の創業者と二代目の生い立ち、人物像、および経営理念を紹介する。その際、従来の通説とは異なる視点で両者の経営理念の特徴を再検討する。以上を経て、韓国社会において常に目の敵にされる財閥にあって、社会から好感を持たれつつ、それでいて長寿企業を実現するためには何が求められるのかを考察する。

2. 儒教倫理の特徴と企業経営への影響

　話の前提として、儒教[5]における倫理（儒教倫理と称する）の性格は西洋のそれとは大きく異なることをまず認識しておきたい。儒教倫理が対象とするのは、公衆や社会ではなく、家族に代表されるような小集団である。小集団においては、人間一人ひとりが独立した人格を有する平等的人間観ではなく、統治者－被統治者といった上下関係にもとづく差別的人間観が用いられる。この人間観にもとづき、倫理も公衆道徳を目指すものではなく、統治者のための権威を優先した政治道徳となる。さらに、この政治道徳は普遍的かつ客観的な倫理ではなく、対人関係によって変わる可変的な倫理という性格を帯びる。以上の諸特徴から、あくまで儒教倫理は父子や君臣といった特定の個人間を考える倫理にとどまり、私的空間を超えた公共の倫理や道徳は十分考慮されない[6]。

　このような儒教倫理は、儒教の国と形容される韓国においても浸透してきた。建国の父と評される朴正熙は、回顧録にて「利己と党利が民族的利益や国家利益よりも優先し、投票と選挙が利己と党利のために犠牲となった。これは昔も今もわれわれ民族の悪い習性でもある」[7]とし、自民族の公意識の低さを痛烈に批判した[8]。有識者の中では、韓国には「公」としての相互扶助がなく、あるのは私的な利害関係だけ[9]と指摘するものもある。また、韓国は日本の滅私奉公とは真逆の“滅公奉私”の社会だと表現され、「公」よりも「私」を重視し、とりわけ家族（血族）集団の利益を求めてきたとする。このことは財閥や企業にも当てはまり、それらが「公」の存在ではなく、創業者一族の「私」物にほかならないという評価まで見受けられる[10]。

「公」と「私」の違いは、韓国人による「ウリ」と「ナム」の明確な区別という行動様式にも見て取れる。「ウリ」は通常「我々」と訳されるが、ほぼ無条件で信用される関係にあり、互いを疎んじることは困難な関係を作る。他方、「ナム」は「他人」と訳されるが、この範囲内では自身の利益追求が認められ、互いにドライな駆け引きが行われるため、安定した信頼関係は築けない[11]。この行動様式の中で、「ウリ」における私的利益の追求が最大化された結果、あからさまな「集団利己主義」[12]が露見するようになる。

　儒教倫理の特徴は、企業経営においても影響が及ぶ。財閥が創業者一族の「私」物という見方から、負の側面が浮かび上がる。それは①経営の意思決定が上意下達になること、②財閥における重要なポストが血族や親戚で独占されること、③「所有と経営」が分離されず、専門経営者が採用されないこと、④労使関係において、権威主義的な位階秩序が強要されることである[13]。

　以上のように、儒教倫理には公益よりも私益を目指す考えがあり、家族を中心とする私的利益の追求がなされてきた。この考え方は韓国財閥においても応用されたが、財閥は公的なものではなく、私的な所有物という認識から脱却できておらず、「所有と経営」が完全に分離しない家族・一族支配という形で現在まで連綿と続いている。そこで、次節では、財閥による家族・一族支配がここ数年で相次いだ不祥事の元凶になっていることを改めて確認してみたい。

3. 韓国財閥による一連の不祥事と「反企業情緒」の高まり

　2014年末に起きた大韓航空の副社長（当時）による「ナッツ・リターン事件」[14]は記憶に新しいところだが、実はこの事件が起きた後も、韓国内では財閥一族による不祥事が相次いで起きていた。例えば、2016年にはロッテ財閥の会長による横領・背任事件や現代財閥の子会社である現代BNGスチールの社長（創業者の孫）による専属運転手への暴言・暴行事件が発生した。翌年にはサムスン財閥の副会長による贈賄事件やハン

ファ建設のチーム長（ハンファ財閥会長の三男）による居酒屋従業員への暴言・営業妨害事件が起きている。また、2018年には上述した大韓航空を運営する韓進財閥の会長夫人による社員への暴言・暴行事件が起き、隠し撮りされた映像と生々しい音声が共に流出したことで韓国内を大きく脅かす事態となった。加えて、長女（「ナッツ・リターン事件」の当事者）による家庭内暴力や次女による社員への暴言・水かけ事件も次々に露見したことで、財閥一族による横暴なふるまいとそこから生じる不祥事の数々が韓国内で社会問題として注目を浴び続けた[15]。このような財閥一族による不祥事が立て続けに起きる中で、2020年にはサムスンの副会長が「世襲経営」の決別を宣言したが、これはまた別の意味で韓国民を驚かせる事態となった[16]。

　ところで、本稿で取り上げる斗山財閥も大きな社会問題となった事件を過去に起こしている。それが1991年に起きた「洛東江フェノール流出事件」である[17]。事件発覚のきっかけは大邱市上水道本部に対する市民からの一本の電話であった。なんと水道水から強い悪臭がするというのである。悪臭の原因を直ちに調査した大邱市は、工場から流れ出たフェノールと塩素が化学反応を起こし、クロロフェノールという化学物質が合成されたためだと発表した。当時、事件のやり玉に挙げられたのは中堅財閥の子会社であった斗山電子とコーロン油化、加えて新星企業の計3社であったが、とりわけ韓国経済をけん引してきた財閥が起こした事件に韓国民は大きなショックを受けたという。事件が追及される中、次第に明らかにされたのは、フェノール原液の貯蔵タンクに連結された補助パイプが何らかの理由で破裂し、フェノールの原液約30トンが一挙に流出したという事実であった。ただ、流出原因の元を紐解けば、斗山電子が「秘密排出口」なるものを設けていたことに加え、焼却炉の1基の故障を放置し、廃フェノールを未処理のまま放流してきたことが大きく問題視された。

　水質汚染防止法違反で告発された斗山電子は、補助パイプの破裂によりフェノールが流出した事実は認めたものの、これはあくまで「過失」であり、「故意」ではないと一貫して主張した。事件後、斗山財閥は大邱市に対し、水質改善資金として200億ウォン（当時で約35億円）を寄付した上

で、損害の全額を賠償すると発表した。ところが、これで一件落着かと思われた矢先、斗山電子は事件発生の約1か月後にまたしてもフェノールの原液1.3トンを流出させてしまう。一度ならず二度の流出事件を受け、当時の会長が引責辞任することで事件は幕引きとなった[18]。

　以上のように、財閥の不祥事は今に始まったわけではないが、とりわけ昨今では不祥事が相次いでいることを受け、国内では「反企業情緒」なる感情が高まっていると企業側も切に痛感しているようである。韓国経営者総協会編（2021）によると[19]、韓国社会において、「反企業情緒」が存在するとの企業側の認識は93.6％を示し、極めて高い水準にあることが明らかにされた[20]。また、「以前に比べ、「反企業情緒」が深刻になっている（42.2％）」や「以前に比べ、変化なし（34.3％）」という声も挙がっており、「反企業情緒」が改善されていないとの認識が企業側で広がっていることも見て取れる[21]。「反企業情緒」が広がる原因として、企業の内的要因（一部の企業人による逸脱行為、政経癒着、企業への特恵・不祥事など）と企業の外的要因（労組や市民団体などとの対立的構造の悪化、企業に対する国民の認識不足、一部の政治的な宣伝手段として活用、メディ

表1　韓国財閥の系列会社数と総資産額の順位（2021年）

順位	企業集団名	オーナー	系列会社数 （単位：社）	資産総額 （単位：10億ウォン）
1	三星	李在鎔	59	457,305
2	現代自動車	鄭義宣	53	246,084
3	SK	崔泰源	148	239,530
4	LG	具光謨	70	151,322
5	ロッテ	辛東彬	86	117,781
6	POSCO	㈱POSCO	33	82,036
7	ハンファ	金升淵	83	72,898
8	GS	許昌秀	80	67,677
9	現代重工業	鄭夢準	33	63,803
10	農協	農業協同組合中央会	58	63,552
15	斗山	朴延原	22	29,659

出所：韓国公正取引委員会「2021年度大企業集団指定結果」を参考に作成。

ア・マスコミによる誤った企業認識の拡散）が挙げられている。さらに、企業による対国民への関係改善に向けた取り組みとして、主に「社会貢献などの社会的責任の強化」と「コンプライアンス経営など内部の経営倫理の確立」の2つが指摘されており、相次ぐ不祥事を起こしている韓国財閥にとって、これらの問題解決が喫緊の課題であることが改めて浮き彫りとなった。

4. 創業者と二代目の生い立ち、ならびに彼らの人物像[22]

　斗山の創業者である朴承稷（パク・スンジク）は1864年6月、京畿道広州郡にて小作人の朴文會と金海金氏の8人兄弟のうちの三男として生まれた。彼は子供のころから10年間、書堂で漢学を学びながら農作業を手伝う生活をしていたが、郷里から離れたところにあった広州松坡場を往来する中で、活気のある市場商取引を目の当たりにした。この光景が後に朴承稷少年を商業の世界へと誘うきっかけとなる。1881年、18歳になった朴承稷は、朴文會一家の地主である閔泳完（ミン・ヨンワン）が全羅南道海南の郡主として赴任するのに同行し、海南へと移り住んだ。その翌年、朴承稷は海南地域（霊岩、羅州、茂安、康津など）で綿布を買い、それをソウルで売る商売を始める。当初の商圏は全羅道のみであったが、その後、慶尚道だけでなく、平安道や江原道、咸鏡道の山間地域にまで広げていく。そして、1889年には、ソウルの中心街である鍾路4街92番地に居住地を構え、ソウルを商売の本拠地に据えた。彼は不屈の商人精神[23]の下、自身の商圏をさらに全国へと広げていき、1896年6月末、ついにソウルの中心街である鍾路4街15番地（通称、ペオゲ）に自らの名を冠した朴承稷商店を開業させた[24]。齢31の時である。

　朴承稷商店が開業した当時、朝鮮社会には大きな変化が起きていた。開業2年前の1894年には急進的な近代化改革である甲午改革が起き、六矣廛制度[25]も廃止された。この廃止に伴い、御用商人の市場独占がなくなったことで、新人商人たちにとっては商業上の自由が保障されることになったのである。また、この頃は英国産や日本産の綿織物の輸入量が急増し始

めた時期である。これに目を付けた朴承稷は、韓国産木綿の他に、英国や日本の玉洋木（キャラコ）を輸入し、綿織物を販売するようになった。これが見事に当たり、朴承稷商店は急成長を見せ、彼は「ペオゲの巨商」と呼ばれる逸材へと上り詰める[26]。

　その後、朴承稷は1904年に廣蔵株式会社を設立する。この会社は朝鮮人だけで設立された国内初の株式会社であるが、現在でも有名な東大門市場の建設に携わった会社である。また、1905年には漢城商業会議所（大韓商工会議所の前身）の上議員として活躍するなど、商業界の指導者としても名を馳せることとなる[27]。さらに、1907年には日本人の西原亀三とともに初の合弁企業である共益社を設立させ、日本と朝鮮を跨ぐビジネスを手掛けた。この背景には、日本からの綿織物の輸入が直接関係しているが、とりわけ1910年の日韓併合を機に、伊藤忠商事が共益社に参画することで、日本資本が大挙として朝鮮半島に押し寄せる契機となった。その後、朴承稷は綿織物事業の他に、「朴家粉」[28]という韓国発の化粧品の製造・販売をしたり、共信商会という会社を別途設立して米穀の販売をしたりするなど、次々に事業の多角化を進めていった。彼自身が1929年に書いた「勤者成功」の信念を地で行くように、数々の事業経営は見事に成功を収めていったのである[29]。

　1910年10月、日韓併合からまもなくして、長男朴斗秉（パク・ドゥビョン）が誕生した。彼は幼少期から秀才であったとされるが、京城高等商業学校（現ソウル大学校商科大学）に入学後、商学を専攻した。卒業後は朝鮮銀行（韓国銀行の前身）に入行し、4年間勤務した後、3か月間の研修生活を経て、1936年4月に朴承稷商店の常務取締役に就任している。朴斗秉は高等商業学校や銀行で学んだ近代的な経営理論と父親の朴承稷から受け継いだ誠実で勤勉な精神をもってして、朴承稷商店を制度的に近代化された企業体へ変身させようと努力した。

　彼は商店経営において何よりも重要なことは情報収集であり、とりわけ、食物類の価格および需要と供給を正確に予測することを徹底した。これに加え、朴斗秉が重視したのは人材であった。企業の成否は人にあると考えた朴斗秉は、人事管理を重視し、様々な人事制度を導入した。従業員

表2　斗山財閥の略史（創業者と二代目の時代）

年	主な出来事
1896	朴承禝商店を開業。綿織物の輸入・販売。
1904	廣蔵株式会社（韓国初の株式会社、後に東大門市場を建設）を設立。
1906	朴承禝が漢城商業会議所（大韓商工会議所の前身）の上議員に選ばれる。
1907	日本人の西原亀三とともに、共益社（綿織物の輸入）を設立。
1910	共益社に日本の伊藤忠商事が参与し、日韓共同経営会社に変更。
1914	共益社を株式会社へ改編。
1915	朴家粉（化粧品）の製造・販売開始。
1917	共信商会（米穀の販売店）の開業。
1918	京城布木商組合を組織し、組合長に就任。
1925	朴承禝商店を株式会社に改編。
1933	朴承禝が昭和麒麟ビール（後の東洋ビール）の取締役に就任。
1936	息子の朴斗秉が朴承禝商店の常務取締役に就任。
1945	朴承禝商店を閉鎖。株式会社朴承禝商店に法人登録。
1951	斗山商会を設立。
1952	東洋ビール（後のOBビール）を設立。
1953	斗山産業を設立。
1960	斗山土建（現、斗山建設）を設立。
1966	漢陽食品を設立。
1967	潤韓工業（現、斗山メカテック）を設立。

出所：朴容昆編（1989）、pp.156-161、李秀光（2009）、pp.280-282 を参考に作成。

図1　朴承禝商店の前景

出所：斗山ホームページ（https://www.doosan.com/kr）

に徹底した時間観念を持つようにさせるため、当時としては画期的な出勤簿を作成し、これを活用した。その上で、従業員の勤労意欲を高め、有能でまじめな社員を優遇するために公正な業績評価制度を作り、評価結果にもとづき人事異動を実施している。当時、たった1名だった従業員も5名まで増員し、出納帳の記入だけでなく、販売業務まで担当させている。さらに、当時としては珍しいとされた女性職員を積極的に採用した。その他、従業員の福利厚生や健康増進に気を遣った朴斗秉は、社内に野球部や卓球部といった運動部を組織し、季節に合わせて野游会を実施するなど、従業員同士のコミュニケーションにも尽力したとされる[30]。以上のように、斗山財閥の創業者と二代目の人物像を見ると、両者とも先進的な経営理念を有していたと考えられる。

5. 両者の経営理念に関する先行研究とそれへの批判的検討

　韓国経営史研究の重鎮である黄明水は、儒教と韓国経済の成長には密接な関係があるとした上で、韓国人企業家に見られる事業報国精神や国益優先の精神は、儒教の忠孝思想とつながっていると指摘する。また、人和（和）、誠実（信）、創意（創造）などが社訓に採用されているのは、この忠孝思想を根幹とした「仁義礼智信」の儒教精神が反映されたものであるとし、韓国人企業家の経営理念には儒教の影響が大きいと結論づける[31]。

　これに倣うように、朴承稷の経営理念に関する研究でも、その多くが儒教の影響を指摘している。すなわち、朴承稷は少年時代に書堂に通い、そこで漢文教育を受け、儒教的影響の基礎が培われた。この儒教的影響から人和、信用、正直、勤倹の各々の精神を学び、人和に基づく家族主義や愛国・愛族精神、忠孝思想に基づく事業報国主義、顧客に対する信用・正直第一主義、資本蓄積のための勤倹精神といった伝統的な商人精神を有するようになったというのである[32]。

　上記にみるように、韓国人研究者の中では、朴承稷の経営理念は儒教的影響を大いに受けているとするのがほぼ通説となっている。しかしながら、筆者はあえてこの通説に疑問を呈してみたい。まず、朴承稷は裸負

商（行商人）の出身である。褓負商たちは褓負商団なる組織を形成していたが、ここには儒教に基づく伝統的な厳しいルールが存在した[33]。ところが、朴承稷はこの封建的色彩の強い褓負商団には入団せず、自由な行商の道を選んでいる[34]。つまり、儒教とは当初から距離を置いてきたことがうかがい知れる。次に、朴承稷がもっとも大事にし、斗山の経営理念の第一にも掲げられる「人和」であるが、上述のとおり、儒教の精神は「仁義礼智信」である。これに加え、儒教倫理では差別的人間観に基づく上下関係が固守される。にもかかわらず、なぜ儒教に「人和」なる精神が生じ得るのだろうか[35]。また、儒教倫理では血族集団を中心とした「私」が第一であり、これ以外の「公」は二の次とされたが、もし儒教的影響があるのであれば、朴承稷の経営理念は他の韓国財閥と同様に一族経営を志向したはずである。ところが、朴承稷は「公先私後」を志向し、公益を優先した商人であった[36]。朴承稷は創業して早くも会社を大衆化する心づもりを持ち、企業の公益性を理解していた。事実、斗山の株式公開化に対しては「より理想的にいけば、株式もある一人の人に独占させるのではなく、大衆化せねばならない」という言葉を残している[37]。

　以上を鑑みるに、韓国人企業家は儒教的影響を受けているという通説をそのまま鵜呑みにするのは早計であろう。とりわけ朴承稷の場合、儒教よりもキリスト教の方が経営理念に及ぼした影響が大きいのではないだろうか[38]。実際のところ、彼は20歳前後でキリスト教へ関心を持ち始め、信仰の厚いクリスチャンになっており、信仰生活を通して博愛・奉仕精神や西洋の先進的な合理主義思想を取り入れ、彼自身の人生観や経営観を確立させている[39]。また、朴承稷商店を開設する2年前の1894年、この年に設立されたヨンドン教会で礼拝所用のテントを担当し、熱烈な信者になったとされる。教会の設立と発展を手伝うことは、信仰人の当然な義務であるが、キリスト教への帰依を契機として、より一層、成熟した人生観を持つようになったようである[40]。以上から、創業者の朴承稷はキリスト教の影響を受け、これを経営理念にも反映させた。企業という存在自体も「私」ではなく「公」、言い換えれば「社会の公器」と当初から捉えていたのではないかと考えられる。

「企業は社会の公器」の理念を引き継いだのが二代目の朴斗秉である。キリスト教の影響をもとにした公益精神が創業者から引き継がれ、二代目の経営理念へと発展させた。朴斗秉は「私」という個人よりも「我々」という共同体意識で共生主義的な企業経営に任じ、さらに家族や会社のために努力しただけでなく、国家の発展の礎となる国益思想を有していた[41]。
　朴斗秉の公益精神は1968年放送のインタビューでも明確に見て取れる。彼は「会社創設時から経営と資本を分離しようという考えで来た。その実践の一歩前進に至っている。自身が社長だといって必ず息子や弟が社長を継承しなければならないという考えはない。もちろん、有能な才質があれば継承させるが、有能でないならば他の有能な社員が以後何を信じてそこで仕事をするというのか。社長の息子、孫へと社長職が世襲され、他の有能な人には機会が与えられないのなら、社員の士気にも支障がある」[42]と明言している。また後の回顧録においても、「有能でなければ、一族以外に経営を任せる」と語っているが、この言葉を証明するように、東洋麦酒の次期社長職を鄭壽昌（チョン・スチャン）という家族以外の人物に譲渡している[43]。この出来事は純血主義を固守する韓国財閥において、まさにコペルニクス的転回といえる試技だったが、朴斗秉は「所有と経営の分離」を見事にやってみせ、「企業は社会の公器」を実践した人物であった[44]。

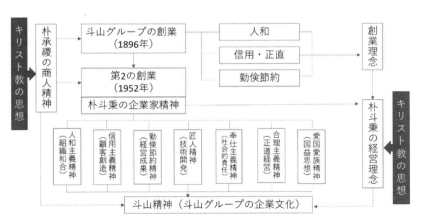

図2　斗山の企業文化

出所：高承禧（2002）、p.254に一部加筆。

6. おわりに

　本稿では、なぜ斗山は韓国唯一の長寿企業になり得たのかという問題意識の下、創業者と二代目の経営理念に着目した。創業者の朴承稷は一族経営に固執することなく、企業の早期大衆化を目指した。これを受けた二代目の朴斗秉は「所有と経営の分離」を意識し、自社株の公開化を実現させた。加えて、自身の後継者は血縁に関係なく、能力のある者を当てると宣言し、実際に一族とは無関係の人物に次の会長職を譲った。純血や嫡子に固執せず、優秀な人物を後継者として選んでいるという点では、奇しくも世界最古の企業とされる金剛組[45]と同じ道をたどっていたことも明らかにされた。また、彼らの経営理念の特徴は、儒教倫理の要諦である私的利益の追求とは真逆をいくものであった。それが可能となったのは、創業者のキリスト教を土台とした経営理念が二代目にも首尾よく継承され、両者ともにキリスト教にもとづく公益精神がうまく発露していたためであると考えられる。

　本来、儒教（朱子学）は統治思想であり、長期政権を目指す思想である。まさにこの思想こそが長寿企業の源泉になると通常では想起されるはずだが、本稿では、むしろ早い段階で儒教を脱したからこそ韓国で最も長寿企業になり得たという通説にはない見解を提示した。財閥による一連の不祥事に加え、「反企業情緒」なる言葉が示される昨今の韓国社会にあって、これからの財閥に求められる理想像は、斗山のように儒教の呪縛からいち早く脱し、「所有と経営」の分離を試みることである。言い換えれば、韓国財閥は家族・一族のみの私益を優先した経営をするのではなく、斗山の創業者と二代目が目指した「企業は社会の公器」を家訓とし、企業の公益精神を再度認識することが何より求められるだろう。

　本稿は従来の先行研究ではあまり注目されなかった点に焦点を当て、斗山の創業者と二代目の経営理念について再検討を試みた。しかしながら、創業者と二代目の経営理念が儒教とキリスト教の双方の影響をどの程度受けているか、とりわけキリスト教の影響はどれほどあったのか、その詳細

については、十分な検討には至らなかった。今後はこの点を中心に、より深く追究する必要があるだろう。また、長寿企業の実現の根拠を経営理念のみに求めることには限界もある。同社の経営理念から派生したであろう組織体制や経営戦略、さらには外部環境からの論証はこれからの研究の発展において重要な分析視角となるだろう。

注
1) 現時点において、韓国内で上位5大財閥と称される三星、現代、SK、LG、ロッテは、いずれも20世紀になって誕生した財閥であり、創業100年に満たない。他方、本稿で取り上げる斗山は19世紀末に誕生し、創業100年を超える国内唯一の中堅財閥である。

2) 斗山グループは2021年5月時点で、系列会社14社（斗山重工業や斗山ロボティクスなど）、株式会社5社（斗山電子など）、その他3団体（斗山蓮崗財団など）を有する韓国の中堅財閥である。詳細は斗山ホームページを参照のこと。

3) 2019年時点で、創業100年を超える長寿企業は、日本には3万3,069社あるとされる。中でも金剛組は設立年が578年（飛鳥時代）であり、創業1400年を超える世界最古の長寿企業である。なお、日本に次ぐのは米国の1万2,780社、ドイツの1万73社である。一方、韓国で100年を超える企業はわずか8社に過ぎない。本稿で取り上げる斗山は1896年の設立で、創業125年の中堅財閥である。斗山に次ぐ2位は新韓銀行（前身の漢城銀行時代も含む）と同和薬品（医薬品業）で1897年の設立である。4位はウリ銀行（前身の商業銀行時代も含む）で1899年の設立、5位は蒙古食品（食品業）で1905年の設立、6位は廣藏（店舗賃貸業）で1911年の設立、7位は寶晉齋（出版・印刷業）で1912年の設立、8位は盛昌企業（製造業）で1916年の設立である。斗山は中堅財閥、新韓銀行とウリ銀行は都市銀行に相当するが、残る企業はすべて中小・零細企業に該当する。詳細は毎日経済ホームページを参照のこと。

4) 「経営理念」の関連用語として、「企業理念」、「経営思想」、「経営哲学」などが存在するが、本稿では「経営理念」で統一する。なお、定義は「創業者や企業それ自体によって『与えられた』言葉や思想であり、企業を取り巻く環境変化の中で、『一定の準則』として明文化された『言葉』や『信念』」である。三井編（2013）、p.16。ところで、紙幅の関係上、経営理念研究それ自体のヒストリーを追うことは避けているが、研究の傾向として、従来は経営理念の歴史およびその内容を扱ったものが主たる研究アプローチであった。これに加え、昨今では経営理念を組織内にいかに浸透させるのかを実証分析にもとづき解き明かすことが新たな研究アプローチになりつつある。例えば、高尾・王英燕

（2012）を嚆矢として、田中（2016）、瀬戸（2017）、柴田（2017）などがその代表的な研究として挙げられよう。

5） ここでいう儒教とは、朱子学のことを意味しているが、便宜上、儒教と明記した。

6） 尹泰林著、馬越・稲葉共訳（1975）、pp.85-90。

7） 朴正熙（1970）、p.17。

8） 朴正熙は自著の中で、「人間改造の民族的課題」と題し、民族的覚醒の必要性を唱えている。なお、同じ「民族改造論」という論考を書いた朝鮮近代文学の祖・李光洙は、韓民族が改造すべきところとして公共性・公益への無関心を挙げ、極端な利己主義を批判する。

9） 呉善花（2015）、p.32。

10） 室谷（1987）、p.32および p.69。

11） 伊藤（2001）、pp.99-100。

12） 呉善花（2015）、p.35。

13） 金日坤（1992）、p.164。

14） 大韓航空の当時の副社長が自社機のファーストクラスに着座していた際、客室乗務員がナッツを袋入りのまま提供したことに激怒し、離陸直前の飛行機を搭乗口へと引き返させた事件である。後にこの副社長はマスコミの面前で韓国民に謝罪したが、裁判にかけられ、執行猶予付きの実刑判決を受けるに至った。

15） 韓進財閥会長の妻および子女たちによる一連の不祥事が起きてしばらくした2019年4月、会長は滞在先の米国ロサンゼルスにて病死した（実は、当該会長もかつて脱税や横領容疑で起訴されている）。この事態を受け、新しく韓進財閥の新会長となったのは長男だったが、この長男も過去に運転中のトラブルを起こし、70代女性への暴行事件を働いたとされている。

16） 一連の不祥事や出来事については、各種報道を参照した。

17） 事件の詳細は、服部（1993）が詳しい。なお、2021年に日本で公開された韓国映画「サムジンカンパニー1995（原題はサムジングループ英語 TOEIC 班）」は、フェノール流出事件がモチーフにされており、自社の不正を暴こうと奮闘する3名の女性社員の姿が描かれている。

18） 服部（1993）、pp.119-125を参照。

19） 調査時期は2021年2月3日〜3月15日で、対象企業は109社。内訳は1000人以上の大企業が21社（19.3%）、300〜999人の企業が43社（39.4%）、300人未満の企業が45社（41.3%）である。

20） 大韓商工会議所は国民への意識調査として「企業好感度（CFI）調査」を実施している。その結果を見ても、2016年は100点満点中で47.6点、2017年は55.8点、2018年は53.9点となっており、韓国民の韓国企業への好感度は必ずしも高

くないことがわかる。

21）企業規模別にみると、1000人以上の大企業で「深刻」が71.4％、「変化なし」が14.3％、300～999人の企業で「深刻」が21.0％、「変化なし」が50.0％、300人未満の企業で「深刻」が39.6％、「変化なし」が30.2％という結果であった。

22）本節の記述内容は、主として朴容昆編（1989）に基づいていることをお断りしたい。

23）①信念精神、②妥協精神、③人和精神、④勤検精神、⑤民族自立精神が指摘される。金聖壽（2002）、p.23。

24）朴容昆編（1989）、p.71。なお、朴承禝商店の開業年については、1896年がこれまでの通説とされてきたが、金東雲（2001）は改めて資料を再度精査した結果、開業年は1882年だと力説している。本稿では、開業年について議論することは避け、通説を採用した。

25）六矣廛とは、ソウルの中心街に存在していた政府公認の市廛商人のうち、とりわけ規模の大きい6種類の商店を指す。

26）朴容昆編（1989）、p.72。

27）朴容昆編（1989）、p.73。

28）それまでの綿織物とはまったく関係のない化粧品事業を提案したのは、朴承禝の夫人である鄭貞淑（チョン・ジョンスク）だとされている。

29）朴容昆編（1989）、p.73およびp.75。

30）朴容昆編（1989）、pp.82-83。

31）黄明水（1990）、p.34。

32）高承禧（2002）、pp.251-252、金聖壽（2002）、p.23、コ・ジョンシク（2015）、pp.46-49、黄明水（1993）、p.249など。

33）褓負商と褓負商団については、中川（2020）を参照。

34）黄明水（1993）、p.248。

35）「人和」は英語の「harmony」が由来であり、朴承禝のキリスト教の信奉精神から来ているのではないかと筆者はみている。

36）朴光緒（2002）、pp.175-176。

37）斗山グループ企画調整室編（1996）、p.180。株式会社朴承禝商店の経営陣は、当初は家族だけで構成されていたものの、後に株式公開へと踏み切る大きな決断を下している。

38）朴承禝とキリスト教との関係については、斗山グループ企画調整室編（1996）、pp.43-53。高承禧（2002）、p.251、ソ・ドンウォン（2010）、p.261、コ・ジョンシク（2015）、p.46にも言及が見られる。なお、キリスト教の影響が強いとされる他の韓国人企業家として、柳韓グループ創業者の柳一韓が挙げられる。詳細は中川（2016）を参照。ところで、先述のとおり、日本は世界一の長寿企業を有する国ではあるが、これらの長寿企業がキリスト教精神に基づく経

営をしてきたとは必ずしも言い切れない。僅かな例として、キリスト教の伝道者であったヴォーリズ（William Merrell Vories）が設立した近江兄弟社が思いつく程度である。

39) 高承禧（2002）、p.251。

40) 斗山グループ企画調整室編（1996）、p.53。

41) 高承禧（2002）、p.254。

42) 斗山グループ企画調整室編（1996）、p.178。

43) 二代目の後を引き継いだ非血縁者の鄭壽昌は、1977 ～ 1981 年と1991 ～ 1993 年の二度、グループの会長を務めている。初回は二代目の朴斗秉にその力量を買われての登板であったが、二回目はフェノール流出事件の直後の緊急登板であった。なお、1981 ～ 1991 年の間は朴斗秉の長男である朴容昆（パク・ヨンゴン）が会長に就任している。以下、参考までに1990 年代以降の会長職をめぐる紆余曲折を記しておきたい。鄭壽昌が1993 年に会長職を退いた後、経営体制は朴斗秉の息子たちに引き継がれていくこととなる。長男の朴容昆が1993 ～ 1996 年まで会長を務めた後、1997 ～ 2004 年までは次男の朴容昕（パク・ヨンオ）が会長職を継承した。ところが、2005 年になって、三男の朴容晟（パク・ヨンソン）がグループ会長に推挙される事態が起こり、これに反発した兄との間で継承をめぐるお家騒動が巻き起こる。結局のところ、兄の朴容昕がグループから追放されることで事態は収束した（朴容昕は2009 年に自宅にて自殺）。お家騒動の間、粉飾決算の疑いで検察の捜査を受けた朴容晟は責任をとって会長職を辞し、2006 ～ 2008 年までは柳秉宅（ユ・ビョンテク）副会長が事実上のトップとなった。これにより、斗山にとって三度目の会長不在の時期が到来したのである。しかしながら、2009 年以降は一族経営に再び戻り、2012 年までは朴斗秉の四男の朴容昡（パク・ヨンヒョン）が、2012 ～ 2016 年までは五男の朴容晩（パク・ヨンマン）がそれぞれ会長職を務めた。そして、2016 年からは朴容昆の長男で朴斗秉の孫に当たる朴廷原（パク・ジョンウォン）が会長に就任し、今日に至っている。

44) この姿勢を「公人主義」と評価する研究もある。チェ・テホ（1993）、p.380。尤も、「所有と経営の分離」については、株式の所有比率を見ておく必要があるだろう。社史に相当する朴容昆編（1989）には、1925 年時点（朴承禝商店を株式会社に改編した時点）と1938 年12 月時点の所有比率が掲載されている。実のところ、この2点間の数値の変化だけを見ると、創業者をはじめとする家族・親族の株式保有数は増えており、「所有と経営」は分離していないのではないかとの反論も考えられる。ただ、数値は上記の2点間だけであり、この前後の推移は掲載されていない。1925 年と1938 年といえば、いずれも日韓併合期に該当するが、株式会社化した1925 年の時点で日本人の株主が5名（高井兵三郎、中村虎三、露口敬三、上山武志、岡本萬吉の5名。筆頭株主は高井の750 株で、

次いで朴承襪が180株）含まれている点を見ても、最初から同族経営を狙った
ものとも思えない。以上のことから、朴承襪商店は経営陣を一族だけで固めて
いないと判断し、同社の「所有と経営」は分離していたと筆者は解釈する。

45）曽根（2008）、p.115。

日本語文献

伊藤亜人（2001）「産業化の制約要因としての儒教─発展段階論批判─」松本厚治、
　　服部民夫編『韓国経済の解剖─先進国移行論は正しかったのか─』文眞堂。

呉善花（2015）『朴槿恵の真実─哀しき反日プリンセス』文春新書。

金日坤（1992）『東アジアの経済発展と儒教文化』大修館書店。

柴田仁夫（2017）『実践の場における経営理念の浸透─関連性理論と実践コミュニ
　　ティによるインターナル・マーケティング・コミュニケーションの考察』創成
　　社。

瀬戸正則（2017）『戦略的経営理念論─人と組織を活かす理念の浸透プロセス』中央
　　経済社。

曽根秀和（2008）「老舗企業における長期存続要因にかんする研究─金剛組の経営理
　　念と組織を中心に」『びわこ経済論集』第6巻第1・2号、滋賀大学。

中川圭輔（2016）「柳韓洋行創業者・柳一韓の経営倫理に関する一考察」『日本経営
　　倫理学会誌』第23号。

中川圭輔（2020）「商人倫理に関する日韓比較研究─褓負商と近江商人─」『日本経
　　営倫理学会誌』第27号。

高尾義明・王英燕（2012）『経営理念の浸透─アイデンティティ・プロセスからの実
　　証分析』有斐閣。

田中雅子（2016）『経営理念浸透のメカニズム─10年間の調査から見えた「わかちあ
　　い」の本質と実践』中央経済社。

朴正熙（1970）『朴正熙選集1─韓民族の進むべき道』鹿島研究所出版。

服部民夫（1993）「韓国─大邱水質汚染事件─」アジア経済研究所編『開発と環境─
　　東アジアの経験』アジア経済研究所。

黄明水（1990）「韓国の経営理念─その史的変遷─」『経営史学』第25号第2巻。

三井泉編（2013）『アジア企業の経営理念─生成・伝播・継承のダイナミズム』文眞
　　堂。

室谷克実（1987）『「韓国人」の経済学─これが外華内貧経済の内幕だ』ダイヤモン
　　ド社。

尹泰林著、馬越徹・稲葉継雄共訳（1975）『韓国人─その意識構造─』高麗書林。

韓国語文献

李秀光（2009）『巨商 朴承禝』ミルブックス。

韓国経営者総協会編（2021）「反企業情緒 企業認識調査結果」。

金聖壽（2002）「梅軒朴承禝と蓮崗朴斗秉の生涯と経営理念」韓国経営史学会編『経営史学』第 17 輯第 1 号。

金東雲（2001）『朴承禝商店，1882 ～ 1951 年』ヘアン。

高承禧（2002）「斗山グループの企業文化」韓国経営史学会編『経営史学』第 17 輯第 1 号。

コ・ジョンシク（2015）「朴承禝商店の創業と斗山グループの成長要因としての朴承禝の経営理念」『経営史学』第 30 輯第 1 号、韓国経営史学会。

韓国公正取引委員会（2021）「2021 年度大企業集団指定結果」。

ソ・ドンウォン（2010）「正直と信用で百年企業を掘り起こす—斗山グループ朴承禝創業会長の企業家精神と企業経営」キム・ハンウォンほか『韓国経済の巨木たち—5 大グループ創業企業家たちの企業家精神研究』サムバン。

チェ・テホ（1993）「蓮崗朴斗秉の企業経営精神」黄明水編『韓国企業経営の歴史的性格』新陽社。

斗山グループ企画調整室編（1996）『ペオゲから世界へ—斗山 100 年物語』。

朴光緒（2002）「梅軒朴承禝と蓮崗朴斗秉の社会的責任と社会福祉事業」韓国経営史学会編『経営史学』第 17 輯第 1 号。

朴容昆編（1989）『斗山グループ史—上巻』斗山グループ企画室。

黄明水（1993）「梅軒朴承禝の生涯と企業活動」黄明水編『韓国企業経営の歴史的性格』新陽社。

斗山ホームページ　（https://www.doosan.com/kr）

毎日経済ホームページ　（https://www.mk.co.kr/news/business/view/2019/02/76681/）

（なかがわ　けいすけ／下関市立大学）

ドイツにおける企業間人的ネットワークの戦前と戦後の比較
——銀行業、鉄鋼業、化学産業の代表的企業の分析——

山　崎　敏　夫

1. 問題の所在

　企業間関係に基づく協調のシステムの構築は各国においてみられ、それは大きな意味をもつ現象となってきた。そのあり方には、各国に共通する一般的傾向とともに、それぞれの国の独自的な特徴もみられる。ドイツは「協調的資本主義」という特質をもつとされているが[1]、企業間関係、企業間結合において特殊的なあり方がみられる。なかでも、人的結合関係は、産業と銀行の間の関係、産業企業間の関係、協調の重要な手段をなしてきた。そのような企業間人的結合の根幹をなすものが、役員兼任に基づく情報の交換・共有のシステムであり、それは、企業間の利害や種々のコンフリクトが市場競争の結果としてよりはむしろ協議において調整されるという協調的な企業間関係の基盤となってきた。「兼任関係」とは、ある企業の役員（監査役会および取締役会のメンバー）による他社のトップ・マネジメント機関のいずれかのポストを有することによって成立している企業間の人的結合の状況を示すものである。ドイツでは、銀行の役員によるさまざまな産業の企業のトップ・マネジメント機関での兼任のみならず、銀行の監査役会においても産業企業の役員による兼任が広く展開されてきた。

　役員兼任については、直接兼任が最も基本的な形態をなすが、ある企業Ａ社の監査役会メンバーが他社であるＢ社の監査役会において兼任関係を有しており、さらにＢ社の監査役会メンバーによる異なる第３の企業であるＣ社の監査役会ポストの保有による兼任が成立しているとき、Ａ社とＢ社という２社間の人的結合のレベルを超えて、Ａ社をめぐる企業間の人的ネットワークが成立することになる。複数の企業が役員兼任のような人的結合のラインで結びつけられると、「距離」の概念が生じるが[2]、ネットワークの起点となる企業であるＡ社からみて「Ａ社→Ｂ社」を「距離１」、「Ｂ社→Ｃ社」を「距離２」としてとらえると、「距離２」の範囲でのＡ社をめぐる企業間の人的ネットワークが成立することになる。そのようなケースでは、人的結合による情報の交換・共有のシステムは一層の広がりを示し、人的ネットワークは、そのメンバー企業の間での情報のフロー・メディアとしての重要な機能を果たしうるものであり、人的結合の意義はさらに大きなものとなる。

　ドイツでは、監査役会と取締役会から成る二層制のトップ・マネジメント機構が採用されてきたが、そのことは役員兼任による企業間人的結合のドイツ的なあり方とも深く関係している。すなわち、経営の業務執行機関たる取締役会においてよりはむしろ監査役会における役員兼任による人的結合が広範に展開されてきた。そのような役員兼任による企業間の人的ネットワークはどのような特徴をもつものであったのだろうか。

　本稿では、社会的ネットワーク分析の手法に基づいて、第２次大戦前と大戦後におけるドイツの主要業種・産業部門である銀行業、鉄鋼業、化学産業の代表的企業の監査役兼任ネットワークの構造を考察し、協調的資本主義と特徴づけられている同国の社会経済システムの基盤となる企業間関係の解明を試みる。銀行業ではかつての３大銀行のひとつであったドレスナー銀行、鉄鋼業では、戦前については最大企業である合同製鋼、戦後については大銀行との関係が深かったマンネスマン、化学産業では、戦前については同産業の最大企業であるＩＧファルベン、戦後については３大化学企業のひとつであったバイエルのケースを取り上げる。

　また、考察対象となる時期については、第２次大戦前期の分析ではナチ

ス期の1930年代半ばの時期とする。19世紀末から20世紀初頭に形成され
たドイツにおける企業ネットワークは、1920年代にはその密度は実質的
に濃くなり、28年にピークに達し、その後は薄くなったが、30年代には
比較的濃い水準を維持したとされている[3]それゆえ、戦後との比較では
1930年代の状況の把握が重要な意味をもつと考えられる。第2次大戦後に
ついては、1965年株式法後の時期である1960年代末の状況を分析する。
その理由はつぎのとおりである。1950年代末に、戦勝国の占領政策のも
とでの大企業解体を経た再結合をとおして産業集中体制の再編がいったん
完了し、企業間人的結合の再編・成立がすすんだ。しかし、1965年株式
法による1人の人物が保有可能な監査役会ポスト数の制限[4]の影響のもと
で、60年代末には戦後ドイツの役員兼任に基づく企業間人的結合の基本
型が形成されることになり、それがその後に受け継がれ、大きな変化がみ
られるようになる1990年代初頭まで長く維持されてきた。

　考察する人的ネットワークの範囲については、当該個別企業から「距離
2」の企業に限定する。ある企業A社の役員が他社であるB社の役員ポス
トを保有する場合の「距離1」の範囲での兼任と比べると、「距離2」の範
囲で兼任が形成される場合には、B社の役員が兼任ポストを有する第3の
企業であるC社からの情報の入手を媒介としてA社の役員ともその交換・
共有の可能性が生まれることになる。こうして交換・共有される情報の
範囲が広がることによって人的結合の意義はさらに大きなものとなるが、
「距離3」以上のネットワークの場合には、ネットワークの起点となる企
業A社からみると情報のやりとりは一層間接的なものとなり、当該個別企
業をめぐる企業間関係の色彩が弱まることになる。一方、「距離1」の範
囲での兼任の場合には、当該個別企業のみを中心としたネットワークが
対象となるため情報の交換・共有の広がりがもたらされることにはなら
ない。以上の点が、分析対象を「距離2」のネットワークとする理由をな
す[5]。人的ネットワークの分析においては、情報フロー・メディアとして
の機構がどのように築かれているのかという点が重要であり、その意味で
も、「距離2」の範囲で形成されるネットワークの考察が最もふさわしい
といえる。また、ドイツにおいては、銀行と産業企業の間や産業企業間で

の双方向での役員兼任が成立しているケースが多くみられ、これらの兼任役員による第3の企業との兼任関係がある場合には、それがいずれの企業によるものであるのかという点の把握・特定が困難なことが多い。それゆえ、本稿では、兼任の方向性については考慮せずに各社のネットワークの構造を分析していくことにする。

　ドイツの役員兼任による企業間の人的ネットワークについての先行研究については、これまでに多くの重要な研究成果がみられる。しかし、ドイツ資本主義の主要業種・産業の代表的企業の人的結合関係の個別具体的なケースに基づいた分析は少ない。人的ネットワークを定量的に分析した研究が一部でみられるが、本稿で取り上げるような大銀行やドイツ資本主義の基幹産業部門の代表的企業の監査役兼任ネットワークの具体的な実態が十分に明らかにされてきたとは必ずしもいえない[6]。それゆえ、本稿では、「距離2」の範囲で監査役兼任によって形成される人的ネットワークの構造の第2次大戦前と戦後の時期の比較をとおして、人的結合に基づく企業間関係のドイツ的特質と意義の解明を試みる。

　以下では、2.において社会的ネットワーク分析の方法についてみた上で、3.および4.では、第2次大戦前と大戦後のネットワークの構造を考察し、5.では、戦前と戦後の比較を行うなかで本稿の分析から得られる含意を明らかにする。

2. 社会的ネットワーク分析の方法

　まず研究のフレームワークとして、社会的ネットワーク分析の方法についてみておくことにしよう。この分析手法においては、「中心性」と「密度」という2つの概念が重要である。「中心性」は、ネットワークのなかでの個々の企業の重みを明らかにするものであり、企業間関係のつながりのなかである単独の企業がどれだけ多くの他の企業とのつながりがあるかを示すものである。これに対して、「密度」はネットワークを形成している企業の全体構造、ネットワークの性格（まとまりぐあい）を示すものである。

「中心性」は、兼任のある企業数を意味する「隣接度」という指標によって計測される。「隣接度」とは、ある企業が他の企業との兼任関係を築いている企業の数を示すものであり、例えばある企業A社が何社と役員兼任の関係を有しているかという状況を示すものである。「中心性」の高い企業はネットワークのなかでの情報入手の可能性が広がることから、中核的な位置を占める企業の把握によって、ネットワークの情報フロー・メディアにおいて結節点として重要な役割を果たしうる企業とそれの属する業種・産業の特定が可能となる。本稿で考察する「距離2」の範囲で形成される人的ネットワークの場合、ネットワークの起点となる企業およびそれと直接的な兼任関係のある「距離1」の範囲の企業のなかで、そのような役割を果たす企業を把握することによってこうした人的なつながりによる情報バンクとしての機能のメカニズムが明らかになる。

　一方、「密度」とは、企業間関係のつながり（全体構造）の凝集性の強さを測定する指標であり、それは、ありうる人的結合の連結数（ライン総数）に対する実際の連結数（ライン数）の割合で示される。すなわち、実際の連結数を可能な連結数で除したものがそれであり、計算式としては、実際の連結数をL、ネットワークの規模を示す頂点数（構成企業の数）をnとすると、可能な連結数はn（n-1）÷2となるので、密度＝L÷n（n-1）/2という式で表されることになる[7]。ここにいう「可能な連結数」とは、例えば5社が存在する場合にこれらの企業の間で兼任関係が理論上成立しうる結合の件数を意味するものであり、これら5社間で相互に兼任がそれぞれ1件ずつ成立していると仮定したさいの数である。一方、「実際の連結数」とは、上記の5社の間で実際に成立している兼任の数を意味する。それゆえ、後者を前者で除した数値が、企業間のつながりの凝集度を示すことになる。これら5社の間での実際の連結数が3であると仮定した場合、密度＝3÷5×（5-1）/2＝3÷10＝0.3となる。

　以下、3.および4.では第2次大戦前と大戦後の時期における監査役兼任ネットワークの構造について考察を行うことにする。監査役会と取締役会から構成される二層制のトップ・マネジメント構造となっているドイツでは、役員兼任は、ある企業の監査役会メンバーによる他社の監査役会ポス

トの保有あるいは取締役会のポストの保有、ある企業の取締役会メンバーによる監査役会のポストの保有あるいは取締役会のポストの保有といういくつかのかたちがありうる。以下の分析は、監査役会メンバーが他社の監査役会のポストを兼任することによって成立する人的ネットワークを考察するものである。

3. 第2次大戦前の監査役兼任ネットワークの構造

（1）ドレスナー銀行の監査役兼任ネットワークの構造

　3.では、第2次大戦前期にあたる1930年代半ばのナチス期の考察を行う。まず銀行業の企業について、「距離2」の範囲で形成されるドレスナー銀行をめぐる人的ネットワークをみると、監査役兼任ネットワークを構成している同行と「距離1」内の企業（187社）のなかで、兼任関係がみられた企業数である隣接度では（表1参照）、上位10社中、銀行業が2社、保険業が1社であり、これらの金融機関3社を除く7社が非金融企業であった。その産業別の内訳をみると、炭鉱業が2社、鉄鋼業が2社、化学産業が1社、電機産業が1社、その他の産業が1社であった。これらの上位10社の隣接度は246から179の間に分布していた。隣接度が246であり最も高い中心性を示していた企業は、電機産業のAEGであった。鉄鋼業のMitteldeutsche Stahlwerke AG、Vereinigte Stahlwerke AG、銀行業のDeutsche Centralbodenkredit-AG、炭鉱業のRheinische AG für Braunkohlenbergbau und Brikettfabrikationがそれに続いており、それらの隣接度はそれぞれ244、243、229、207となっていた。これらの5社が隣接度でみた上位5位内に位置していた。6位は化学産業のKokswerke und Chemische Fabriken AGであり、その隣接度は199となっていた。7位は保険業のAllianz und Stuttgarter Verein Versicherungs AG（隣接度197）、8位は銀行業のドレスナー銀行（同187）、9位はその他の産業に属するDeutsch-Atlantische Telegrahengesellschaft（同183）、10位は炭鉱業のHarpener Bergbau-AG（同179）であった。上位5社でみると、炭鉱業が1社、鉄鋼業が2社、電機産業が1社、銀行業が1社となっており、銀行が最上位層に位置して

表1 業種・産業別にみたナチス期のドレスナー銀行のネットワークにおける構成企業の「中心性」[1]

業種・産業	企業名	隣接度[2]	隣接度でみた順位
炭鉱業	Rheinische AG für Braunkohlenbergbau und Brikettfabrikation	207	5位
	Harpener Bergbau-AG	179	10位
	Essener Steinkohlenbergwerke AG	150	13位
	Niederschlesische Bergbau-AG	107	30位
	Braunkohlen- und Brikettwerke, Roddergrube AG	99	32位
	Grube Leopold AG	92	37位
鉄鋼業	Mitteldeutsche Stahlwerke AG	244	2位
	Vereinigte Stahlwerke AG	243	3位
	Eisenwerk-Gesellschaft Maximiliamshütte	141	18位
化学産業	Kokswerke und Chemische Fabriken AG	199	6位
	Dynamit AG vormals Alfred Nobel & Co.	142	16位
	Wintershall AG	122	25位
	Kali-Chemie AG	107	30位
	Bayerische Stickstoff-Werke AG	95	35位
電機産業	Allgemeine Elektricitäts-Gesellschaft	246	1位
自動車産業	Adlerwerke vorm. Heinrich Kleyer AG	85	44位
機械産業	AG für Waggonbauwerte（Linke-Hofmann-Busch-Werke AG）	145	15位
	Rheinische Metalwaaren- und Maschinen-Fabrik（Rheinmetall—Borsig）	130	22位
	Waggon- und Maschinenfabrik AG vorm. Busch	90	39位
	Eisenbahn-Verkehrsmittel-AG	90	39位
石油産業	Deutsche Erdöl AG	119	27位
流通業	Gesellschaft für Getreidehandel	126	23位
銀行業	Deutsche Centralbodenkredit-AG	229	4位
	Dresdner Bank[3]	187	8位
	Commerz- und Privat-Bank AG	162	11位
	Allianz und Stuttgarter Lebens-Versicherungsbank AG	146	14位
	Allgemeine Deutsche Creditanstalt	142	16位
	Nordstern Lebensversicherungsbank-AG	138	19位
	Deutsche Hypothekenbank, Meiningen	137	20位
	Reischs-Kredit-Gesellschaft AG	136	21位
	Bank des Berliner Kassenvereins	109	28位
	Bank für Brau-Industrie	108	29位
	Deutsche Bau- und Bodenbank AG	92	37位
	Bayerische Vereinsbank	89	41位

保険業	Allianz und Stuttgarter Verein Versicherungs AG	197	7位
	Gerling-Konzern Lebensversicherungs-AG	126	23位
電力業・ガス産業・エネルギー産業	Elektricitäts-Lieferungs-Gesellschaft mbH	153	12位
	Schlesische Elektricitäte- und Gas-AG	88	43位
	Brandenburgische Elektricitäte-, Gas-und Wasserwerke AG	85	44位
交通業	Norddeutscher Lloyd	99	32位
	Hamburg-Amerika Linie（Hamburg-Amerikanische Packetfahrt-AG）	89	41位
その他の産業	Deutsch-Atlantische Telegraphengesellschaft	183	9位
	Universum-Film AG	120	26位
	Hotelbetriebs-AG（Bistol,Kaiserhof, Bellevue, Balfie,Central-Hotel）	99	32位
	Deutsche Gesellschaft für öffentliche Arbeit AG	95	35位
	Portland-Zementwerke Dyckerhoff-Wicking AG（Mainz-Amöneburg）	85	44位

注： 1）Dresdner Bankと距離1の範囲でのその兼任先企業をあわせた188社のうち、隣接度でみた上位企業の約4分の1をリストアップしたもの。
　　 2）中心性は、兼任のみられる企業数である隣接度によって測定される。
　　 3）下線を引いた企業は、このネットワークの起点となる企業であるDresdner Bank。
出所：J.Mossner（Hrsg.）, *Adressbuch der Direktoren und Aufsichtsräte 1936*, Bd.I, Nach Personen geordnet, Finanz-Verlag,Berlin, 1936, Dresdner Bank, *Geschäftsbericht*, 各年度版、*Handbuch der deutschen Aktien-Gesellschaften*, 各年度版を基に筆者作成。

いた。このように、上位5社には銀行業の企業のほか基幹産業部門の企業もみられた。

　また隣接度でみた上位11位から20位の企業をみると、炭鉱業が1社、鉄鋼業が1社、化学産業が1社、機械産業が1社、銀行業が5社、電力業・ガス産業・エネルギー産業が1社となっていた。これら10社の隣接度は162から137の間に分布しており、人的結合のみられた企業数は非常に多かった。11位は銀行業のコメルツ銀行（Commerz- und Privat-Bank AG）（隣接度162）、12位は電力業・ガス産業・エネルギー産業のElektricitäts-Lieferungs-Gesellschaft mbH（同153）、13位は炭鉱業のEssener Steinkohlenwerkwerke AG（同150）、14位は銀行業のAllianz und Stuttgarter Lebensvericherungsbank AG（同146）、15位は機械産業のAG für Waggonbauwerte AG（Linke-Hofmann-Busch-Werke）（同145）であった。16位は化学産業のDynamit AG vormals Alfred Nobel & Co.と銀行業のAllgemeine Deutsche Creditanstaltの2社であり、いずれも隣接度は142で

133

あった。18位は鉄鋼業企業であるEisenwerk-Gesellschaft Maximiliamshütte（同141）、19位は銀行のNordstern Lebensversicherugsbank-AG（同138）、20位は銀行業のDeutsche Hypothekenbank,Meiningen-Weimar（同137）であった。なかでも、第11位にドレスナー銀行とは競争関係にあるコメルツ銀行が位置していたという点が特徴的であり、このことは、両行の間での役員兼任による情報の交換・共有の可能性のみならず、ネットワークをとおした情報フローにおいても重要な意味をもつものであったといえる。

　以上をふまえていえば、上位20位中、炭鉱業が3社（5位、10位、13位）、鉄鋼業が3社（2位、3位、18位）、化学産業が2社（6位、16位）、電機産業が1社（1位）、機械産業が1社（15位）、銀行業が7社（4位、8位、11位、14位、16位、19位、20位）、保険業が1社（7位）、電力業・ガス産業・エネルギー産業が1社（12位）、その他の産業が1社（9位）となっていた。このように、上位20社のなかでは、銀行業の企業が7社と最も多く、他の産業の企業の数と比べるとはるかに多かった。銀行業以外では、炭鉱業の企業の数が多かった。上位11位から20位に位置する10社のいずれをみても、人的結合のみられた企業数は非常に多かったことが特徴的である。

　このように、上位20位でみると銀行の数は多かったが、上位5社内でみると1社、10位内でみても2社であり、上位10社という最上位層に占める銀行の数が多いわけではなかった。そのうちの1社はドレスナー銀行自体（8位）であり、同行は自らの監査役兼任ネットワークのなかで中心性の高い企業に属していた。1位に位置していた電機産業のAEG、2位に位置していた鉄鋼業のMitteldeutsche　Stahlwerke AG、3位に位置していた鉄鋼業のVereinigte Stahlwerke AG、5位に位置していた炭鉱業のRheinische AG für Braunkohlenbergbau und Brikettfabrikation、6位に位置していた化学産業のKokswerke und Chemische Fabriken AGなど、ドイツ資本主義の基幹産業部門の代表的企業が上位に位置していた。しかも、5位内に入る各企業の隣接度はいずれも200以上であり、10位の炭鉱業のHarpener Bergbau AGをみても隣接度は179となっており、人的結合のある企業の数は非常に多かった。このように、最も多くの企業との人的な結びつきによって情報フローの結節点としての役割において大きな位置を占める最上位の隣接度を

示す企業としては、鉄鋼業、化学産業、電機産業、自動車産業などの基幹産業門における最有力企業の占める位置が高かったといえる。

　一方、ネットワークの全体的な性格を示す「凝集性」を「密度」という指標で測定すると、密度は0.0038978であった。ドレスナー銀行の監査役会メンバーによる「距離1」の範囲での兼任がみられた企業数は187社であったが、「距離2」の範囲でのネットワークに属する企業は総数2,331社であり、「距離2」の範囲で構成されるネットワークにおける頂点数は非常に多かった[8]。

(2)　合同製鋼の監査役兼任ネットワークの構造

　また鉄鋼業の合同製鋼についてみると、監査役兼任ネットワークを構成している同社と「距離1」の範囲内に位置する企業（243社）について、兼任関係がみられた企業数である隣接度をみると（表2参照）、上位10社中、銀行業が3社みられ、これらの金融機関3社を除く7社が非金融企業であった。その産業別の内訳をみると、炭鉱業が1社、鉄鋼業が2社、化学産業が1社、電機産業が1社、自動車産業が1社、電力業・ガス産業・エネルギー産業が1社あった。これらの上位10社の隣接度は254から187の間に分布しており、人的結合のある企業数は非常に多かった。隣接度が254であり最も高い中心性を示していた企業は、銀行業のドイツ銀行（Deutsche Bank und Disconto-Gesellschaft）であった。電機産業のAEG、鉄鋼業のMitteldeutsche Stahlwerke AG、Vereinigte Stahlwerke AG、銀行業のDeutsche Centralbodenkredit-AGがそれに続いており、それらの隣接度はそれぞれ246、244、243、229となっていた。このように、合同製鋼のネットワークでは自社の中心性は非常に高いものであった。これらの企業が隣接度でみた上位5位内に位置していた。6位は炭鉱業のRheinische AG für Braunkohlenbergbau und Brikettfabrikationであり、その隣接度は207となっていた。7位は電力業・ガス産業・エネルギー産業のRheinisch-Westfälisches Elektrizitätswerk AG（隣接度202）、8位は化学産業のKokswerke und Chemische Fabriken AG（同199）となっていたが、9位は自動車産業のDaimler-Benz AG（同191）であった。10位は銀行業Dresdner

表2 業種・産業別にみたナチス期の合同製鋼のネットワークにおける構成企業の「中心性」[1]

業種・産業	企業名	隣接度[2]	隣接度でみた順位
炭鉱業	Reinische AG für Braunkohlenbergbau und Brikettfabrikation	207	6位
	Rheinisch-Westfälisches Kohlen-Syndikat	184	11位
	Harpener Bergbau-AG	179	13位
	Essener Steinkohlenbergwerke AG	150	21位
	Gelsenkirchener Bergwerks-AG	149	23位
鉄鋼業	Mitteldeutsche Stahlwerke AG	244	3位
	Vereinigte Stahlwerke AG[3]	243	4位
	Mannesmannröhren-Werke	157	18位
	Ruhrstahl AG	143	28位
	Deutsche Edelstahlwerke AG	141	30位
	Eisenwerk-Gesellschaft Maximiliamshütte	141	30位
	Mansfeld AG für Bergbau und Hüttenbetrieb	139	32位
金属産業・金属加工業	Metallgesellschaft AG	144	26位
	AG für Bergbau, Blei- und Zinkfabrikation zu Stollberg	133	35位
化学産業	Kokswerke und Chemische Fabriken AG	199	8位
	Dynamit AG vormals Alfred Nobel & Co.	142	29位
	A.Riebeck'sche Montanwerke	133	35位
電機産業	Allgemeine Elektricitäts-Gesellschaft	246	2位
	Gesellschaft für elektrische Unternehmungen—Ludwig. Loewe & Co. AG	175	14位
自動車産業	Daimler-Benz AG	191	9位
機械産業	AG für Waggonbauwerte（Linke-Hofmann-Busch-Werke AG）	145	25位
	DEMAG AG	132	37位
	Rheinische Metalwaaren- und Maschinenfabrik（Rheinmetall—Borsig）	130	38位
銀行業	Deutsche Bank und Disconto-Gesellschaft	254	1位
	Deutsche Centralbodenkredit-AG	229	5位
	Dresdner Bank	187	10位
	Commerz- und Privat-Bank AG	162	16位
	Deutsch-Asiatische Bank	160	17位
	Sächsische Bodencreditanstalt	150	21位
	Allianz und Stuttgarter Lebensversicherungsbank AG	146	24位
	Reichs-Kredit-Gesellschaft AG	136	33位
	Berliner Handels-Gesellschaft	130	38位
	Rheinisch-Westfälische Boden-Credit-Bank	126	40位

電力業・ガス産業・エネルギー産業	Rheinsich-Westfälisches Elektrizitätswerk AG	202	7位
	Ruhrgas AG	180	12位
	Berliner Kraft und Licht（Bewag）AG	171	15位
	Elektricitäts-Lieferungs-Gesellschaft mbH	153	19位
	Preußische Elektrizitäts-AG	152	20位
その他の産業	Feldmühle,Papier- und Zellstoffwerke AG	144	26位
	Dresdner Chromo-Kunstdruch-Papierfabrik	135	34位

注：1）Vereinigte Stahlwerke AGと距離1の範囲でのその兼任先企業をあわせた244社のうち、隣接度でみた上位企業の約6分の1をリストアップしたもの。
　　2）中心性は、兼任のみられる企業数である隣接度によって測定される。
　　3）下線を引いた企業は、このネットワークの起点となる企業であるVereinigte Stahlwerke AG。
出所：J.Mossner（Hrsg.）, *a. a. O.*, Vereinigte Stahlwerke AG, *Geschäftsbericht*, 各年度版, *Handbuch der deutschen Aktien-Gesellschaften*, 各年度版を基に筆者作成。

Bankであり、その隣接度は187であった。上位5社でみると、銀行業が2社、鉄鋼業が2社、電機産業が1社となっており、銀行業のほか合同製鋼と同業種の鉄鋼業において最上位層に位置する企業の数が多かった。

　また隣接度でみた上位11位から20位の企業には、炭鉱業が2社、鉄鋼業が1社、電機産業が1社、銀行業が2社、電力業・ガス産業・エネルギー産業が4社存在していた。これら11社の隣接度は184から152の間に分布しており、人的結合のみられた企業数は非常に多かった。11位は炭鉱業のRheinisch-Westäflisches Kohlen-Syndikat（隣接度184）、12位は電力業・ガス産業・エネルギー産業のRuhrgas AG（同180）、13位は炭鉱業のHarpener Bergbau-AG（同179）、14位は電機産業のGesellschaft für elektrische Unternehmungen—Ludwig.Loewe & Co.AG（同175）、15位は電力業・ガス産業・エネルギー産業の Berliner Kraft und Licht（Bewag）AG（同171）であった。16位は銀行業のCommerz- und Privat-Bank AG（隣接度162）、17位は銀行業のDeutsch-Asiatische Bank（同160）、18位は鉄鋼業のMannesmannröhren-Werke（同157）、19位は電力業・ガス産業・エネルギー産業のElektricitäts-Lieferungs-Gesellschaft mbH（同153）であった。20位には電力業・ガス産業・エネルギー産業のPreußische Elektrizitäts-AGが位置しており、その隣接度は152であった。

　以上をふまえていえば、上位20位内に位置する企業の属する産業では、

炭鉱業が3社（6位、11位、13位）、鉄鋼業が3社（3位、4位、18位）、化学産業が1社（8位）、電機産業が2社（2位、14位）、自動車産業が1社（9位）、銀行業が5社（1位、5位、10位、16位、17位）、電力業・ガス産業・エネルギー産業が5社（7位、12位、15位、19位、20位）となっていた。銀行業の企業と同様に、電力業・ガス産業・エネルギー産業、鉄鋼業、炭鉱業の企業の数が多かった。上位11位から20位までの10社のいずれをみても、人的結合のみられた企業数は非常に多かったことが特徴的である。

　このように、ドイツ銀行が隣接度において1位に、Deutsche Centralbodenkredit-AGが5位に位置するなど、5位内の最上位層に銀行が位置していたことが特徴的である。しかし、2位には電機産業のAEG、3位と4位にはそれぞれ鉄鋼業のMitteldeutsche Stahlwerke AGとVereinigte Stahlwerke AG、6位には炭鉱業のRheinische AG für Braunkohlenbergbau und Brikettfabrikationなど、ドイツ資本主義の基幹産業部門の代表的企業が上位に位置していた。7位内に入る各企業の隣接度はいずれも200を超えており、人的結合がみられた企業の数が圧倒的に多かった。この点を考えても、最も多くの企業との人的な結びつきによって情報フロー・メディアの結節点としての役割において大きな位置を占める最上位の隣接度を示す企業としては、鉄鋼業、化学産業、電機産業、自動車産業などの基幹産業門における最有力企業や電力業・ガス産業・エネルギー産業の企業の占める位置が高かったといえる。

　また監査役兼任によるネットワーク全体の性格を示す凝集性についてみると、それは密度の尺度によって測定される。合同製鋼のネットワークの密度は0.004942であった。同社の監査役会メンバーによる「距離1」の範囲での兼任がみられた企業数は243社、「距離2」の範囲でのネットワークを構成する企業の総数は2,551社であり、「距離2」の範囲で構成されるネットワークにおける頂点数は非常に多く[9]、ドレスナー銀行の場合の2,331社と比べても多かった。

（3）IGファルベンの監査役兼任ネットワークの構造
　つぎにIGファルベンについてみると、監査役兼任ネットワークを構成

している同社と「距離1」の範囲内の企業（87社）のなかで、兼任関係がみられた企業数である隣接度では（表3参照）、上位10社（10位に同順位の企業が2社存在するため11社）中、銀行業が3社、保険業が1社であり、これらの金融機関4社を除く7社が非金融企業であった。その産業別の内訳をみると、炭鉱業が2社、鉄鋼業が1社、金属産業・金属加工業が2社、化学産業が2社であった。これらの上位10社の隣接度は254か

表3　業種・産業別にみたナチス期のIGファルベンのネットワークにおける構成企業の「中心性」[1]

業種・産業	企業名	隣接度[2][3]	隣接度でみた順位
炭鉱業	Rheinisch-Westfälisches Kohlen-Syndikat	184	4位
	Essener Steinkohlenbergwerke AG	150	6位
鉄鋼業	Vereinigte Stahlwerke AG	243	2位
	Buderus'sche Eisenwerke	97	18位
金属産業・金属加工業	Metallgesellschaft AG	144	7位
	AG für Bergbau, Blei- und Zinkfabrikation zu Stollberg	133	10位
化学産業	Dynamit AG vormals Alfred Nobel & Co.	142	8位
	A.Riebeck'sche Montanwerke	133	10位
	Kali-Chemie AG	107	15位
電機産業	Felten und Guilleaume Carlswerk AG	114	13位
	Accumulatorenfabrik AG	99	16位
繊維・紡績・織物産業	Kammgarnspinnerei Stöhr & Co. AG	94	19位
銀行業	Deutsche Bank und Disconto-Gesellschaft	254	1位
	Deutsch-Asiatische Bank	160	5位
	Allgemeine Deutsche Credit-Anstalt	142	8位
	Rheinisch-Westfälische Boden-Credit-Bank	126	12位
	Deutsche Ueberseeische Bank	99	16位
	Industriefinanzierungs-AG Ost	93	20位
保険業	Allianz und Stuttgarter Verein Versicherungs-AG	197	3位
その他の産業	Rheinisch-Westäflische Kalkwerke AG	114	13位

注：1) IG Farbenindustrie AGと距離1の範囲でのその兼任先企業をあわせた88社のうち、隣接度でみた上位企業の約4分の1をリストアップしたもの。
　　2) 中心性は、兼任のみられる企業数である隣接度によって測定される。
　　3) このネットワークの起点となる企業であるIG Farbenindustrie AGの隣接度は87。
出所：J.Mossner（Hrsg.）, *a. a. O.*, IG Farbenindustrie AG, *Geschäftsbericht*, 各年度版, *Handbuch der deutschen Aktien-Gesellschaften*, 各年度版を基に筆者作成。

ら133の間に分布していた。隣接度が254であり最も高い中心性を示していた企業は、銀行業の Deutsche Bank und Disconto-Gesellschaft であった。鉄鋼業の Vereinigte Stahlwerke AG 、保険業の Allianz und Stuttgarter Verein Versicherungs-AG、炭鉱業の Rheinisch-Westfälische Kohlen-Syndikat 、銀行業の Deutsch-Asiatische Bank がそれに続いており、それらの隣接度はそれぞれ243、197、184、160となっていた。これらの5社が隣接度でみた上位5位内に位置していた。6位は炭鉱業の Essener Steinkohlenbergwerke AG（隣接度150）、7位は金属産業・金属加工業の Metallgesellschaft AG （同144）となっていた。8位は化学産業の Dynamit AG vormals Alfred Nobel & Co. と銀行業の Allgemeine Deutsche Credit-Anstalt であり、それらの隣接度はともに142であった。10位には金属産業・金属加工業の AG für Bergbau,Blei- und Zinkfabrikation zu Stollberg、化学産業の A.Riebeck'sche Montanwerke が位置しており、それらの隣接度はともに133であった。上位5社でみると、炭鉱業が1社、鉄鋼業が1社、銀行業が2社、保険業が1社となっており、銀行が最上位層に位置していたこと、金融機関の高い中心性を示していたことが特徴的である。

　また隣接度でみた上位11位から20位の企業（10位に2社存在するため12位から20位までの9社）では、鉄鋼業が1社、化学産業が1社、電機産業が2社、繊維・紡績・織物産業が1社、銀行業が3社、その他の産業が1社となっていた。隣接度は126から93の間に分布しており、人的結合のみられた企業数は、合同製鋼のネットワークの場合と比較すると少なかった。12位は銀行業の Rheinisch-Westfälische Boden-Credit-Bank （隣接度126）であったが、13位には電機産業の Felten und Guilleaume Carlswerk AG とその他の産業に属する Rheinisch-Westäflische Kalkwerke AG が位置しており、それらの隣接度はいずれも114であった。15位は化学産業の Kali-Chemie AG であり、その隣接度は107であったが、16位は電機産業の Accumulatorenfabrik-AG と銀行業の Deutsche Ueberseeische Bank であり、これら2社の隣接度はともに99であった。18位は鉄鋼業の Buderus'sche Eisenwerke （隣接度97）、19位は繊維・紡績・織物産業の Kammgarnspinnerei Stöhr & Co. AG （同94）、20位は銀行業の

Industriefinanzierungs-AG Ost（同93）であった。なお、IGファルベンの隣接度は87であり、上位20位内には位置していなかった。

　したがって、上位20位中、炭鉱業が2社（4位、6位）、鉄鋼業が2社（2位、18位）、金属産業・金属加工業が2社（7位、10位）、化学産業が3社（8位、10位、15位）、電機産業が2社（13位、16位）、繊維・紡績・織物が1社（19位）、銀行業が6社（1位、5位、8位、12位、16位、20位）、保険業が1社（3位）、その他の産業が1社（13位）となっていた。銀行業の企業が最も多かったが、化学産業の企業の数も多かった。上位20位に位置する企業の隣接度は93となっており、人的結合のみられた企業数は多かったが、合同製鋼のネットワークの場合の数値である152と比べるとかなり少なかった。

　このように、上位5位、10位、20位のいずれでみても、銀行の隣接度は高い数値となっていた。銀行は上位5社内では2社、10位内では3社であり、上位10社という上位層に占める銀行の数は多く、保険業を含む金融部門の企業が最上位層に占める割合は高かった。鉄鋼業のVereinigte Stahlwerke AG、炭鉱業のRheinisch-Westfälisches Kohlen-Syndikat、化学産業のDynamit AG vormals Alfred Nobel & Co.、金属産業・金属加工業のMetallgesellschaft AGのような当時のドイツの基幹産業部門の最も代表的な企業が高い「中心性」を示していたが、合同製鋼のネットワークと比べても、情報フロー、情報メディアの結節点として果たす金融機関の役割、その意義は大きかった。

　また監査役兼任のネットワーク全体の性格を示す凝集性についてみると、それは密度の尺度によって測定される。IGファルベンのネットワークの密度は0.0044466であった。同社の監査役会メンバーによる「距離1」の範囲での兼任がみられた企業数は87社であったが、「距離2」の範囲でのネットワークに属する企業は総数1,586社であり、合同製鋼の場合の総数2,551社よりはかなり少なかった[10]。

4. 第2次大戦後の監査役兼任ネットワークの構造

(1) ドレスナー銀行の監査役兼任ネットワークの構造

つぎに、第2次大戦後について1960年代末の状況をみると、ドレスナー銀行のネットワークでは、それを構成している同行と「距離1」の範囲内に位置する企業（58社）のうち兼任のある企業数である「隣接度」の順位では（表4参照）、上位10社中、銀行業が1社、保険業が3社であり、こ

表4 業種・産業別にみた1965年株式法後の1960年代末のドレスナー銀行のネットワークにおける構成企業の「中心性」[1]

業種・産業	企業名	隣接度[2]	隣接度で みた順位
炭鉱業	Gelsenkirchener Bergwerks-AG	45	16位
鉄鋼業	August-Thyssen-Hütte AG	56	9位
	Mannesmann AG	54	11位
	Rasselstein AG	36	23位
金属産業・金属加工業	Metallgesellschaft AG	57	8位
化学産業	Degussa AG	65	3位
	Chemische Werke Hüls AG	45	16位
	Ruhrchemie AG	33	25位
	Hoechst AG	33	25位
電機産業	Allgemeine Elektricitäts-Gesellschaft AEG-Telefunken	81	1位
	Siemens AG	63	4位
	Brown, Boveri & Cie AG	42	19位
自動車産業	Volkswagenwerk AG	46	14位
	AUDI NSU AUTO UNION AG	46	14位
機械産業	DEMAG AG	44	18位
流通業	Handelsunion AG	48	12位
銀行業	Dresdner Bank AG[3]	58	7位
	Frankfurter Hypothekenbank	42	19位
	Bank für Handel und Industrie	32	28位
保険業	Allianz Versicherungs-AG	62	5位
	Münchener Rückversicherungs-Gesellschaft	61	6位
	Allianz Lebensversicherungs-AG	56	9位
	Hermes Kreditversicherungs-AG	48	12位
	Karlsruher Lebensversicherung A.-G.	33	25位

電力業・ガス産業・エネルギー産業	Rheinisch-Westfälisches Elektrizitätswerk AG	77	2位
	Hamburgische Elektricitäts-Werke AG	42	19位
交通業	Hamburg-Amerika Linie（Hamburg-Amerikanische Packetfahrt-AG）	36	23位
その他の産業	Chemie-Verwaltungs-AG	37	22位
	Dolomitwerke GmbH	31	29位

注：1) Dresdner Bank AGと距離1の範囲での兼任先企業をあわせた59社のうち、隣接度
　　でみた上位企業を約半数リストアップしたもの。
　　2) 中心性は、兼任のみられる企業数である隣接度によって測定される。
　　3) 下線を引いた企業は、このネットワークの起点となる企業であるDresdner Bank
　　AG。
出所：山崎敏夫『ドイツの企業間関係——企業間人的結合の構造と機能——』森山書店、
　　2019年、表7－2「ドレスナー銀行のネットワークにおける構成企業の『中心性』」
　　（312ページ）より加筆修正の上掲載。

れらの金融機関4社を除く6社が非金融企業であった。その産業別の内訳
をみると、鉄鋼業が1社、金属産業・金属加工業が1社、化学産業が1社、
電機産業が2社、電力業・ガス産業・エネルギー産業が1社であった。こ
れらの上位10社の隣接度は81から56の間に分布していた。隣接度が81で
あり最も高い中心性を示していた企業は、電機産業のAEGであった。電
力業・ガス産業・エネルギー産業のRheinisch-Westfälisches Elektrizitätswerk
AG（隣接度77）、化学産業のDegussa AG（同65）、電機産業のSiemens AG
（同63）、保険業のAllianz Versicherungs-AG（同62）、保険業のMünchener
Rückversicherungs-Gesellschaft（同61）がそれに続いていた。ドレスナー
銀行の隣接度は58であり、第7位に位置していたが、金属産業・金属加
工業のMetallgesellschaft AGの隣接度は57、鉄鋼業のAugust-Thyssen-Hütte
AGと保険業のAllianz Lebensversicherungs-AGのそれはともに56であった。
また上位5社でみると、電機産業が2社、化学産業が1社、保険業が1社、
電力業・ガス産業・エネルギー産業が1社となっていた。

　このように、上位5社のなかに銀行は存在せず、上位10社でみても、銀
行業の隣接度の数値が非常に高いというわけではなく、銀行が上位の多く
を占めているということではなかった。情報の結節点としての役割におい
て大きな意味をもつ最上位の隣接度を示す企業としては、むしろ、電機産
業、化学産業のような銀行以外の産業企業、電力業・ガス産業・エネル

ギー産業の企業が重要な位置を占めていた。

　また上位20社（19位に同じ順位の企業が3社存在するため21社）でみても、銀行は7位と19位の2社のみであった。銀行業以外では、炭鉱業が1社（16位）、鉄鋼業が2社（9位、11位）、金属産業・金属加工業が1社（8位）、化学産業が2社（3位、16位）、電機産業が3社（1位、4位、19位）、自動車産業が2社（いずれも14位）、機械産業が1社（18位）、流通業が1社（12位）、保険業が4社（5位、6位、9位、12位）、電力業・ガス産業・エネルギー産業が2社（2位、19位）となっていた。

　一方、監査役兼任のネットワーク全体の性格を示す凝集性についてみると、それは密度の尺度によって測定される。密度は0.0086884であった。ドレスナー銀行の監査役会メンバーによる「距離1」の範囲での兼任がみられた企業数は58社であったが、「距離2」の範囲でのネットワークに属する企業は総数622社[11]であり、「距離2」の範囲で構成されるネットワークにおける頂点数は非常に多かった。

（2）マンネスマンの監査役兼任ネットワークの構造

　またマンネスマンについてみると、監査役兼任ネットワークを構成している同社と「距離1」内の企業（54社）のなかで、兼任関係がみられた企業数である隣接度では（表5参照）、上位10社中、銀行業が2社、保険業が2社であり、これらの金融機関4社を除く6社が非金融企業であった。その産業別の内訳をみると、電機産業が2社、炭鉱業が1社、鉄鋼業が1社、化学産業が1社、電力業・ガス産業・エネルギー産業が1社であった。これらの上位10社の隣接度は81から54の間に分布していた。隣接度が81であり最も高い中心性を示していた企業は電機産業のAEGであったが、第2位は銀行業のDeutsche Ueberseeische Bankであり、その隣接度は80であった。炭鉱業のPreußag AGの隣接度は74、化学産業のDegussa AGのそれは65、電機産業のSiemens AGのそれは63、保険業のAllianz Versicherungs-AGのそれは62、Münchener Rückversicher Gesellschaftのそれは61であった。銀行業のDresdner Bank AGと電力業・ガス産業・エネルギー産業のBergmann-Elektricitäts-Werke AGの隣接度はいずれも58であった。マンネ

表5 業種・産業別にみた1965年株式法後の1960年代末のマンネスマンのネット
ワークにおける構成企業の「中心性」[1]

業種・産業	企業名	隣接度[2]	隣接度で みた順位
炭鉱業	Preußag AG	74	3位
鉄鋼業	Mannesmann AG[3]	54	10位
	Otto Wolff AG	44	17位
化学産業	Degussa AG	65	4位
	Bayer AG	45	14位
	Chemische Werke Hüls AG	45	14位
	Hoechst AG	33	27位
	Schering AG	33	27位
	Ruhrchemie AG	33	27位
電機産業	Allgemeine Elektricitäts-Gesellschaft AEG-Telefunken	81	1位
	Siemens AG	63	5位
自動車産業	Volkswagenwerk AG	46	13位
機械産業	DEMAG AG	44	17位
石油産業	Deutsche Erdöl AG	34	26位
銀行業	Deutsche Ueberseeische Bank	80	2位
	Dresdner Bank AG	58	8位
	Investitions- und Handels-Bank	53	11位
	Deutsche Hypothekenbank AG	50	12位
	Berliner Disconto Bank	45	14位
	Berliner Handels-Bank AG	35	25位
保険業	Allianz Versicherungs-AG	62	6位
	Münchener Rückversicherungs-Gesellschaft	61	7位
電力業・ ガス産業・ エネルギー産業	Bergmann-Elektricitäts-Werke AG	58	8位
	Deutsche Continental-Gas-Gesellschaft	43	21位
	Hamburgische Elektricitäts-Werke AG	42	22位
	Kraftübertragungswerke Rheinfelden	36	24位
交通業	Allgemeine Lokalbahn- und Kraftwerke-AG	44	17位
その他の 産業	Strabag Bau-A.G	44	17位
	Deutsche Gesellschaft für wirtschaftliche Zusammenarbeit (Entwicklungsgesellschaft) MBH	41	23位

注：1) Mannesmann AGと距離1の範囲での兼任先企業をあわせた55社のうち、隣接度で
　　　みた上位企業を約半数リストアップしたもの。
　　2) 中心性は、兼任のみられる企業数である隣接度によって測定される。
　　3) 下線を引いた企業は、このネットワークの起点となる企業であるMannesmann
　　　AG。
出所：山崎、前掲書、表8-3「マンネスマンのネットワークにおける構成企業の『中心性』」
　　　（330ページ）より加筆修正の上掲載。

スマンの隣接度は54であり、同社は10位に位置していた。また上位5社でみると、電機産業が2社、炭鉱業が1社、化学産業が1社、銀行業が1社となっていた。

このように、上位10社でみると銀行は2社存在していたが、上位5社のなかでは銀行は1社のみであった。企業間の人的ネットワークの機能という面に関して情報の集積・ネットワーク、情報フローの結節点・メディアという点においてとくに重要な位置を占める最上位層の企業という点では、その中核をなす企業に銀行が並ぶというわけでは必ずしもなかった。上位20社でみると、銀行は2位、8位、11位、12位、14位の5社であった。銀行業以外では、化学産業が3社（4位、14位、14位）、鉄鋼業が2社（10位、17位）、電機産業が2社（1位、5位）、保険業が2社（6位、7位）、炭鉱業が1社（3位）、自動車産業が1社（13位）、機械産業が1社（17位）、電力業・ガス産業・エネルギー産業が1社（8位）、交通業が1社（17位）、その他の産業が1社（17位）となっていた。

また監査役兼任のネットワーク全体の性格を示す凝集性についてみると、それは密度の尺度によって測定される。密度は0.0080787であった。マンネスマンの監査役会メンバーによる「距離1」の範囲での兼任がみられた企業数は54社であったが、「距離2」の範囲でのネットワークに属する企業は総数650社であり[12]、ドレスナー銀行の場合の総数622社よりはやや多かった。

(3) バイエルの監査役兼任ネットワークの構造

さらにバイエルをみると、監査役兼任ネットワークを構成している同社と「距離1」内の企業（45社）のなかで、兼任関係がみられた企業数である隣接度では（表6参照）、上位10社中、銀行業が3社、保険業が2社であり、これらの金融機関5社を除く5社が非金融企業であった。産業別の内訳をみると、炭鉱業が1社、鉄鋼業が1社、電機産業が1社、機械産業が1社、電力業・ガス産業・エネルギー産業が1社であった。これらの上位10社の隣接度は80から54の間に分布していた。隣接度が80であり最も高い中心性を示していた企業は、銀行業の Deutsche Ueberseeische Bank

表6　1965年株式法後の1960年代末におけるバイエルのネットワークにおける構成企業の「中心性」[1]

業種・産業	企業名	隣接度[2]	隣接度でみた順位
炭鉱業	Preußag AG	74	2位
鉄鋼業	Mannesmann AG	54	9位
	Rheinische Stahlwerke	45	13位
	Otto Wolff AG	44	17位
化学産業	Bayer AG[3]	45	13位
電機産業	Siemens AG	63	4位
機械産業	Maschinenbau-AG, Balcke	58	7位
	DEMAG AG	44	17位
繊維・紡績・織物産業	Deutsche Linoleum-Werke AG	46	12位
	Girmes-Werke AG	45	13位
銀行業	Deutsche Ueberseeische Bank	80	1位
	Deutsche Bank AG	65	3位
	Commerzbank AG	54	9位
	Berliner Disconto Bank	45	13位
保険業	Allianz Versicherungs-AG	62	5位
	Münchener Rückversicherungs-Gesellschaft	61	6位
電力業・ガス産業・エネルギー産業	Bergmann-Elektricitäts-Werke AG	58	7位
	Nordwestdeutsche Kraftwerke AG	42	20位
交通業	VTG（Vereinigte Tanklager und Transportmittel GmbH）	50	11位
その他の産業	Strabag Bau-A.G	44	17位

注：1）Bayer AGと距離1の範囲での兼任先企業をあわせた46社のうち、隣接度でみた上位企業を半数リストアップしたもの。
　　2）中心性は、兼任のみられる企業数である隣接度によって測定される。
　　3）下線を引いた企業は、このネットワークの起点となる企業であるBayer AG。
出所：山崎、前掲書、表8-10「バイエルのネットワークにおける構成企業の『中心性』」（350ページ）より加筆修正の上掲載。

であった。炭鉱業のPreußag AG（隣接度74）、銀行業のDeutsche Bank AG（同65）、電機産業のSiemens AG（同63）、保険業Allianz Versicherungs-AG（同62）、保険業のMünchener Rückversicherngs-Gesellschaft（同61）がそれに続いており、上位に位置していた。さらに機械産業のMaschinenbau-AG, Balckeと電力業・ガス産業・エネルギー産業のBergmann Elektricitäts-Werke AGの2社の隣接度はいずれも58であり、両社はともに7位に位置していた。銀行業のCommerzbank AGと鉄鋼業のMannesmann AGの隣接度はいずれも54であり、ともに9位であった。なおバイエルの隣接度は45

であり、13位に位置していた。また上位5社でみると、銀行業が2社、保険業が1社、炭鉱業が1社、電機産業が1社となっており、5社のうち金融機関が3社を占めており、その中心性が高かった。

このように、上位5社と10社のいずれでみても、銀行業や保険業の企業の隣接度の数値は相対的に高くなっていた。上位10社中の銀行の順位は1位、3位、9位であり、銀行はネットワークのなかで最も多くの企業との人的な結びつきを有していた企業に属していた。その意味でも、情報の集積や結節点としての位置という点でみると、銀行は炭鉱業や電機産業のような産業企業とともに大きな位置を占めていたといえる。

また監査役兼任のネットワーク全体の性格を示す凝集性についてみると、それは密度の尺度によって測定される。密度は0.0083139であった。バイエルの監査役会メンバーによる「距離1」の範囲での兼任がみられた企業数は45社、「距離2」の範囲でのネットワークに属する企業は総数601社であり[13]、ドレスナー銀行の622社、マンネスマンの場合の650社と比べてもあまり大きな差はなかった。

5. 戦前と戦後の監査役兼任ネットワークの特徴

以上の考察をふまえて、監査役兼任ネットワークの戦前と戦後の比較をとおして、ドイツの企業間関係の特徴を明らかにしていく。ネットワークの凝集性をみると、密度の数値は戦後（ドレスナー銀行：0.0086884、マンネスマン：0.0080787、バイエル：0.0083139）には戦前（ドレスナー銀行：0.0038978、合同製鋼：0.004942、IGファルベン：0.0044466）よりも高く、凝集性は強かった。

戦前と戦後の両時期において、銀行のネットワークの凝集性が産業企業のそれと比べ強いというわけでは必ずしもなかった。産業企業の場合でも、「距離1」の範囲での兼任に銀行が含まれることによって「距離2」の範囲でのネットワークの構成企業がある程度類似していたことが、そのような状況と関係している。

また中心性に関して、ネットワークを構成する当該企業および距離1の

範囲での兼任のある企業のなかでは、戦前期には、ドレスナー銀行と合同製鋼のネットワークにおいて、電機産業のAEGは高い中心性を示していたことが特徴的であるが、合同製鋼も自社のネットワークにおいて非常に高い中心性を示す企業となっていた。ドレスナー銀行は自行と合同製鋼のネットワークでは隣接度でみて上位10社内に入ってはいたが、IGファルベンのそれでは上位に位置しておらず、この点、ドレスナー銀行、合同製鋼のネットワークの場合とは対照的である。

　第2次大戦前には、兼任先の会社数が多い企業が多数存在していたことも、重要な特徴を示している。戦前には戦後のようには企業集中が進んでいなかったこと、カルテルが合法とされていた[14]ということもありそのような企業集中形態と比べ企業合同は少なかったことなどが、兼任関係のみられた企業、人的ネットワークの構成企業の数の多さ、したがって、ネットワークの密度の相対的な薄さと関係している。また国内市場の狭隘性と輸出市場における諸困難、アメリカに対する「技術と生産」の立ち遅れという戦前のドイツ資本主義の発展にとっての制約的条件があるなかで、多くの企業との間での人的結合関係の構築は、独占資本主義の高い「組織性」でもって対応をはかろうとする方策として、重要な意味をもつものであったといえる。

　本稿で考察した企業間の人的ネットワークでは、いずれにおいても、隣接度でみた上位層に銀行が位置しているケースが多い傾向にはあったが、中心性の高い企業の多くを銀行が占めるという状況にあるわけでは必ずしもない。基幹産業をなす鉄鋼業、化学産業、電機産業、自動車産業などのほか、電力業・ガス産業・エネルギー産業といった諸部門に広く分散している傾向にあった。ことに、第2次大戦後になると、隣接度において上位を占める企業のなかには保険業の大手企業もみられるようになっている。この点は、資本所有と人的結合の両面における産業・銀行間の関係、企業間の関係、さらには共同決定制度のもとでの労使協調的なシステムにみられる、戦後における「ドイツ株式会社」（"Deutschland AG"）とも呼ばれる企業体制[15]における保険業の大企業の占める位置、役割を示すものであるといえる。

銀行にとっても産業企業にとっても、業務上の関連・つながりという面から多くの関連性のある産業の企業との人的な結びつきをもつことが、情報の交換・共有、それに基づく自社の経営の展開や企業間の調整にとって重要な意味をもつ。多くの企業との人的な結びつきをとおしての情報の集積・ネットワーク、情報フロー・メディアとしての結節点としての役割という点では、銀行に限らず、ドイツ資本主義の基幹産業部門の企業が広く関与していたといえる。それゆえ、「銀行をめぐるネットワークでは銀行の中心性が高いであろう」という見方や「産業企業をめぐるネットワークにおける中心性の高い企業は銀行であろう」という見方は、一定程度妥当するとしても、現実の状況に全面的に一致しているというわけではない。

　もとより、銀行は産業資本の循環に依存しそれを反映するかたちで資本蓄積の循環に結びつけられている[16]。この点に、銀行による産業利潤・商業利潤の最大化への顧慮、銀行と産業の利害との融合の根源がある。役員兼任による企業間の人的結合、人的ネットワークのシステムは、できる限り広い範囲の業種・産業の情報の入手、交換・共有によって産業資本の利潤の最大化をはかり、銀行にとっての収益源である利子、証券投資に対する配当の極大化を追求するための機構として重要な意味をもった。

　とはいえ、実際の経営の場における銀行の影響圏という点では、業務支配という面での「産業に対する銀行支配」という状況に全面的に一致しているわけでは必ずしもない。役員兼任による人的ネットワークのなかでは、銀行は重要な位置を占めるとはいえ、銀行も一担い手にすぎないといえる。また「銀行をめぐるネットワークでは当該銀行の中心性が高いであろう」という見方は、戦前にはかなり妥当しているのに対して、戦後には、戦前のようには必ずしも妥当する状況にはない。

　そのような状況のなかにあっても、第2次大戦前と大戦後の比較では、戦前には本稿で考察した3社のうちの2社である合同製鋼とIGファルベンのいずれのネットワークにおいてもドイツ銀行が隣接度で第1位に位置しており、同行はこれら各社のネットワークの情報フロー・メディアにおける結節点として、最も重要な位置にあった。その意味でも、人的ネットワークをとおしての情報の収集、交換・共有という面において大銀行の果

たす役割、影響はそれだけ大きなものであり、戦後と比べると、最大かつ最有力の銀行であったドイツ銀行による影響圏は強く作用しうる状況にあり、銀行の影響という点では、戦後と比べると強い傾向にあったといえる。

　本稿では、社会的ネットワーク分析の手法に基づいて、兼任のライン数の測定をとおして人的結合関係の把握を試みたが、一般的に会長職のような重要ポストでの役員兼任は重要な意味をもち、とくに銀行出身の役員兼任が監査役会会長のポストに就く場合には同機関内での機能や取締役会とのやりとり、調整などにおいて重要な役割を果たす場合が多く、特別な意味をもつことになる。会長職や副会長職といった重要ポストを複数保有するかたちで兼任関係が築かれているケースもみられ、そのような場合には兼任のもつ意味は一層大きくなりうるとともに、その兼任ポストが会長職である場合にはそのことはより強まるといえる。しかし、ネットワーク分析の手法それ自体では、こうした点は考慮に入れられないいわば定量的な把握が主眼となっている。そうした限界性を補う手段としては、ネットワークを構成するある企業が何社の監査役会会長のポストを有しているのか、また高い「中心性」を示すいくつの企業においてそのような重要ポストを有しているのかといった点を考察するという方法がありうる。今回の分析では、紙幅の関係もあり、この点の考察によってネットワーク分析の限界を補う試みはなしえなかった。こうした点については、今後の分析において補っていきたい。

　最後に、残された研究課題について述べておくことにしよう。ネットワーク分析のキー概念のひとつである「密度」にかかわって、それは当該ネットワークの全体的な性格として、構成企業間の結びつきの割合を示すものであり、密度の数値の高さがそのまま実質的な企業間関係の強さを意味するというわけでは必ずしもない。凝集的なネットワークとは、紐帯が多く密になっているネットワークを意味し、「密度」という指標によって測定される「凝集性」は、ネットワーク内の企業間のつながりの割合でみた濃さ・薄さを示すものである。本稿で比較を行った戦前期と戦後の時期の密度は、ネットワーク内の企業の間の理論上ありうるつながりに対する

実際のつながりの割合という点で比較した各時期の特徴を示すものである。「密度」という尺度の数値は、「ネットワーク全体における相互作用の頻度および結び付きの拡がりを示して」[17]いる。実質的な機能としてみた企業間関係が強いかどうかは、頻度の低い接触をもつ紐帯ではなく頻度の高い接触である強い紐帯が高密度に狭い範囲の企業の間に張りめぐらされているかどうかという点、グループや組織の強いまとまりが狭く濃密的な人的関係というかたちで情報の交換や共有、メンバーの行動の斉一性をいかに促進するかという点[18]も関係しているといえる。戦前期と比べネットワークの「密度」の数値が高く凝集性が強い戦後の時期には企業間関係が実質的により強いものであるのかどうかという問題をめぐっては、こうした点の検討が必要となる。この点の考察自体については今回の分析では対象外であり、今後の研究課題としたい。

　また本稿では、第2次大戦後のドイツの主要業種・産業の代表的企業の監査役兼任ネットワークの構造については、企業間人的結合の戦後の基本型を分析するという観点から1965年株式法後の60年代末の状況を考察してきたが、1990年代以降の経済のグローバリゼーションと資本市場の国際化のもとで、そのような企業間関係には大きな変化が現れてきた。役員兼任による企業間の人的結合をみても、1990年代半ば以降に大きな減少がみられる[19]。それゆえ、産業と銀行の間の関係の変化も含め、役員兼任による企業間の人的結合、人的ネットワークのありようがどのように変化してきたのかという点について、その実態の把握とともに、変化の意義を明らかにしていくことが重要となろう。こうした問題については、今後の研究課題としたい。

注

　1）　例えば、A. D. Chandler, Jr., *Scale and Scope: The Dynamics of Industrial Capitalism*, Harvard University Press, Bereley, Massachusetts, 1990〔安部悦生・川辺信雄・工藤 章・西牟田祐二・日高千景・山口一臣訳『スケール・アンド・スコープ　経営力発展の国際比較』有斐閣、1993年〕参照。
　2）　仲田正機・細井浩一・岩波文孝『企業間の人的ネットワーク―取締役兼任制の日米比較―』同文舘、1997年、40ページ、R. A. Hannemann, M. Riddle,

Concepts and Measures for Basic Network Analysis, J. Scott, P. J. Carrington（eds.）, *The SAGE Handbuch of Social Network Analysis*, SAGE, London, 2011, p.343.

3) P. Windolf, The Corporate Networks in Germany, 1896-2010, T. David, F. Weserhuis（eds.）, *The Power of Corporate Networks. A Comparative and Historical Perspective*, Routledge, New York, 2014, p.80.

4) H. Pfeiffer, *Die Macht der Banken. Die personellen Verflechtungen der Commerzbank, der Deutschen Bank und der Dresdner Bank mit Unternehemen*, Campus, Frankfurt am Main, 1993, S.158-159, K-H. Stanzick, Der ökonomische Konzentrationsprozeß, G. Schäfer, C. Nedelmann（Hrsg.）, *Der CDU-Staat. Analysen zur Verfassungswirklichkeit der Bundesrepublik*, Bd.I, 2. Aufl., Schurkamp, München, 1969, S.72, H. O. Eglau, *Wie Gott in Frankfurt: Die Deutsche Bank und die deutsche Industrie*, 3. Auflage, Econ Verlag, Düsseldorf, 1990 S.128〔長尾秀樹訳『ドイツ銀行の素顔』東洋経済新報社、1990年、96ページ〕などを参照。

5) 仲田・細井・岩波、前掲書、40ページ。

6) 例えば、P. Windorf, *op. cit.*, P. Windorf, *Corporate Networks in Europe and the United States*, Oxford University Press, New York, 2002, K. Krenn, *Alle Macht den Banken? Zur Struktur personaler Netzwerke deutscher Unternehemen am Beginn des 20. Jahrhundert*, Springer, Wiesbaden, 2012, J. Beyer *Managerherrschaft in Deutschland? „Corporate governance" unter Verflechtungsbedingungen*, Westdeutscher Verlag, Opladen, 1998, R. Ziegler, D. Bender, H. Biehler, Industry and Banks in the German Cororate Network, F. N. Stockman, R. Ziegler, J. Scott（eds.）, *Networks of Corporate Power. A Comparative Analysis of Ten Countries*, Polity Press, Cambridge, 1985〔上田義朗訳『企業権力のネットワーク　10カ国における役員兼任の比較分析』文眞堂、東京、1993年〕, M. Nobbert, *Unternehemensverflechtungen in Westeuropa. Nationale und transnationale Netwerke von Unternehmen, Aufsichtsräten und Managern*, LIT Verlag, Münster, 2005 などを参照。

7) 仲田・細井・岩波、前掲書、38-41ページ、R. A. Hannemann, M. Riddle, *op. cit.*, を参照。

8) J. Mossner（Hrsg.）, *Adressbuch der Direktoren und Aufsichtsräte 1936*, Bd.I, Nach Personen geordnet, Finanz-Verlag, Berlin, 1936, Dresdner bank, *Geschäftsbericht*, *Handbuch der deutschen Aktien-Gesellschaften* を基に筆者算定。

9) J.Mossner（Hrsg.）, *a. a. O.*, Vereinigte Stahlwerke AG, *Geschäftsbericht*, 各年度版, *Handbuch der deutschen Aktien-Gesellschaften*, 各年度版を基に筆者算定。

10) J.Mossner（Hrsg.）, *a. a. O.*, IG Farbenindustrie AG, *Geschäftsbericht*, 各年度版, *Handbuch der deutschen Aktien-Gesellschaften*, 各年度版を基に筆者算定。

11) G.Mossner（Hrsg.）, *Handbuch der Direktoren und Aufsichtsräte−seit 1898−*, Bd.I, Nach Personen geordnet, Jahrgang 1970/71, Finanz- und Korrespondenz Verlag,

Berlin, Deutsche BankAG, *Geschäftsbericht*, 各年度版, *Handbuch der deutschen Aktiengesellschaften*, 各年度, *Handbuch der Grossunternehmen*, 各年度版を基に筆者算定。

12）G.Mossner（Hrsg.）, *a. a. O.* Mannesmann AG, *Geschäftsbericht*, 各年度版, *Handbuch der deutschen Aktiengesellschaften*, 各年度版, *Handbuch der Grossunternehmen*, 各年度版を基に筆者算定。

13）G.Mossner（Hrsg.）, *a. a. O.*, Bayer AG, *Geschäftsbericht*, 各年度版, *Handbuch der deutschen Aktiengesellschaften*, 各年度版, *Handbuch der Grossunternehmen*, 各年度版を基に筆者作成。

14）この点については、Die Schrift von der Sozialisierungs-Kommission an den Herrn Staatsskretär in der Reichskanzelei（22.2.1923）, S.15-16, *Bundesarchiv Berlin*, R43-1/1201, Denkschrift über das Kartellwesen, Zweite Teil, Vorschriften des inländischen Zivil- und Strafrechts unter Berücksichtigung der Rechtsprechung des Reichsgerichts, S.7-9, *Bundesarchiv Berlin*, R1501/107163, Die Schrift des Reichsrates, Nr.78, Tagung 1922（29.3.1922）, *Bundesarchiv Berlin*, R/3101/12362, Denkschrift, betr. Schaffung eines Kartellgesetzes（Oktober 1921）, S.2, *Bundesarchiv Berlin*, R/3101/12361, Vortrag des Referenten（30.10.1923）, *Bundesarchiv Berlin*, R43-1/1201, H.Pohl, Die Konzentration in der deutschen Wirtschaft vom ausgehenden 19.Jahrhundert bis 1945, H.Pohl, W.Treue（Hrsg.）, *Die Konzentration in der deutschen Wirtschaft seit dem 19.Jahrhundert*, Wiesbaden, 1978, S.8, U.K.Reuter, *Erfahrungen mit staatlicher Kartellpolitik in Deutschland von 1900 bis 1964 unter besonderer Berücksichtigung der Zellstoffindustrie*, Zürich, 1967, S.34-35, S.39, 山崎敏夫『ドイツ戦前期経営史研究』森山書店、2015年、第1章第2節2（2）、柳澤 治「ドイツにおける戦後改革と資本主義の転換―独占規制を中心に―」、田中豊治・柳澤 治・小林純・松野尾裕編『近代世界の変容 ヴェーバー・ドイツ・日本』リブロポート、1991年、74ページを参照。

15）W. Streeck, M. Höpner（Hrsg.）, *Alle Macht dem Markt? Fallstudien zur Abwicklung der Deutchland AG*, Campus, Berlin, New York, 2003, M. Adams, Die Usurpation von Aktionsärsbefugnissen mittels Ringverflechtung in der *Deutschland* AG, *Die Aktiengesellschaft*, 39. Jg, Nr.4, 1. 4. 1994, J. Beyer, Die Strukturen der Deutschland AG. Ein Rückblick auf ein Modell der Unternehmenskontrolle, R. Ahrens, B. Gehlen, A. Reckendrees（Hrsg.）, *Die "Deutschland AG". Historische Annährung an den bundesdeutschen Kapitalismus*, Klartext-Verlag, Essen, 2013, B. Eggen-Kämper, G. Modert, S. Pretzlik, *Die Allianz. Geschichte des Unternehmens 1890-2015*, Verlag C. H. Beck, München, 2015, S.248.

16）M. Gerhardt, *Industriebezihungen der westdeutschen Banken*, Sendler, Frankfurt am Main, 1982, S.105, S.105, S.124, S.195〔飯田裕康監修、相沢幸悦訳『西ドイツの

産業資本と銀行』亜紀書房、1985年、129ページ、137ページ、158ページ、228ページ〕.

17）仲田・細井・岩波、前掲書、41ページ。

18）この点については、若林直樹「人的資源管理論と社会ネットワーク分析─人事管理施策による組織活動の変化を焦点に─」『日本労働研究雑誌』、第61巻第4号、2019年4月、32ページを参照。

19）例えば、Monopolkommission, *Mehr Wettbewerb, wenig Ausnahmen:Hauptgutachten 2008/2009*（Hauptgutachten der Monopolkommission;18）, 1. Auflage, Nomos Verlagsgesellschaft, Baden-Baden, 2010, S.90, S.153, S.161 を参照。

（やまざき　としお／立命館大学）

戦略的CSRと受動的CSRの
動態性に着目したCSVの逸脱事例研究

樋 口 晃 太

1. はじめに

Porter & Kramer（2006）がCSV（共通価値の戦略）を提唱してから、約15年の歳月が流れた。共通価値は、自社にとっての戦略的CSRと受動的CSRを峻別し、前者に集中して取り組むことで実現できるという（Porter & Kramer 2006；2011）。

戦略的CSRとは、企業が事業領域と適合する社会問題を特定し、その問題を事業活動と統合された方法で解決することで、競争優位の構築を目指す概念である（Porter & Kramer 2006；2011、Burke & Logsdon 1996、谷本 2014など）。その一方、受動的CSRとは、ステークホルダーのニーズや問題に対して、フィランソロピー[1] を通して対応することで、社会的責任を果たそうとする概念である（Porter & Kramer 2006；2011、Carroll 1991、樋口 2020など）。

Porter & Kramer（2006；2011）は、企業が事業を通して社会問題を解決するフレームワークとして、広く受け入れられたという（Crane et al. 2014）。また国内の実業界においても、2015年に年金積立金管理運用独立行政法人（GPIF）がESG（環境、社会、ガバナンス）を投資プロセスに組み入れる「責任投資原則（PRI）」に署名したり（GPIF 2015）、2017年に日本経済団体連合会がSDGs（持続可能な開発目標）の達成を柱として「企業行動憲章」を改定したりする（経団連 2017）など、事業と社会問題

の解決は不可分とする見方が強まっている。

　そうした持続可能な社会の実現を志向する潮流は、Porter & Kramer（2006；2011）に刷新を迫っている。CSVが提唱された当時、事業を通した社会問題の解決は、それ自体が先進的で企業の革新性や差別性に直結するものであった。しかし、CSVやSDGs、ESG投資などが拡大する現在では、事業を通した社会問題の解決は、もはやビジネスの規範となりつつある。

　このような時代背景を踏まえると、Porter & Kramer（2006；2011）における戦略的CSRと受動的CSRの静態的・固定的な捉え方は、ビジネスと相性が悪い社会問題の放置、戦略的CSRの同質化（差別化につながらない）、外部環境の変化に対応できない（特定の社会問題に固執してしまう）危険などの観点から、再考の余地がある。

　上記の問題意識をふまえて、本研究では戦略的CSRと受動的CSRの動態性[2]を提起する。すなわち、ある時点では受動的CSRに位置付けられる取り組みであっても、外部環境やステークホルダーとの関係の変化などによっては、戦略的CSRに発展したり、CSVの実現に寄与したりする可能性を見出していく。

　具体的には、受動的CSRに端を発した取り組みが、のちに戦略的CSRへと発展し、CSVを実現した事例を通して、企業が事業と社会問題との関係を固定せず、柔軟に競争優位とCSRの両立させ得るプロセスを模索していく。

　そのために、以下の手順を採用した。まず、先行研究のサーベイを通して、Porter & Kramer（2006；2011）における戦略的CSRと受動的CSRの静態的・固定的な捉え方が抱える問題点を指摘する。第2に、その問題点の克服に向けたCSVの逸脱事例の調査と分析の方法を設計する。第3に、酒類・飲料メーカーのアサヒグループホールディングス株式会社の「希望の大麦プロジェクト」を分析していく。同プロジェクトは、東日本大震災の復興支援として展開された各種フィランソロピー活動が、ビール用大麦の産業形成に発展した事例である。最後に、分析結果に考察を加える。

2. 本研究の目的と先行研究の検討

本研究の目的は、戦略的CSRと受動的CSRの間に動態性を提起することである。すなわち、ある時点では受動的CSRに位置付けられる取り組みであっても、外部環境やステークホルダーとの関係の変化などによっては、戦略的CSRに発展したり、CSVの実現に寄与したりする可能性を見出していく。

上記の目的が達成されれば、後述するPorter & Kramer（2006；2011）の静態的・固定的なCSR観が抱える問題点は克服される。なぜなら、企業が戦略的CSRと受動的CSRの統合的な展開を通して、CSVを実現するようになれば、目まぐるしく変化する環境や市場の中でも、あらゆる社会問題を柔軟に解決しながら、競合他社とは一線を画する独自の取り組みを展開できるからである。

本章では、まず戦略的CSRと受動的CSRをあつかった先行研究をサーベイする。その上でPorter & Kramer（2006；2011）における戦略的CSRと受動的CSRの静態的・固定的な捉え方が抱える問題点を指摘する。最後に、本研究の目的を明示する。

（1）戦略的CSR

CSRと競争優位の両立を目指す戦略的CSRの研究は、1990年ごろから盛んに行われている。それらの研究は、CSRによる競争優位の強化ルートとして、主に以下の2つを指摘している（図1参照）。

第1は、「ポジションの強化」ルートである。これは、CSRを通じた外部環境の改善であり、取り組むべき社会問題の選択と集中にこそ、競争優位の源泉があると考えられている。具体的には、事業領域と適合する社会問題の解決によるステークホルダーの支援は、競争環境やポジションの改善、対外的なイメージや評判の向上などに貢献するとの見地に立っている（Porter & Kramer 2006；2011、Van de Ven & Jeurissen 2005、Gössling 2011、Khan et al. 2016、谷本 2014）。

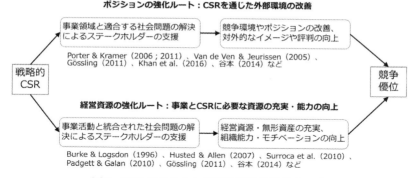

図1　CSRによる2つの競争優位の強化ルート

出典：筆者が作成。

　なお、事業領域と社会問題の適合に関する基準には、以下の3つが指摘されている。1つ目は、事業活動（バリューチェーン）と社会問題の関連性である。2つ目は、事業環境（を構成する要素）と社会問題の関連性である。3つ目は、社会問題の解決に必要な資源・能力と、企業が保有する資源・能力の関連性である（同上）。

　第2は、「経営資源の強化」ルートである。これは、事業活動とCSR活動に必要な資源・能力の共通化による洗練であり、2つの活動の統合にこそ、競争優位の源泉があると考えられている。具体的には、事業活動と統合された社会問題の解決によるステークホルダーの支援は、経営資源・無形資産の充実、組織能力・モチベーションの向上などに貢献するとの見地に立っている（Burke & Logsdon 1996、Husted & Allen 2007、Surroca et al. 2010、Padgett & Galan 2010、Gössling 2011、谷本 2014）。

　事業活動との統合性が高いCSR活動には、自社の資源・能力を活かした社会貢献活動である戦略的フィランソロピーが、その代表例として挙げられる。戦略的フィランソロピーを通して、資源が充実・能力が向上されると共に、その社会貢献活動の実績が事業の遂行能力を保証し、ステークホルダーからの信頼につながるからである。しかし、Porter & Kramer（2006；2011）では、より直接的な方法、すなわち社会問題の解決につながる製品・サービスの提供が提起された。以降は、その有無こそ戦略的

CSRを通したCSVの基準とする先行研究も増加している（同上）。

　これまでの議論から、戦略的CSRとは「事業領域と適合する社会問題を、事業活動と統合された方法で解決し、競争優位を構築すること」と定義できる。

（2）受動的CSR

　事業との適合・統合性が低いCSR、すなわち非戦略的CSRの概念化を試みた先行研究は、極めて少ない。これまで事業との適合・統合性が高いほど、競争優位につながりやすいという前提は、基本的に受け入れられてきたため、あえて競争上の観点から概念化する必要がなかったのであろう。

　逆説的ではあるが、Porter & Kramer（2006）は、戦略的CSRの重要性を強調する文脈で、非戦略的CSRに該当する社会問題の解決を「受動的CSR」と位置づけ、ある程度は概念化している。Porter & Kramer（2006）によれば、受動的CSRとは、ステークホルダーをはじめとする「外部の声に対応する」ことを指し、2つの要素からなるという。第1の要素は、「善良な企業市民として行動し、ステークホルダーの社会的関心事の変化に対応する」ことであり、第2の要素は、「事業活動の現実や未来の悪影響を緩和する」ことである。

　しかし、上記の定義は、一般的なCSRとの差異があいまいである。その差異を明確にするため、樋口（2020）は、Carroll（1991）の「CSRピラミッド」におけるCSRの4要素と、Porter & Kramer（2003；2006；2011）の主張を照らし合わせることで、受動的CSRの精緻化を試みている。

　CSRピラミッドは、「経済的責任」、「法的責任」、「倫理的責任」、「慈善的責任」からなる[3]。樋口（2020）は、Porter & Kramer（2003；2006；2011）の内、一貫して批判対象である責任は、「慈善的責任」のみであることを特定し、その含意である「企業によるフィランソロピー活動」が、厳密な受動的CSRに位置付けられるとした。本研究でも、その見地に則り、議論を進めていく。

（3）Porter & Kramer（2006；2011）の静態的・固定的なCSR観が抱える問題点

CSVは、「社会のニーズや問題に取り組むことで社会的価値を創造し、その結果、経済的価値が創造されるというアプローチ」「企業が事業を営む地域社会の経済条件や社会状況を改善しながら、みずからの競争力を高める方針とその実行」と定義される。そして共通価値を実現するためには、企業による社会問題の解決を前述した戦略的CSRと受動的CSRに分類し、前者のみに集中して取り組む必要があるという（Porter & Kramer 2006；2011）。

しかし、ある時点においてCSRを戦略的か受動的かで切り分け（静態的）、戦略的CSRに集中を促す（固定的）枠組みは、以下の3つの問題点を抱えている。

第1に、解決が進む社会問題と放置される問題の二極化が深刻になり、企業が社会に対して果たすべき責任の多様性への対応に欠ける。企業の戦略や事業と社会のニーズや問題との相性を指摘する先行研究は多い。たとえば、あらゆる事業活動にエネルギーは必要不可欠であることを考えれば、脱炭素は事業と適合・統合しやすい社会問題と言える。一方、難民問題が事業と適合・統合可能な企業は、相対的に少ないであろう。それゆえ、Porter & Kramer（2006；2011）は経済的価値と多様な社会的価値の両立が困難な枠組みといえる（Crane et al. 2014、Aakhus & Bzdak 2012）。

第2に、競合他社との同質化を促進する危険がある。CSVやSDGs、ESG投資などの拡大に伴って、事業を通した社会問題の解決は、もはやビジネスの規範となりつつある（GPIF 2015、経団連 2017）。その上、前述したように事業と適合・統合しやすいCSRの領域は極めて限られる[4]。したがって、自社にとっての戦略的CSRは競合他社にとっても同様である可能性が高く、横並びの取り組みに終始してしまいかねない。CSVが提唱された2006年当時、事業を通した社会問題の解決は、それ自体が先進的であったかもしれないが、この15年で市場や社会を取り巻く環境は大きく変化している。Porter & Kramer（2006；2011）は、そうした時代の変化にも対応した枠組みとは言い難く、CSRを通して独自性を追求するた

めには刷新が必要である（Kolster 2020、樋口 2020；2021）。

　第3に、事業環境や社会情勢の変化に取り残される恐れがある。統合報告の分野では、サステナビリティ報告・会計の基準作成を国際的にリードする5団体の共同声明において、「ダイナミック・マテリアリティ（動態的な重要課題）」が強調されている（CDP et al. 2020）。同声明では、企業およびステークホルダーにとって重要な社会問題は、時代と共に目まぐるしく変化するもので、企業が優先的に取り組み、報告するべき課題は、必要に応じて柔軟に見直さなければならないことが説かれている。CSVの実現においても今後、CSRを通して取り組むべき優先的な社会問題、すなわち戦略的CSRと受動的CSRの位置づけを動態的、かつ柔軟に捉えなおすことが求められる。

3. 逸脱事例の分析枠組み

　本章では、CSVの逸脱事例を取り上げる。逸脱事例とは、既存の理論では説明できない事例を指し、それを構成する要素の相互作用を明らかにすることで、既存理論の修正・拡張が可能であるという（Levy 2008）。田村（2006）によれば、逸脱事例の研究は、「既存理論が古くなっていないかなどに疑義が生じている」場合に求められ、「将来一般化するかもしれない従来の基本パターンとは異なる変化の兆しが含まれている可能性」のある事例を選出することが重要であるという。

　本研究では、Porter & Kramer（2006；2011）で静態的・固定的に捉えられてきた戦略的CSRと受動的CSRの間に、動態性を見出す必要がある。したがって、受動的CSRが戦略的CSRに発展し、その結果、CSVを実現した事例から、そのプロセスを導出することが求められるであろう。以上をふまえて、本章では上記を満たす逸脱事例を対象とし、具体的な調査と分析の方法について論じていく。

（1）事例の選定

　本研究の対象は、酒類・飲料メーカーのアサヒグループホールディング

ス株式会社（以降、アサヒグループとする）が、宮城県東松島市で持続可能なまちづくりを推進する一般社団法人東松島みらい都市機構（以降、HOPE[5]とする）と協働で手掛ける「希望の大麦プロジェクト」とした。同プロジェクトは、東日本大震災で被災した東松島市沿岸部でビール大麦を栽培し、浸水した土地を有効活用する取り組みである。大麦産業の形成を通して、被災地に「なりわい」と「にぎわい」を生み出すことが目的として掲げられている。

　以下、事例の選定理由について2つの観点から論じていく。なお、事例に関する内容は、『アサヒグループHP』、『HOPE HP』、染谷（2020）、樋口・古屋（2020）、樋口・日高（2021）を参照している。

　第1の選定理由は、共通価値（東松島市にとっての社会的価値、ならびにアサヒグループにとっての経済的価値）を創出しているからである。

　希望の大麦プロジェクトは、2014年に正式スタートし、2020年までに大麦の総収穫量は150tを突破、栽培面積は19haまで拡大させ、津波被災土地の有効活用に大きく貢献した。東松島市は、東日本大震災による浸水地域は市街地の65％におよび、全国の被災自治体で最大であった。また、農業用地における海水の塩害も深刻であったため、上記の東松島市にとっての社会的価値の大きさははかり知れない。

　また収穫された大麦は、現地の地ビールメーカーや製菓メーカーなどによって商品化がなされている。さらには、HOPEが主体となって東松島市のクラフトビールと地元特産品とのペアリングを提供、および市内の観光案内・飲食店の誘導を図る場としてのビアバーも開業された。

　大麦を起点に、飲料や食品、外食、観光など、多様な産業が形成されているのである。こうした現象を、Porter & Kramer（2011）はCSVの実践方法の1つに位置付けている。

　2017年には、アサヒビールの主力ブランド「クリアアサヒ」の原料に「希望の大麦」を一部活用した「クリアアサヒ とれたての贅沢」が発売された。売り上げの一部を復興支援に役立てる仕組みも取り入れた同商品は、2020年までに東北6県で合計432万6,816本を売り上げ、プロジェクトがアサヒグループのビジネスモデルとして結実した。また、2016から

は同グループ直営の飲食店においてクラフトビール「希望の大麦エール」が販売され、2020年には主力ブランド「アサヒスーパードライ」にも原材料として活用、2021年には希望の大麦を活用したウイスキー開発も進められている。

これらの実績は、アサヒグループにとっての経済的価値と位置づけて差し支えない。また、Porter & Kramer（2011）は、社会問題の解決を自社の製品開発に結び付けることもCSVの実践方法の1つに位置付けている。

第2の選定理由は、受動的CSRが戦略的CSRに発展し、CSVの実現につながっているからである。本事例は、社会問題の解決を事業との適合・統合性の観点から、戦略的CSRと受動的CSRに峻別し、前者に集中して取り組むことを推奨するPorter & Kramer（2006；2011）の方法論とは異なっている。

希望の大麦プロジェクトは、2014年に正式スタートされたが、その前身（2011年3月〜2013年）は、東日本大震災の復興支援を目的とした各種フィランソロピー活動であった。アサヒグループでは、「ともに、未来（あした）へ」というスローガンのもと、震災直後から物資や義援金の寄付、および社員を被災地に派遣してのボランティア活動などを継続的に実施している。具体的な活動内容は、ボランティアセンターの立ち上げや運営、被災した果樹園の手伝い、学校の再建、郷土芸能の継承、瓦礫の撤去など多岐にわたる。

これらのフィランソロピーが、酒類・飲料メーカーの事業と適合・統合されているとは言い難い。しかし、フィランソロピーを通して深まっていった被災地のステークホルダーとの関係を起点に、希望の大麦プロジェクトは発足したのである。

アサヒグループでは、各種フィランソロピーと並行しながら、その支援対象を中心に復興支援に関するニーズ調査を実施していった。調査方法は、アサヒグループの社員による、60回近くの現地訪問、ならびに38の市町村やNPOへのヒアリングである。入念な現地調査を重ねた結果、津波で浸水した東松島市における農業用地の有効活用が課題として特定された。その後、アサヒグループ社員が東松島市にHOPEの駐在員として入り

込み、被災地の方と寝食を共にしながら、プロジェクトを構想していく。議論を重ね、東松島市の気候など地域の特長、フィランソロピーを通して構築された現地のネットワーク、アサヒグループの資源・能力との親和性が高いという理由から、ビール大麦の栽培がスタートしたのである。

　上記のプロジェクト発足経緯は、明らかに復興支援のフィランソロピーを通して培われた現地ステークホルダーとの信頼やネットワーク、および被災地のニーズに対する深い理解があってこそ成立している。したがって、本事例は受動的CSRが戦略的CSRに発展したものであり、Porter & Kramer（2006；2011）の定説からは逸脱していると解釈できる。

　2つの選定理由を通して論じた希望の大麦プロジェクトの発展経緯を、年ごとに端的にまとめるならば、表1のようになるであろう。

表1　希望の大麦プロジェクトの発展経緯

年	内容	
2011	東日本大震災の復興支援：寄付・寄贈、ボランティア。	受動的CSR
2012	現地のニーズ調査：60回近くの現地訪問、38の市町村やNPOへのヒアリング。	
2013	社員の現地派遣：復興庁を通じて、東松島みらいとし機構（HOPE）に駐在。	
2014	「希望の大麦プロジェクト」スタート：ビール大麦の試験栽培に着手（1.3t）。	
2015	大麦収穫・商品化に向けたボランティア：社員の延べ300名以上が被災地を訪問。	
2016	商品化：地ビールは、1か月で3000本が完売。他にも、お菓子や麦茶など発売。	
2017	CSV化：クリアアサヒを東北6県で4万5000箱を出荷（継続）。直営飲食店で提供。	
2018	生産基盤安定：生産量が54.6tにまで拡大。地域内で産業化（自立したBtoB取引）。	
2019 2020	持続可能な産業化：スーパードライを出荷。HOPEがビアバー開業。栽培面積は19haまで拡大。総収穫量は150t。ウイスキー開発にも着手。	

出典：『アサヒグループHP』、『HOPE HP』、染谷（2020）、樋口・古屋（2020）、樋口・日高（2020）を参考にして筆者が作成。

（2）調査と分析の方法

　調査方法としては、アサヒグループの国内におけるサステナビリティ活動を統括する立場にある担当者に対して、2回のヒアリングを実施した。日時や実施時間、ヒアリング形態などの詳細は、表2を参照されたい。

表2　ヒアリングの概要

	第1回ヒアリング	第2回ヒアリング
日時	2020年11月14日（土）	2020年11月25日（水）
実施時間	70分34秒	120分20秒
形態	講演会	半構造化インタビュー
会場	オンライン会議室（Webex）	オンライン会議室（Zoom）
ヒアリング内容	希望の大麦プロジェクトの変遷	各活動の詳細、意図、成果など
聞き手	筆者を含む講演会参加者 計25名	筆者を含む 計3名
語り手	アサヒグループホールディングス株式会社 事業企画部サスティナビリティグループ 担当者1名	

出典：筆者が作成。

　本研究では、東日本大震災の復興支援に関するフィランソロピーが、ビール大麦の栽培プロジェクトに発展したプロセスを導出する必要がある。1回目はプロジェクト全体の経緯を把握することを目的とし、なるべく自由に話してもらうため、2011年3月から2020年までの希望の大麦プロジェクトの変遷をテーマに、講演会の形態でヒアリングを実施した。2回目は、プロジェクト発展の経緯や要因の解明を目的とし、なるべく詳細に話してもらうため、半構造化インタビューの形態でヒアリングを実施した。

　分析方法については、以下の手順にて行った。

①2回のヒアリングから逐語録を作成

②逐語録からCSV（東松島市の社会的価値（復興）とアサヒグループの経済的価値）に関する発言を抽出し、コード化を実施

③各コードを比較し、類似したもの同士を11のサブカテゴリーに抽象化（表3参照）

④サブカテゴリーについても、類似したもの同士を5のカテゴリーに抽象化（表3参照）

⑤カテゴリー間の関係性や相互作用を検討し、関連図を作成（図2参照）

このようにデータのコード化やカテゴリー化を通して段階的に抽象概念

表3　コード化とカテゴリー化の結果

カテゴリー	サブカテゴリー	コードの例
受動的CSR	ボランティア	ボランティアセンターの立ち上げ、イチゴ農家の支援、学校の再建、瓦礫の撤去
	寄付	金銭の寄付、物資の寄付
SHとの関係構築	社外SHからの信頼	現地への駐在、対話を重ねる、第3セクターとの連携、第3者機関からの表彰
	社内SHの動機づけ	復興支援に対する関与の向上、モチベーションの向上、プロジェクトの社内地位の向上
	社会問題の特定	街づくりワークショップの開催、東松島市のステークホルダーに対するヒアリング
戦略的CSR	戦略的フィランソロピー	商品開発ワークショップの開催、大麦の品種開発・改良、大麦の栽培支援
	事業活動との統合	アサヒビールの原料に採用、加工食品の製造・販売、クラフトビールの製造・販売
SHとのパートナーシップ	社外SHの成長	大麦の生産効率の向上、市民参加型の商品開発、SDGs未来都市に選定
	社外SHとの取引	東松島市の事業者との商品企画、東北のクラフトビールメーカーとの取引、地域イベント
CSV	経済的価値	新商品・新規事業の開発、大麦の総収穫量・栽培面積の拡大、ビジネスモデル化
	社会的価値	津波で浸水した地域の有効活用、大麦を起点とした地域活性化、コーズ・マーケティング

出典：筆者が作成。
※SHはステークホルダーの略

化を試み、それらの概念同士の関連性を検討しながら理論構築を試みる方法は、広く採用されている質的分析手法である。とくに特定の事例や現象において、その事例を構成する主体の相互作用を明らかにしながら、現象の発生メカニズムやプロセスを導出する上で優れている手法である（Kuckartz 2014、戈木 2016）。

　コード化や抽象化に際して、データの解釈の偏りを防ぐために、第2回ヒアリングにおける聞き手の3名それぞれが作業した後、相互比較を行い、全員が同意するまで議論を行った。その際、全員の同意が得られないものに関しては分析対象から除外した。また、事実関係については、各種HPやCSR報告書、プレスリリース等で確認を取り、特定できなかった内容は除外した。

4.　分析結果と考察

　前章で説明した分析方法を適用した結果、図2と表3のような結果が得られた。本章では、まずカテゴリーごとに適宜ヒアリング内容を引用[6]し

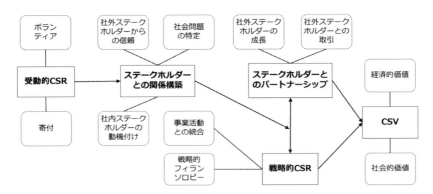

図2　受動的CSRが戦略的CSRを通したCSVの実現につながるプロセス

出典：筆者が作成。

つつ、分析結果を詳細に論じていく。最後に、分析結果をふまえて理論的および実務的なインプリケーションを考察する。

（1）分析結果
【受動的CSR】

ヒアリングから、東日本大震災の直後から現在にいたるまで、アサヒグループは多様なフィランソロピー、具体的には「寄付」と「ボランティア」による復興支援を実施していることが明らかになった。それらの活動内容は、義援金や生活物資の贈呈、ボランティアセンターの立ち上げや学校の再建など、酒類・飲料メーカーの事業と適合・統合されるものではない。無論、ビール大麦の栽培プロジェクトの構想といった戦略的な意図も介在していなかったという。

また、以下の発言から、ボランティア活動において、社員みずから現地に入って活動し、地元の人たちと深く関わるからこそできる支援活動が重視されていることが分かる。この活動を通して培われた現地でのネットワークや信頼こそ、のちのプロジェクト発展における原動力につながっている。

　　　具体的な支援活動は、ボランティアセンターの立ち上げ・運営サポート、がれきの撤去、津波で倒壊した学校を自然と共に再生するプ

ロジェクトへの参画、被災したイチゴ農家の苗付け・刈り取りの手伝いなど、社員による現地ボランティアが中心です。いずれも、社員が現地の方と一緒に汗を流して活動し、地元の人たちとの関係が深まっていきました。（中略）もちろん、活動当初は（アサヒグループのビール）工場（をはじめ各種拠点）もある福島や東北の役に少しでも立ちたいという想いで奔走していたにすぎず、大麦栽培どころか中長期的なビジョン自体がありませんでした。

【ステークホルダーとの信頼関係】

ボランティア活動を通して、現地の「社外ステークホルダーからの信頼」や、東松島市に対する「社内ステークホルダーの動機付け」のレベルが高まっていった。これらは、以下の発言にあらわれている。

　　震災直後は、これまで通りの生活を取り戻せていない方も多く、善意に根ざしているとはいえ、企業の取り組みが必ずしも歓迎される状況ではありませんでした。しかし、1年、2年と継続して対話をしながら、復興のお手伝いをさせていただいている内、現地の方とのコミュニケーションも和やかになり、腹を割って本音で話せる関係になったように思います。

　　震災当初から東松島市へのボランティアに参加した（アサヒ）グループメンバーは、延べ300名になります。被災地の現状を目の当たりにすると、帰ってきてから顔つきに変化を感じますね。自分も何か（復興のために）行動したいという社員が増えました。

それらの現地ステークホルダーからの信頼やアサヒグループ社員のモチベーションの高まりを基盤とし、被災地の中長期的なニーズ調査に発展した。現地との良好な関係が構築された上で、復興を真剣に考える社員が調査に携わった意味は大きい。調査は具体的に以下のように実施されたという。

2012年ごろからは、中長期的な視点で何かできることはないか？と考え、アサヒグループの社員が60回近くも現地を訪問し、38の市町村やNPOに対して、ヒアリングを重ねました。たくさんの自治体さんや、NPOさん、住民の方と対話を重ねました。2013年からは、社員が現地に入り込んで、被災地の方と寝食を共にしながら活動し、街づくりのワークショップを開催するなど、より深く現地のニーズを考えていきました。東松島市の構成員として何ができるか？現地の方々と昼夜を問わず交わした議論が、プロジェクトの第1歩でした。

　このように現地ステークホルダーとの深い対話を継続的に繰り返す中で、多様なニーズをあぶりだし、最終的に「津波浸水地域の有効活用」を優先的に解決すべきで、かつ事業領域と適合する「社会問題として特定」したのである。

【戦略的CSR】
　受動的CSRを通して培われた信頼関係や特定された社会問題をベースに、酒類・飲料メーカーの「事業活動と統合」された戦略的CSR（ビール大麦の栽培）に発展した。この段階では、アサヒグループの資源や能力を活かせるプロジェクトの構想は必須条件となっており、現地にパートナーとして受け入れられていることが、以下の発言から分かる。

　　　（浸水地域の）活用方法についても、いろいろなアイデアが出ましたが、風光明媚な松島の土地との親和性や、アサヒグループのノウハウの応用可能性などを条件に考慮して、ビール大麦の栽培に決定し、希望の大麦プロジェクトを正式スタートさせます。

　また、アサヒグループの資源・能力は、戦略的フィランソロピーを通しても発揮され、プロジェクトの発展を助けたという。「知のボランティア」と名付けられたマーケティング支援の取り組みは、アサヒグループの経済的価値だけではなく、被災地にも社会的価値を創出しようとする姿勢を象

徴している。こうした試みは、現地ボランティア活動を通して高まった社員のモチベーションが、その原動力となっているであろう。

　　大麦はそのまま食べることができませんので、ビールや麦茶、お菓子などに加工する必要があります。アサヒグループのマーケティングに関する知見を活かして、商品開発のアイデアを出し合うのが「知のボランティア」です。市民参加型の商品開発ワークショップなども実施しました。やはり地域で愛される商品・産業を育てていきたいと考えたからです。

【ステークホルダーとのパートナーシップ】
　アサヒグループの戦略的フィランソロピーや被災地の「ステークホルダーの成長」が相まって、プロジェクトは順調な発展を遂げたという。以下の発言からもわかる生産基盤の安定は、アサヒグループという大企業の製品の原材料として調達する上で、乗り越えなければならない課題の1つであったであろう。

　　（大麦の収穫量は、）2016年ごろは5t前後でしたが、そこから約2年間で50tを超えるほどに拡大しました。現地の生産体制の集約・効率化が、現れていると思います。

　プロジェクトの発展や戦略的CSRを成立せしめたのは、現地の「ステークホルダーとの取引」を伴う事業ネットワーク拡大があってこそである。以下の発言からは、そのネットワーク拡大においても、震災直後の受動的CSRが貢献している事実が伺い知れる。多様なボランティア活動で形成した人脈が、被災地における持続可能な産業形成を後押ししたのであろう。

　　これまで（ボランティア活動で）培ってきた人脈も活用しつつ、地元で大麦を加工しているメーカーさんを何社も訪問し、事業ネット

ワーク拡大していきました。（中略）ビールの他にも、地元のお菓子
工房さんとの洋菓子や、アサヒビールモルトで加工した麦茶など、さ
まざまな商品を開発しました。

【CSV】

受動的CSRを通して培われたステークホルダーからの信頼が、戦略的
CSRと被災地での良好なパートナーシップを成立させた結果、プロジェ
クトはCSVの実現に至った。

アサヒグループにとっての最たる経済的価値は、収穫された希望の大麦
がビールの原料として採用、すなわち同社の事業活動と統合され、ビジネ
スモデルとして結実したことであり、東松島市にとっての最たる社会的価
値は、「津波浸水地域の有効活用」という深刻な課題を解決したことであ
ろう。

具体的には浸水地域の具体的な土地利用計画がまとまり、2020年まで
に大麦の総栽培面積・収穫量は、19ha・150tまで拡大[7]した。さらには、
加工品の開発や飲食店事業、観光事業など、大麦を起点とした産業化が、
進められている。

（2）考察

本節では、分析結果を踏まえて、インプリケーションを考察していく。
本研究の理論的および実務的なインプリケーションとしては、以下の2点
が挙げられる。

第1は、受動的CSRを通して培われたステークホルダーからの信頼が、
CSVに必要不可欠な戦略的CSRやパートナーシップ（Porter & Kramer
2006；2011）の構築につながったプロセス（図2参照）を導出できた点で
ある。これにより理論的には、Porter & Kramer（2006；2011）が想定する
静態的・固定的なCSR観は偏狭であり、受動的CSRもCSVにつながる可
能性が示唆された。また実務的には、CSRの計画段階から事業との適合・
統合性の観点で社会問題やその解決方法を切り分ける従来の方針ではな
く、広くステークホルダーのニーズをくみ取り対応する中で、CSVにつ

ながる活動を模索するといった新たな方針を提案できる。新たな方針は、企業が果たす社会的責任の多様性が高まる点、受動的CSRで培われたステークホルダーからの信頼が戦略的CSRをドライブさせ得る点で、従来の方針よりも優れているであろう。

　第2は、受動的CSRのうち、ステークホルダーと深く関わる類の活動が、事業領域と適合する社会問題を特定する役割を果たしていた点である。希望の大麦プロジェクトでは、震災直後から復興支援の社員ボランティア活動を通して、「津波浸水地域の有効活用」という課題を特定していた。Porter & Kramer（2006；2011）では理論上、バリューチェーンやダイヤモンド・モデルといった事業活動や事業地域を分析するための枠組みを用いることで、企業は事業領域と適合する社会問題を特定できるとされている。しかし、実務で実践する上では、そうした机上の分析枠組みだけで、地域社会が抱える真のニーズを特定することは難しいのかもしれない。社会問題の特定のために、ステークホルダーと継続的かつ深い対話を行う上で、受動的CSRは有力な手段となり得るのである。

5. おわりに

　本研究の目的は、戦略的CSRと受動的CSRの間に動態性を見出すことであった。そのために以下の手順で研究を行った。

　まず、先行研究のサーベイを通して、戦略的CSRと受動的CSRを検討し、Porter & Kramer（2006；2011）において、2つのCSRが静態的・固定的に捉えられていることを確認した。その捉え方には、CSRの多様性を損なう点、戦略的CSRの同質化が懸念される点、事業環境や社会情勢の変化に取り残されかねない点といった3つの問題点を抱えており、2つのCSRを動態的、かつ柔軟に捉えなおすべき必要性を論じた。

　つづいて、受動的CSRが戦略的CSRに発展し、CSVを実現した逸脱事例を取り上げ、その発展プロセスの導出を試みた。その結果、受動的CSRを通して培われたステークホルダーとの信頼が、ステークホルダーとのパートナーシップおよび戦略的CSRにつながることで、CSVが実現

されていくプロセスを明らかにすることができた。

　本研究の最たる貢献は、戦略的CSRと受動的CSRの間に動態性を見出すことで、CSVの実現に向けた新たな方針を示すことができた点である。先行研究では、CSRの計画段階で事業との適合・統合性の観点から社会問題やその解決方法を峻別する方針が推奨されている。しかし、受動的CSRを通してステークホルダーのニーズに広く対応する中で、CSVにつながる活動を模索する方針の方が、多様な社会的責任を果たしながら、ステークホルダーから支持される強固な戦略的CSRを実現できる可能性を示すことができた。

　今後の研究課題としては、以下の2点が挙げられる。第1に、本研究は単一の事例分析にとどまっているため、普遍性を追求する余地が大きい。業界や企業規模、対象市場、社会問題の種類など、条件が異なる他の事例においても、受動的CSRと戦略的CSRの間に動態性が認められるか検証する必要がある。第2に、本研究では受動的CSRの意義やそれを取り入れる方針の提示にとどまっており、具体的な実践に向けた方策には言及できていない。さらなる文献レビューやCSV実現の各プロセスにおける成功要因の探求などから、新たな企業の行動様式を確立しなければならない。

注
　1）　ここでいうフィランソロピーとは、企業が自らの裁量で実施する寄付やボランティアといった慈善活動の全般を指す概念である（Carroll 1991）。
　2）　Porter & Kramer（2006；2011）において戦略的CSRと受動的CSRは、CSRの計画段階で峻別すべき対象であり、社会の問題やニーズおよび競争の状況は日々変化しているにも関わらず静態的に捉えられている。本研究では、そうした外部環境の変化次第で、戦略的CSRと受動的CSRに位置付けるべき取り組みは、変動し得るものという視点に立つ。すなわち、2つのCSRを動態的に捉え直すのである。
　3）　「経済的責任」は、企業の根源的な目的でもある利潤をあげて株主や従業員に還元するという基本的な責任である。「法的責任」は、法律や規制を遵守した上で、事業活動を展開する責任である。いわゆる、コンプライアンスがこれに該当する。「法的責任」が社会から課される責任とするなら、「倫理的責任」は社会から期待される責任である。言い換えれば、事業活動を通して発生する

地域社会や地球環境などに対する悪影響の緩和である。具体的には、法律や規制として明文化されていなくとも、透明性が高い事業活動を展開したり、環境負荷の低い原材料や生産方法を採用したり、差別や搾取の無い労働環境を整えたりすることなどが挙げられる。「慈善的責任」は、善良な企業市民として、地域コミュニティや市民の生活の向上に貢献する責任を指す。具体的には、寄付やボランティアなどなどが挙げられる。「慈善的責任」と「倫理的責任」との違いについては、「倫理的・道徳的な観点から期待」されているわけでなくとも、「企業が自らの裁量」で取り組むかどうかの違いであるという（Carroll 1991）。

4) 例えば、Aakhus & Bzdak（2012）やCrane et al.（2014）は、Porter & Kramer（2006; 2011）の枠組みは、その企業のバリューチェーンや競争環境に関連づけやすいごく一部の社会問題にしかアプローチできない欠点を抱えており、人権や難民の問題といった真に厄介な領域が放置される懸念があると述べる。それゆえ、事業を通した社会問題の解決が規範化するほど、上記のごく一部の問題解決に業界内の戦略的CSRが集中し、同質化しやすくなるのである。

5) HOPEは、一般社団法人東松島みらいとし機構の英文名称: Higashimatsushima Organization for Progress and "E"（economy, education, energy）の頭字語である。

6) 一部の内容や事実関係について、筆者がカッコで補足している。

7) 「東北復興応援「希望の大麦プロジェクト」被災した土地で栽培した大麦を使ってウイスキー原酒の製造を開始！東日本大震災から10年　大麦の栽培面積は19haまで拡大し、総収穫量は150tを突破！」『アサヒビール プレスリリース』（https://prtimes.jp/main/html/rd/p/000000680.000016166.html）2021年10月22日閲覧。

参考文献

Aakhus, M. & Bzdak, M.（2012）Revisiting the role of "shared value" in the business-society relationship. *Business and Professional Ethics Journal*, 31（2）, 231-246.

Brammer, S., C. Brooks, & S. Pavelin.（2006）Corporate Social Performance and Stock Returns: UK Evidence from Disaggregate Measures. *Financial Management*, 35（3）, 97-116.

Burke, L., & Logsdon, J. M.（1996）"How corporate social responsibility pays off." *Long range planning*, 29（4）, 495-502.

Carroll, A. B.（1991）The pyramid of corporate social responsibility: Toward the moral management of organizational stakeholders. *Business horizons*, 34（4）, 40-48.

CDP, CDSB, GRI, IIRC & SASB（2020）Reporting on enterprise value: Illustrated with a prototype climate-related financial disclosure standard.（https://impactmanagementproject. com/structured-network/global-sustainability-and-integrated-reporting-organisations-launch-prototype-climate-related-financial-disclosure-standard/）2021年10月22日閲覧。

Crane, A., Palazzo, G., Spence, L. J., & Matten, D. (2014) Contesting the value of "creating shared value". *California management review*, 56, 130-153.

Gössling, T. (2011) *Corporate social responsibility and business performance: theories and evidence about organizational responsibility*. Edward Elgar Publishing.

Husted, B. W., & Allen, D. B. (2007) Strategic corporate social responsibility and value creation among large firms: lessons from the Spanish experience. *Long range planning*, 40 (6), 594-610.

Khan, M., Serafeim, G., & Yoon, A (2016) Corporate sustainability: First evidence on materiality. *The accounting review*, 91(6), 1697-1724.

Kolster, T. (2020) *The Hero Trap: How to Win in a Post-purpose Market by Putting People in Charge*. Routledge.

Kuckartz, U. (2014) *Qualitative text analysis: A guide to methods, practice and using software*. Sage. (佐藤郁哉訳「質的テキスト分析法: 基本原理・分析技法・ソフトウェア」新曜社、2018年)

Levy, J. S. (2008) "Case studies: Types, designs, and logics of inference." *Conflict management and peace science*, 25(1), 1-18.

Padgett, R. C., & Galan, J. I. (2010) The effect of R&D intensity on corporate social responsibility. *Journal of Business Ethics*, 93(3), 407-418.

Porter, M. E. & Kramer, M. R. (2002) The competitive advantage of corporate philanthropy. *Harvard Business Review*, December. (沢崎冬日訳「競争優位のフィランソロピー」『DIAMONDハーバード・ビジネス・レビュー』2003年3月号、24-43)

Porter, M. E. & Kramer, M. R. (2006) Strategy and Society: The Link Between Competitive Advantage and Corporate Social Responsibility. *Harvard Business Review*, December. (村井裕訳「競争優位のCSR戦略」『DIAMOND ハーバード・ビジネス・レビュー』2008年1月号、36-52)

Porter, M. E. (2008) *On Competition*. Harvard Business School Press. (竹内弘高訳『競争戦略論 I 』、『競争戦略論 II 』ダイヤモンド社、2018)

Porter, M. E. & Kramer, M. R. (2011) Creating Shared Value: How to Reinvent Capitalism-and Unleash a Wave of Innovation and Growth. *Harvard Business Review*, January, 62-77. (DHBR編集部訳「共通価値の戦略」『DIAMOND ハーバード・ビジネス・レビュー』2011年6月号、8-31)

Post, J. E., Lawrence, A. T., & Weber, J. (2002) *Business and society: Corporate strategy, public policy, ethics*. McGraw-Hill Companies.

Surroca, J., Tribó, J. A., & Waddock, S. (2010) Corporate responsibility and financial performance: The role of intangible resources. *Strategic management journal*, 31(5), 463-490.

Van de Ven, B., & Jeurissen, R. (2005) Competing responsibly. *Business Ethics Quarterly*, 15

(2), 299-317.

戈木クレイグヒル滋子（2016）『グラウンデッド・セオリー・アプローチ 改訂版 理論を生みだすまで』新曜社

染谷真央（2020）「被災地に『なりわい』と『にぎわい』を生み出す希望の大麦プロジェクト」『日本比較経営学会第46回全国大会 講演会』

谷本寛治（2014）『日本企業のCSR経営』千倉書房

田村正紀（2006）『リサーチ・デザイン 経営知識創造の基本技術』白桃書房

日本経済団体連合会（経団連）（2017）「『企業行動憲章』の改定について」（https://www.keidanren.or.jp/announce/2017/1108.html）2021年10月22日閲覧

年金積立金管理運用独立行政法人（GPIF）（2015）「国連責任投資原則への署名について」（https://www.gpif.go.jp/investment/pdf/signatory-UN-PRI.pdf）2021年10月22日閲覧

樋口晃太（2020）「『社会問題の解決』が企業の競争優位につながるメカニズムの理論的考察―CSV（共通価値の戦略）を中心に―」『企業研究』37、167-191

樋口晃太（2021）「受動的CSRの再検討―競争戦略の観点から―」『比較経営研究』45、157-180

樋口晃太・古屋桃子（2020）「被災地に『なりわい』と『にぎわい』を生み出す―アサヒグループ『希望の大麦プロジェクト』―」『ソーシャルプロダクツ普及推進協会HP』（https://www.apsp.or.jp/casestudy/barleyofhope/）2021年10月22日閲覧

樋口晃太・日高克平（2021）「日本企業によるCSR、CSV、SDGsへの取り組みをめぐって」『比較経営研究』45、49-56

「2020年まで東北応援を継続。アサヒグループが実施する『希望の大麦プロジェクト』」『月刊公論』2016年12月号、74-77

「希望の大麦プロジェクト」『アサヒグループホールディングス株式会社HP』（https://www.asahigroup-holdings.com/csr/assistance/barleyofhope.html）2021年10月22日閲覧

「希望の大麦プロジェクト アサヒグループ 東北復興応援 ともに、未来へ～ 2020 ～」『アサヒグループCSRブックレット2016』

「東松島地ビール『GRAND HOPE』」『ソーシャルプロダクツ普及推進協会（APSP）HP』（http://www.apsp.or.jp/spa_award_year/2017/）2021年10月22日閲覧

『一般社団法人東松島みらいとし機構（HOPE）HP』（http://hm-hope.org/）2021年10月22日閲覧

（ひぐち こうた／中央大学）

『SDGsとCSRがひらく未来
—石田梅岩の心学でフェアな成長を—』

足立辰雄・清水正博 編著、晃洋書房、2021年

服　部　静　枝

1．本書の特徴と構成

　日本企業のSDGs（持続可能な開発目標）への関心は高まりを見せているが、一方でSDGsウオッシュ（アピール内容と実態との乖離）を指摘する声もある。気候変動、少子高齢化、貧困、長時間労働、政治・経済分野におけるジェンダー不平等など課題が山積する中、本書は「持続可能で幸福度の高い社会」を実現するためには何が必要なのかを問い直し、いかにアプローチすべきかを原点に立ち返って考察したものである。

　CSRという言葉を意識せずとも、江戸中期の哲学者である石田梅岩の心学はCSRに通ずるものがあることから、本書では、梅岩の心学の精神（商人道哲学）、西欧的なCSR、SDGsの3つを一体化し、「日本型CSR」の創造と実践を提案している。

　SDGsとCSRを結び付けて論じている文献はあるが、本書はさらに梅岩の商人道哲学を盛り込み、それらを一体的に運用すべく方法論を提示している。企業などの組織に着目したミクロ的視点と、国や自治体の政策や制度といったマクロ的視点の両方からのアプローチを試みて、持続可能で幸福度の高い社会への道筋をつけようとしている点が、他に類を見ない本書の特徴である。

　本書は、3部構成14章で成り立ち、各章の内容は以下のような疑問形式のタイトルに答えるかたちで、各章ごとに完結したものとなっている。研究者だけではなく、僧侶、弁護士、企業の代表ら計8名が執筆しており、事例も豊富に盛り込まれている。

2. 各章の概要

（1）第Ⅰ部　SDGsから企業の成長を見なおす

　第1章では、日本の経済力と幸福度に関する現状が明らかにされた。世界競争力ランキングで使用された指標に、さらに他の経済的統計指標を加

えて著者が分析した結果も興味深い。およそ30年で企業の内部留保は大幅に増大する一方、非正規雇用率は2倍近くに増えて、労働組合組織率、労働争議件数、実質賃金指数が下落しており、交渉力の弱体化が労働条件の悪化につながっていることがわかった。

　著者は、国際競争力と幸福度が低下している日本の現状を根本から見直し、持続可能で幸福度の高い社会へと変革するための課題として、「国民主権の行使」「利他に生き、つよい絆をつくる」「多様性と独創性を尊重する」の3点を挙げている。課題の1つである「利他に生きる」は仏教的な教えであり、「多様性の尊重」は仏教的に言えば「智慧と慈悲」であろうか。社会変革のキーワードに仏教的精神が見える。しかし、仏教の教えと経済活動は結びつくのだろうか。

　第2章では、執着を捨てるよう説く仏教と、執着を基盤とする経済活動は相反するもので、厳密には仏教的経営は成立しないとしながらも、あえて仏教的経済活動の可能性を考察している。個人の「業」に対し、社会的責任として企業などの集団には「共業」の考え方が帰属することから、企業行動は「不求自得」を実践することが重要であり、それは「利他」、ひいては「自利」につながることを、仏教に明るくない者にとっても分かりやすく順序立てて説明している。不求自得とは、本来為すべきことを為していれば、果報は自然にやってくるという意味で、「為すべきこと」はSDGsやCSR、梅岩の心学の教えにも通ずることであると述べると同時に、経済活動の目標を「成長」ではなく、「安定」「持続」「質的向上」に転換するよう提言している。

　第3章では、SDGsおよびCSR誕生の背景、組織の社会的責任（SR）規格として発行されたISO26000の概要と課題、SDGsとCSRの関係性、さらには梅岩の心学の精神を取り込んだ日本型CSRの意義について論じている。梅岩が説く商人道は、SDGsの精神そのものであり、それを学んで、あらゆる意思決定の判断基準とするならば、必然的にSDGsやCSRへの取り組みにつながる。ただ、現代社会は数多くのグローバルな問題を抱えているため、国や自治体も心学の精神で企業との公正な協働関係を築く必要があると述べている。

（2）第II部　石田梅岩の心学を経営に生かす

第4章では、石田梅岩という人物、および心学の精神とSDGsの共通項について述べている。梅岩は、石門心学を僧侶や武士等の有識階級に限らず、庶民にもわかりやすく伝え、また性別を問わず門戸を開いたことから、その真髄は「誰一人取り残さない」というSDGsの理念と共通する。「ゴール4. 質の高い教育をみんなに」「ゴール5. ジェンダー平等を実現しよう」「ゴール8. 働きがいも経済成長も」をはじめ、梅岩の教えは現代のSDGsの17のゴールのいくつかと合致、あるいは深い関連性が見られるとのことである。

第5章では、梅岩が説いた商人道の真髄（「先も立ち、我も立つ」、正しい商い）、石門心学の普及とその影響について述べている。心学の普及は梅岩の門弟によって設立された心学舎の数の多さに表れており、その影響は、商家の家訓や企業の経営理念、渋沢栄一、松下幸之助、稲盛和夫といった優れた近現代の実業家たちの経営者哲学に見ることができるとして、事例も紹介されている。

第6章の前半は、江戸時代の寺子屋や子ども石門心学ゼミの様子を、後半では石門心学に通じるような、現代の教育事例を2つ紹介している。江戸時代の子どもの教育─特に石門心学ゼミでの講師と子ども達とのやりとりの内容は興味深く、「心」や「生き方」について子どもに考えさせる、質の高い教育であることがわかった。

そして、第7章で「日本型CSR」が登場する。石田梅岩の心学と西欧的なCSRの倫理観を結びつけたミクロの取り組みと、ミクロを支援する、法や社会制度などのマクロの取り組みを連結させたCSRを「日本型CSR」と定義し、日本型CSRが企業価値の向上につながることを明らかにするため、経済価値、自然価値、社会価値の3つの価値の相互依存関係および優先順位を示す「持続可能な成長モデル」と、自然価値と社会価値が経済価値の成長をサポートし、価値の増殖（利潤）を生む「持続可能な資本の公式」を提示している。

（3）第Ⅲ部　SDGs-CSR を創造的に実践する

　第8章では、経営理念の意義と SDGs、CSR との関係について論じている。厳しい経営環境を乗り越えるためには「使命感」が不可欠であり、そのためには SDGs や CSR を踏まえた経営理念の存在、さらには経営理念の社員への浸透が重要であるとしている。また、企業事例を通して、「人を大切にする」という精神を根本に据えた経営理念は、企業存続の推進力となることを示し、そのような経営理念は SDGs の「誰一人取り残さない」という根本思想に通ずるものであることも示唆している。

　第9章では、日本型 CSR の構築方法について述べられている。具体的には、経営理念の構築/再構築、続いて ISO26000 の7分野に、ISO26000 に欠落する本業での社会（環境）貢献項目、SDGs 項目（17分野から ISO26000 と重複しない分野を1〜2分野選択）、さらに会社の収益性を追加した計10項目から改善目標を設定し、その実績を「SDGs-CSR の自己診断チャート」を用いて評価する仕組みである。また、外部有識者等も参加する、社長直属の CSR 推進委員会（仮称）と、その委員会のもとに10項目に対応する専門部会を設置するなど推進体制を整備し、マネジメントシステム化を図ることを提案している。

　このあとの第10章と第11章はメーカー、第12章は教育機関、第13章は中小企業に対して CSR 経営の普及啓発を行っている自治体や経済団体等の取り組み事例が紹介されている。

　まず第10章では、「最大限の安全と最小限の環境負荷」を掲げるオーガニック・テキスタイルメーカーである IKEUCHI ORGANIC 株式会社の CSR 活動が紹介されている。CSR は本業にしっかりと統合されたもので、SDGs にも結びついている。「2073年（創業120周年）までに赤ちゃんが食べられるタオルを創る」という企業指針の内容はさることながら、遥か先の長期的視野に立った指針に驚かされる。経営者の「本気度」を強く感じ、その熱意とリーダーシップがいかに組織や社会の変革に重要であるかを再認識させられた。

　第11章は、シューズ・サンダルの製造・販売を行っている株式会社リゲッタの活動事例である。阪神・淡路大震災を機に靴の生産が海外にシフ

トし、一時は窮地に陥ったが、地元の職人さんを助けたいという思いから、これまでの下請けからメーカーで再出発することを決断し、また、ライバル関係にあった他社からの助けを求める声にも応じてきた。まさに「先も立ち、我も立つ」の経営を実践してきた会社である。

　リゲッタの経営理念「人生を楽しく歩く」は、従業員と共に未来を想像し、想いを語り合いながら作り上げたと著者は述べている。経営理念を補足する「原則」は、CSRという言葉こそ使っていないが、CSRやSDGsの根本にある理念につながっている。経営理念を一緒に作ることで、従業員一人ひとりにそれを落とし込むことに成功した例である。

　SDGsの実現には、社会課題解決の仕組みを考え、行動を起こせる人材を育成することが不可欠である。第12章では、教育機関の取り組み事例として、ビジネスの手法を用いて社会的課題を解決していく「ソーシャルビジネス」を学ぶ、筑紫女学園大学のゼミの活動が紹介されている。それは、2015年に大地震に見舞われたネパールの子ども達を支援する活動であり、座学で理論や実務的な知識を修得すると同時に、現地での調査や支援活動などを通じて実践力を養成するプログラムとなっている。

　第13章では、中小企業に対してCSR経営の指導・啓発を行っている大阪府商工会連合会、CSR経営表彰事業を行っている東大阪市、そして経済団体を中心とした8団体によって運営されている京都CSR推進協議会の取り組みが紹介されている。大阪府商工会連合会が実施したCSR経営実態調査によると、CSRの取り組みに必要な支援策が「勉強会」「情報提供」から「補助金」「減税措置」へとシフトしており、今後の中小企業への支援のあり方が問われていると述べている。

　第14章では、マクロ・レベルからのCSR-SDGsへの社会的支援のあり方を考察した。著者は、すべての組織に適用可能な倫理的基準を示したISO26000を日本の官公庁も導入し、「ISO26000の趣旨を踏まえて日本型CSRのマネジメントシステムを持った独自の規格とガイドラインや推進マニュアルをつくって普及すべき」であると考え、また、社会的責任を推進する行政組織の設置や基本法の制定、定期的なCSR優良企業表彰の実施、日本型CSRと持続可能な成長モデルの理論構築・政策提案などを行

うシンクタンクの設置、さらにSDGs-CSRのサポーターを拡大するための市民参加型イベントも提案している。そして、持続可能な社会の基礎づくりには、国の法や施策により、個別企業の取組（点）、企業・自治体・NPOとの連携（線）、さらには地域を巻き込むような市民連携（面）の取り組みの必要性に言及して、この章を終えている。

3. 本書の課題と意義

　前章では各章の内容を概括したが、本章では、全体を通して気付いた点を5つ述べさせていただきたい。

　まず、江戸時代の梅岩の教えである心学と現代のSDGs・CSRを一体的に運用する上で、心学と SDGsは「誰一人とり残さない」という共通項があると記述されているが、差異については不透明である。具体的には、第3章で梅岩の心学は封建体制下の身分差別を肯定しており、社会体制を変革するという思想に欠いていたとの記述がある一方、第4章では梅岩精神はSDGsのゴール10（人や国の不平等をなくそう）とも極めて関係が深いと述べられており、矛盾がみられる。

　2つめは、マルクスの資本論に登場する資本の一般的定式（G-W-G'）を参考に加工・作成された「持続可能な資本の公式」についてである。（図1参照）CSRを原動力に経済価値、自然価値、社会価値の3つの価値に配慮した事業を行うことが経済成長も可能とすることを示すため、Wにその3つの価値が当てはめられ

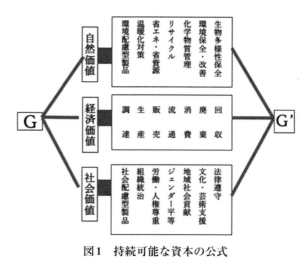

図1　持続可能な資本の公式

ている。「剰余価値」や「剰余労働」の説明がなく、あえてマルクスの定式をベースにする必要があったのかどうか疑問に思った。むしろ、G'（G＋⊿G）の剰余価値⊿Gは、資本家が労働者を搾取した結果、剰余労働によってもたらされるというマルクスの労働価値説に読者が引っ張られてしまう恐れがあるのではないだろうか。

　3つめは、SDGs-CSRの自己診断項目に、ISO26000に欠落する本業での社会・環境貢献項目（具体的にはCSRプロダクツ）を加える、としている点である。議論を呼ぶところではあると思うが、本業でのSRがISO26000において欠落しているとは言えず、7つの中核主題に表立って出てきていないだけであると筆者は認識している。なぜなら、ISO26000の用語の定義で、社会的責任は「その組織全体に統合され、その組織の関係の中で実践される」[1]というフレーズが出てくるが、これは組織の事業活動との一体化、つまり本業を通じたSR活動をその組織の影響力を行使できる範囲の中で実践することを意味しているからである。

　4つめに、SDGsとCSRの一体化において、バックキャスティング手法に触れられていない点を課題として挙げておきたい。SDGsが盛り込まれた2030アジェンダの正式名称「我々の世界を変革する：持続可能な開発のための2030アジェンダ」が示すとおり、SDGsの目的は世界を「変革」することである。そのためには、将来の「あるべき姿」を起点に、それを実現するにはいつまでに何をすればよいのかを逆算して目標を設定するバックキャスティング手法が不可欠である。現在を起点にした積み上げではなく、長期的視野であらゆる革新的な手段を組み合わせて取り組みを進めていくことになる。これこそが従来のCSR活動にSDGsを組み込む意義であり、その点を強く打ち出した方がよかったのではないかと思う。

　5つめは、マクロ的アプローチについてである。外務省が設置した公式のSDGsプラットフォームによると、日本政府は2016年に内閣総理大臣を本部長、官房長官と外務大臣を副本部長、全閣僚を構成員とする「SDGs推進本部」を設置し、そのSDGs推進本部のもとで、さまざまなステークホルダーで構成される「SDGs推進円卓会議」を開催しているほか、2017年には「ジャパンSDGsアワード」を創設し、2018年からはSDGsアクショ

ンプランを策定している[2]。本書では、政府による一連のSDGに対する取り組みについて触れられておらず、それらをどのように評価されているのかが見えない。

　以上のような気付き点もあったが、本書は企業の取り組みというミクロレベルとそれを支援するマクロレベルからのアプローチを連動させた「日本型CSR」を創造・実践するための具体的な提言を行った労作であることは間違いない。特に、サステナビリティ指標に「幸福度」を取り込み、仏教的経済活動の可能性を模索するなど、置き去りにされがちな「心」「幸福感」という根本的なものを中心に据えた本研究は、私たちのあらゆる活動を見直させ、原点に立ち返らせてくれるものである。

　また、企業の成果は経営者のリーダーシップによるところが大きいが、本書を通じて、その経営者が哲学を持つことの重要性を再認識させられた。日本の中小企業経営者がCSR・SDGsを実践していくにあたっては、CSRという西洋的な型から入るより、日本的な梅岩の商人道哲学からCSR・SDGsを解釈した方が腑に落ちるのではないだろうか。中小企業へのCSR実践を促す有効な策を提示している点からも社会的意義のある一冊である。

　筆者は、第13章で紹介された京都CSR推進協議会において、設立前の準備委員会の段階からアドバイザーとして関わってきた。中小企業へのCSRの普及策を調査・研究してきた者として、最後にマクロ的視点からのアプローチとして、サステナブル・ファイナンスの必要性に言及させていただきたい。本書でもESG投資の現状が説明されているが、日本の全企業数の99.7%を占める中小企業・小規模事業者の資金調達は、金融機関からの借り入れが多いため、ESG投資だけではなく「ESG融資」が不可欠である。広くSDGs-CSRを普及させるには、金融庁が関係省庁と連携しながら、直接・間接金融を含むサステナブル・ファイナンスを推し進めていくことを強く望む。今後もSDGs-CSRを取り巻く動きを注視していきたい。

注

1)　日本規格協会編（2011）『ISO26000 :2010　社会的責任に関する手引』ISO/SR
　国内委員会監修、日本規格協会、p.40

2)　外務省　JAPAN SDGs Action Platform　https://www.mofa.go.jp/mofaj/gaiko/oda/
　sdgs/effort/index.html 2021.12.25閲覧

（はっとり　しずえ／京都精華大学）

『より良い世界を構築するための競争
―ポジティブな逸脱となる企業行動の研究―』

鈴木由紀子著、中央経済社、2021 年

細　川　　　孝

1. 本書の意義

　本書（鈴木由紀子『より良い世界を構築するための競争―ポジティブな逸脱となる企業行動の研究』中央経済社、2021 年）は、著者の学位論文「現代企業の目的と責任：Positive Deviant な企業行動」（2019 年）を書籍化したものである。本書の目的は、「現代の社会が直面しているさまざまな社会的課題を解決し、よりよい世界を構築するための競争ということを念頭に、新たな企業のあり方を模索し、そのための何らかの手がかりを得ること」（本書、3頁。以下、本書からの引用は頁数のみ記す）とされている。

　タイトルにある「より良い世界」については、「確定的なことはいうことができない。現在よりは良くなっている世界を思い描き、ある意味で願いにも似た表現であり、『誰のためのより良い世界なのか？』という問いも発せられるかもしれない」（3頁）と述べている。

　ここには、本書を手にした際に評者の頭に浮かんだ問い（疑問）が、著者によって率直に記されている。CSR や SDGs が盛んに喧伝されるが、現実の企業・経営は必ずしもそのような方向には向かっていない（この点は、「CSR と企業不正が混在した状態を打破するには、企業活動におけるゲームのルールの変更が求められ」（4頁）という記述と重なり合ってい

る）。

　本書は「より良い世界」と「Positive Deviant な企業行動」についての経営学的な探究の書である。本書の問題提起は魅力的なものと受け止めたい。「より良い世界」をどのように認識しているか、そしてそこにどのように接近するのが適切と考えているかについては、さまざまな見解が存在するであろうが、評者も同様の関心を有することから書評に取り組んでいきたい。

　後述するように、本書には評者とは異なる見解も含まれているが、そのこと（異なる見解の存在）こそが大切であると思う。異なる認識やアプローチにも学びつつ研究を深めていくことが重要と考えるからだ。

2.　本書の構成と各章の概要

　本書は以下のように、10 の章から構成されている。

第1章　序論
　　第1節　研究の目的と背景
　　第2節　問題提起
　　第3節　本書の構成
第2章　企業の社会的責任
　　第1節　企業の社会的責任の概念と系譜
　　第2節　現代の企業の社会的責任の動向
　　第3節　小括
第3章　現代企業の目的
　　第1節　CSR を果たす意義
　　第2節　啓発された自己利益
　　第3節　CSR の賛否
　　第4節　小括
第4章　企業倫理学
　　第1節　企業倫理をめぐる状況
　　第2節　企業倫理という概念

　以下、各章の概要を簡潔に記したい。

　第1章（序論）では、本書は（タイトルにある通り）「ポジティブな逸脱（Positive Deviance）」を考察の対象とすることを述べられる。それは「社会にプラスの影響をもたらし、かつ標準からすれば逸脱とみなされ、優れた業績を生み出し評価されるプレーヤーである。他のプレーヤーがそれに追随し、ゲームのルールが善いものを軸に変化し、メインストリームを形成するような起点となる存在である」（19頁）。そして、「よりよい世界を構築するための競争」のルールの鍵となる存在とされる。

　この「よりよい世界を構築するための競争」が「企業の競争原理として位置づけられるようになるとすれば、実質的なCSR活動の普及と企業の不正問題の後退につながるのではないかと仮定」（20頁）されている。本書では、「よりよい世界を構築するための競争」がゲームのルールとして採用されることを「ポジティブな逸脱」の思考方法を用いて検討するとされている。

　本書が対象とするのは、所有と経営の分離した大規模公開会社のみならず、「事業規模の大小、業種、株式所有状況、上場、非上場にかかわらず、現代におけるあらゆる企業を対象とする」（19頁）とされている。そして、「ポジティブな逸脱」として、ハイブリッド型企業が取り上げられる。それは、経済的利益と社会的利益を追求することを目的としており、本来は営利組織である企業からすると逸脱の存在となるとされる。

　第2章（企業の社会的責任）では、米国におけるCSR概念の系譜を3段階の展開を遂げながら内容を充実させてきたとされる（企業の結果責任を問うという意味でのCSR、事前的に課題事項に対応する企業の社会的即応性、経営者の倫理性を問う企業倫理への展開）。そして、今日におけるCSRについて、法的責任との相違点、CSRのモデル（ピラミッド・モデルとスリー・ドメイン・モデル）について述べている。

続いて、日本におけるCSRの歴史について概観したうえで、現代における CSR の広がりの背景や、「持続可能性」や TBL、CSR ガイドラインの動向について述べている。

　第3章（現代企業の目的）では、企業の社会への影響の増大とステークホルダー概念の普及が、企業の目的論の背景にあるとされる。そして、ステークホルダーと CSR に関する諸見解の考察を通じて、合法性と倫理性という二つの正当性があり、後者には企業の自発性の有無が関わってくるとする。企業の存続のためには「自発的行動による正当性の獲得」が常に必要となる。

　続いて、企業が果たす CSR は「公益（public interest）」の追求にあたるのか、「私益ないし自己利益（self-interest）」の追求にあたるのかが検討される。そこでは、「啓発された自己利益（enlightened self-interest）」の概念が手がかりにされている。CSR に対する賛否についても検討が加えられている。

　第4章（企業倫理学）では、企業倫理に関する研究の動向に検討が加えられる。本書では企業倫理を「企業の構成員の公正な意思決定と行動および企業活動のための規範」（74頁）と定義されている。

　企業倫理は米国において伝統的な CSR の考え方を克服するために登場したとされる。企業倫理学の特徴として、応用倫理学の領域と経営学の領域との二つの学問分野を統合した学際研究であることを指摘する（一つの学問分野として確立している状況を踏まえ、Business Ethics を企業倫理論ではなく企業倫理学とされる）。日本では、経営学研究者を中心にした企業倫理学の発展が見られることが指摘されている。

　第5章（行動倫理学）では、（応用倫理学アプローチに対して）社会科学的アプローチ（＝組織行動論や意思決定論、行動心理学や行動倫理学などの分野からの実証的研究にもとづくアプローチ）のうちで、行動倫理学の視点からの考察が行われる。ここで行動倫理とは、（トレヴィノらの研究に依りながら）「一般に是認された行動の道徳規範に従って判断されるもしくは従う個人の行動に関連する」とされ、行動倫理学では「限定された倫理性（bounded ethicality）」が問題にされてきたと述べている。

　事例研究では、飲食サービス業におけるメニューの不正表示問題が対象とされている。規範倫理学の前提とは異なる個人や組織による非倫理的な行動が明らかにされ、行動倫理学が規範倫理学を補完するものとされている。企業により倫理的な行動を促すうえで、現実の企業活動に対して倫理的な価値判断を行う段階では、応用倫理学アプローチと社会科学アプローチは相互に補完関係にあると捉えられている。

　第6章（新たな企業の競争原理の要請）では、CSRと企業倫理の認識の普及と定着化が進む一方で企業不正問題が起こり続けている状況を踏まえ、新たな企業の競争原理が要請されているとされる。それは、より良い世界を構築するための競争（の動き）とされている。

　このような観点から、戦略化するCSRとして、BOPビジネスとCSVが考察されている。そして、企業とステークホルダーとの関係を、従業員、供給業者、消費者を対象にして今日の動向を述べている。さらに、株主・投資家の動向については、社会的責任のある投資について考察している。関連して、日本においては行政が積極的に推進する傾向が強く、各ステークホルダーの自発的な取り組みは限定的なものとなっていることが指摘されている。

　第7章（市民社会と社会的企業）では、市民社会という視点から社会的企業を考察し、営利企業におけるCSRと社会的企業におけるCSRとの違いを明らかにしようとしている。ここで市民社会は、政府でもなく市場でもない第3の領域とされている。

　営利企業と社会的企業におけるCSRの違いについては、目的、手段の違いに加えてセクターの相違があるとされている。今後、経済的価値と社会的価値を同時に追求する組織形態が増え、第4部門（ベネフィット組織）となる可能性を述べている。

　第8章（経営学研究におけるPositive Deviance）では、Positive Deviance（ポジティブな逸脱）の概念を、より良い世界を構築するための競争へのゲームのルールを転換するために有用であると仮定されている。Positive Organizational Scholarshipにおける研究動向を概説したうえで、ビジネスにおけるPositive Deviance に論究されている。

新しい研究領域であるこの分野において、CSRやPositive Devianceを超えた義務以上の行動の特別な領域として、Positive Organizational Ethicsの概念が提起されていることに言及されている。それは「義務以上の働き」、「義務を超えた」行動であり、課題も指摘されている。

　第9章（Positive Devianceとしてのハイブリッド型企業）では、社会的課題の解決の取り組みを企業目的そのものとして掲げ、営利の追求も目的とするハイブリッド型企業として、ベネフィット・コーポレーション（Benefit Corporation. 以下、BC）に注目されている。それは、2007年に米国で州法にもとづいて設立されるようになった企業形態であり、その法的な特質と背景について述べられている。関連して非営利組織であるB Labの認証を受けたCertified B Corporation（それは、世界的に、そしてさまざまな業種に広がっている）との異同が示されている。続いて、BCの課題が述べられる。

　そして、ハイブリッド型企業は、Positive Devianceとして捉えられるとされる。ハイブリッド型企業の理念がニッチ的存在から、一般への普及によって、「あらゆる組織のゲームのルールを変更する可能性がある」（207頁）。日本のこれからの社会的企業への示唆としては、ハイブリッド型の企業形態を設けるだけでは十分と言えないことと、営利組織（特に株式会社形態）での公益の追求の制約を指摘している。

　終章（より良い世界を構築するための競争に向けて）では、本書での考察の要約を踏まえ、組織形態としてのハイブリッド型企業はあくまでも選択肢の一つとされる。そして、ハーバーマスの言説を引用しながら、Positive Devianceのための企業の課題が示されている。さらに、Positive Devianceとなる企業行動は競争の起点となるものとして位置づけるものであることと、そのような行動を社会が見い出して適切に評価するという課題を強調している。

　本書の考察を踏まえ、残された課題としては、経営学研究におけるPositive Devianceのより多くの事例の検証を重ねることにより、そのアプローチの有効性と、より良い世界を構築するための競争のプロセスを具体的に示すこととされている。

3.　若干のコメント

　評者は「はじめに」でも記したように、著者が本書において解明されん
としたことと同様の関心を有している。そのようなことで本書からは多く
のことを学ばせていただいた。そのことを前提にして、以下に4点につい
て記述させていただきたい。

（1）「Positive Deviance」概念の精緻化

　本書では、著者の研究課題と関わって、企業の社会的責任、企業目的、
企業倫理学、行動倫理学、企業の競争原理、社会的企業、ハイブリッド型
企業と多岐にわたる領域について記述されている。それらは、いずれも現
代経営学における重要なテーマであると言えよう。各章の記述は先行研究
を手際よくまとめられており、各領域における論点や論争点を確認するこ
とができるようになっている。その一方で、著者の主張（見解）が分かり
づらい印象を与える部分も残されているように思う。

　そのことと関わって、本書の研究課題にとって肝となるPositive Devi-
anceの概念を必然化する論理がより明確にされる必要があると感じたこと
を率直に指摘したい。Positive Devianceの概念は、評者にとっては初見の
ものであり新鮮に受け止めている。ただこの部分については、新しい研究
領域であることからしてやむを得ないことであろうが、考察が限られてい
るように思う。

　終章において、本書は企業間におけるより良い世界を構築するための競
争を促すためのPositive Devianceとしてのハイブリッド型企業の可能性を
概念的に提示したにとどまるとされている（219頁）。ハイブリッド型企
業をPositive Devianceの視角から位置づけ、それを企業間におけるより良
い世界を構築するための競争を促すための存在とするには、Positive Devi-
anceそのものについてのより詳細な論述が必要ではないだろうか。

　付言すれば、（後の論点とも関わるが）Positive Devianceとしてのハイブ
リッド型企業をメインストリームとして把握してよいかという点も検討す

べきであろう。著者自身もそのような主張をしているのではないことは承知しているが、本書の主張（Positive Deviance としてのハイブリッド型企業）には積極的な意義と同時に、一定の限界ないしは制約があるという留保が求められるのではないだろうか。

（2）「より良い世界を構築するための競争」という把握

Positive Deviance がより良い世界を構築するための競争を促すことは否定できないにしても、それが今日の「競争」のありようを抜本的に変革するだけのものと言えるかどうかが検討される必要があろう。それは、評者の関心からすると、「より良い世界を構築する」ことと「競争」との関係をどう考えるかということと関わっている。

Positive Deviance としてのハイブリッド型企業が競争のありように影響を与えることがよりよい世界の構築につながるという把握の仕方は魅力的ではある。しかし、より良い世界を構築するためには「競争」以外の方法もあり得るであろうし、「競争」を制限することも必要となろう。もちろん経済的価値のみならず社会的価値も含めて実現しようとするハイブリッド型企業の存在は重要であるが。

評者にとっては、現実の資本主義経済、とりわけ今日の新自由主義が世界を席巻する資本主義経済のもとで「より良い世界を構築するための競争」という把握は、率直に言って唐突な印象が残ってしまわざるを得ない。この点については、評者にとっても研究課題としたい。

（3）「より良い世界を構築する」ための企業

本書では、Positive Deviance としてのハイブリッド型企業に焦点が当てられている。そこでは、BC や Certified B Corporation に注目されていた。このような新しい動向とあわせて、（伝統的な企業形態と言えるかもしれないが）協同組合も重要な存在であると言えるのではないだろうか。例えば、近著ではネイサン・シュナイダー（月見真紀訳）『ネクスト・シェア ポスト資本主義を生みだす「協同」プラットフォーム』東洋経済新報社、2020年（原著は2018年に刊行）がある。

　あるいは、巨大株式会社の動向についてである。この点では、桜井徹「株主資本主義批判としての企業パーパス論の意義と限界：持続可能な社会における企業のあり方を求めて―」に注目したい。そこでは、株主資本主義批判としての企業パーパス論を対象として、その意義と限界を検討することを通じて、持続可能な社会における企業のあり方についての論点を明確にされようとしている。また、足立辰雄は株主重視型経営の限界を指摘するとともに、新たな経営のあり方として「SDGs-CSR経営」を提唱されている。

　このような研究動向と、Positive Devianceとしてのハイブリッド型企業を対象とする研究とは、どのように関連付けられるべきか。評者自身の課題としても記したい。

（4）より良い世界をどう考えるか

　「より良い世界」については、著者自身も断定的なことを述べているわけではない。同時に、「より良い世界を構築するための競争」が本書の書名であることからして、「より良い世界」について一定の共通理解が求められよう。

　ここでは、経営学研究における課題として、私見を述べさせていただきたい。紙幅の関係で端的に述べれば、より良い世界を人権や民主主義の視点から捉えるということである。このことは本書においても言及されている点であり、真新しいことを主張するものではない。しかし、これまでの経営学の研究においては、必ずしも明確には位置づけられてこなかったと評者は考えており、現実の企業・経営においてどう実現するかが課題と認識している。この点で、評者の関心からしても本書から学ぶべき点は多いと受け止めている。

　　　　　　　　　　　　　　　　　　　（ほそかわ　たかし／龍谷大学）

『ロシア社会の体制転換
—階層構造の変化に着目して—』

林裕明著、国際書院、2021年

白　川　欽　哉

　本書は、過去30年間にわたるソ連・東欧の体制転換と社会の変動に関するさまざまな研究を踏まえ、移行期から今日に至るまでの経済政策、諸制度、人々の生活意識などの変化とその意味を明らかにすべく、ロシアの社会階層に焦点をあてて分析を試みたものである。

　そこでは、第一に、市場経済化の過程でロシア経済がどのように再編されたのかが、第二に、ソ連時代の労働・雇用政策が、体制転換後の新しい労働環境や技術水準に適応していく過程でどのように改変されたのかが、第三に、「多元的利害を内包した（ロシア）社会」における労働に関する価値観、生活パターン、社会意識が、ソ連時代からの経路依存性に影響されつつ、いかに変容したのかが明らかにされている。

　以下では、著者の分析の目的や内容を明確にするため、評者なりに理解した各章の概要をまとめることにしたい。

　「序章 ロシア社会の体制転換の分析視角」で注目されるのは、著者が体制転換後のロシア社会を、かつての「労働者・農民・インテリゲンチャ国家論」や「エリートと肉体労働者の二分法」によってではなく、①エリート層および富裕層、②中間層、③貧困層に分類して分析を試みようとしていることである。とくにロシアの資本主義化の指標の一つになると思われる「中間層」の分析は、体制転換の進展度を測るうえでも興味深い。また、体制転換を制度（システム）の変化としてではなく、その時代を生き

る様々な階層の人々の生活意識の変化として捉えようとしている点が新鮮に感じられた。

「第1章 ソ連・ロシアにおける体制転換と社会階層の再編」では、まずソ連時代を「多元的利害を内包した社会」としたうえで、それがどのように形成されてきたのかが描かれている。ソ連時代は、確かに政治的影響力を持つエリート層が特権的地位を占めていた。しかし、持続的な経済成長を伴った工業化が進んだ1970年代以降には、西側先進国と同様に、就業構造の変化、都市人口の増大、ホワイトカラー化のほか、中等教育の普及、所得の平等化、社会参加への機会均等化などによる社会階層の均質化と個人化の傾向が確認された、という。

それらは、第一に、増大したホワイトカラー層の意識や行動様式の変化をもたらし、党・政府はその対応を迫られた。第二に、工業化の進展と所得平等化は、個別化・高度化した欲求の充足を求める階層を拡大しただけでなく、当該階層の人々の不満をも潜在的に増大させた。第三に、党や国家機関の末端に及ぶ政治的影響力に由来する特権や、いわゆる「コネ社会」的な現象が、個々人の物的福祉水準を決定する重要な要因となった。

こうしたソ連時代の社会は、体制転換の過程でどのように変化したのだろう。著者はまず転換の初期段階で、一方で国家行政機構や経済機構、法制の領域において重要な地位にあるエリート層＝上層が生まれたこと（権限と地位の横滑り：評者）、他方で完全雇用や包括的な社会保障がなくなったために貧困者数、貧困率が上昇したことを指摘している。貧困層は、失業者、年金生活者、一部の労働者・農民が中心であったが、旧システム下の相互扶助の伝統に根差した人的ネットワークや資産の有無によって階層内に格差があったといわれている。このほか、中小企業家、さまざまな専門職（医師、弁護士、聖職者、技師、教師等）など、体制転換後の政治・経済・社会改革を推進する階層として期待されていた「中間層」については、推計で社会階層全体の約25％だったが、先進国の50％〜60％には遠く及んでいなかった。

この状況は、2000年以降の経済成長によって変化したのだろうか。所得面で「中間層」の規模は拡大したようにみえるが、「自分は中間層」で

あると認識している人々はむしろ減少したといわれている。また、企業経営者や自営業者ではなく、国家セクター従事者が「中間層」に占める比率が高まった、といわれている。そこには、著者がいう「資本主義における中間層の価値観」（契約の重視、遵法精神、勤勉など）と「ロシアの中間層に独自な価値観」との不一致という特徴をみることができよう。また、民主主義への支持が必ずしも高くならず、権威主義がさまざまな階層に影響を与え続けていることもロシア社会の特質として取り上げられている。「体制転換および市場経済化は、自動的に先進国に類似した社会階層を生み出すわけではない」という著者の見解は、他の市場経済移行国の比較分析にも示唆を与えるだろう。

「第2章 体制転換と生活様式・ライフスタイルの変化」では、個人消費、共同消費の内容の変化から、ソ連時代と体制転換後とが対比される。それによると、個人消費は戦後の経済成長とともに増大し、とくに基礎物資においては十分な水準を達成した。しかし、低品質の耐久消費財、奢侈品の不足といった問題を解決できず、先進資本主義諸国との格差は広がった、という。教育、社会保障、健康・保健への支出や住宅への補助金などの共同消費は戦後を通じて増加したが、生活の満足度の明白な上昇にはつながらなかった。当時を象徴する現象として、国家が集権的に配分する財やサービス以外の消費財が、コネを通じて入手される行動様式がみられたという。

このソ連時代の状況は、体制転換期以降にどのように変わったのだろう。著者の分析によれば、体制転換期の生活水準関連統計（GDP成長率、実質貨幣所得増加率、インフレ率、失業率、ジニ係数、貧困率）は、1990年代を通じて悪化の一途をたどり、2000年代に成長局面に入り失業率や貧困率の低下は見られたものの、成長の果実の配分の不平等性が顕著であった。

その状況下で、人々はどのような消費行動をとったのだろう。消費の出発点となる総貨幣所得について、ソ連時代には賃金と社会給付が全貨幣所得の90%以上（1990年）を占めていたが、体制転換後（1995年）には75%に低下し、代わって企業所得や資産所得の割合が増加した。しかし、

2000年代に入ると前者に増加の兆しが見られ、後者については世界金融危機後の2010年代に比率の低下が顕著となった。

　消費支出に目を向けると、ソ連時代に全体の約3割程度だった食料品支出が、1995年〜2000年代初頭までに4割〜5割に増加したことが確認された。2000年以降の経済成長期には食料品以外の支出が増加し、またそれは消費の高度化を伴うものであったことが指摘されている。収入を基準とする階層別の家計支出の分析においても、低所得者層の食料品支出割合の高さは顕著であったが、高所得者の消費には多様性の存在が認められた。他方で、低所得者の困窮は国家の現物支給での生活支援に支えられており、国民の政府に対する期待も大きかった。また、副業や非公式セクターにおける就労から得られる収入が自衛策となっており、それは「ソ連時代から続くロシア人の伝統的生活に根差した現象」であることが指摘されている。なお本書の範囲を超えるが、この現象がロシア革命以前の社会から連続するかどうかも興味深い論点となるだろう。

　「第3章　体制転換と社会意識の変化—国家への依存に着目して」では、ソ連末期から全ロシア世論調査センター（1987年創設のロシア政府系機関）の大規模な調査によって析出された「ソビエトの人間類型（ホモ・ソビエティクス）」を用いた分析が披瀝されている。上記センターの社会学者ユーリ・レバダらが析出した1980年代末と90年代の「ホモ・ソビエティクス」に共通するのは、「国家と個人の間のパターナリズムの強さ」、「安定性・平等性を重視する意識」が根強く残っていることだった。反対に「ソビエトあるいは国家に対するアイデンティティ」、「政府の行動に対する道義上の責任」意識は体制転換後に低下し、ソ連時代の「生活の安定」へのノスタルジーが根強かったことも紹介されている。

　2006年のレバダの死後、ソビエト人間プログラムの調査は中止となったが、個別の社会調査の積み上げにより、2000年代半ば以降のロシアの人々の社会意識や価値観が、それ以前の状況と対比しながら分析され続けている。政府と市民の関係を問う設問に対して、1989年10月の調査では「犠牲を払っても国家を援助すべき」という声が全体の3割以上だったのに対して、99年3月の調査では「国家は何も与えないので、われわれは何

もする義務はない」という回答が急増したという。しかし、2000年代を通じて調査を重ねるなかで、「国家は多くを与えたが、われわれはまだ要求できる」という声が徐々に増えているとのこと。ソ連時代の政権を讃える声が、混乱期の90年代を通じて国家への不信の声とかわり、経済成長のあった2000年代には不信の声がややトーンダウンするなど、市民の声の質が変わったという結論である。

この変化の背景として、著者は、国家と市民との間の「社会契約」の存在をあげている。ここでいう「社会契約」とは、ソビエト政権が完全雇用、安定的消費財価格、保健・教育サービス、平等な賃金や所得政策を保障するのに対して、民衆はソ連共産党の一党支配を暗黙のうちに受け入れた、という考え方である。この「社会契約」は、第二次世界大戦前後の紆余曲折を経て、1960年代の石油をベースとする世界的なエネルギー革命ののちに安定し、一般民衆、とりわけブルーカラー層の支持を得ることとなったが、教育水準の高さに見合った所得を得られていないと感じるホワイトカラー層の不満を増大させることにもつながった、という。

この「社会契約」が政治経済の混乱や福祉削減を伴ったエリツィン時代にはいったん消失したものの、2000年代初頭以降のプーチン時代に入り「市場型社会契約」として再構築されることになった、という指摘は興味深い。ソ連時代のような広範な社会政策的施策は提供されることはなくなったが、とくに石油・天然ガス等の「資源開発から得られる税収・レント」に依存しつつ、政権と様々な階層・階級の人々との間のウィン・ウィンの関係が模索されるようになり、それはプーチン政権を支持する「新しいホモ・ソビエティクス」、すなわち平等性よりも政権の利益誘導に合理的・現実的に対応する人間類型が誕生したというのである。

注目されるべきは、同政権下においてエリート層と低所得層が受ける恩恵に比して、「中間層」のそれが必ずしも大きくなかったという点である。市場化や民主化によって利益が得られる「中間層」のなかで、中小企業家ではなく政府寄りの公務員や国家セクター従事者の比重が増したことが背景にある。また、プーチン政権が特定の社会集団（年金生活者、工場労働者、医療関係従事者）を優先して保護したことで、その支持基盤はより盤

石なものとなっている。

　ロシア社会の最大のネックは、上述の天然資源に依存した政治・経済が、なんらかの理由で崩れたときであろう、と著者は推測している。それがない限りは、民主化も、そして収益性や生産性に寄与するさまざまなイノヴェーションも停滞し続けることになるのだろう。

　「**第4章　勤労意欲と労働モチベーション　長年にわたる著者の問題関心**」では、ソ連時代と体制転換後の労働者の勤労意識の対比がなされている。

　戦後のソ連社会においては、第一に、「共産主義的労働態度」を疑わない優秀労働者が1割程度いたものの、大半の労働者は与えられた課題はこなすが自発的にイニシアチブを発揮することに消極的であった。また、労働者にとっては、工場の経営管理者たちよりも、自分が直接所属する作業集団との関係（「親密圏」：評者）が重要であった。ソ連社会の人々の勤労意識は、鉄壁の社会主義イデオロギーに強く規定されていたわけではなかったのである。

　第二に、戦後ソ連時代、とりわけ1970年代からは賃金上昇がみられたものの、労働モチベーションは高くなかったといわれている。その低さの原因は賃金水準それ自体にではなく、賃金に見合った消費ができなかったことにあった。とくに、教育水準や職能が高く、相対的に所得水準が高い階層の人々の不満の増大は、体制の統合と求心力を低下させる要因となっていた。

　第三は、多くの人々が体制やその理想を支持する一方で、コネクション等にもとづく不平等をも受け入れる二重思考を有し、それが国家社会主義に正統性を与えていたことがあげられる。体制の安定が維持された結果、「人々は現状への不満を肯定的に受け入れ、現実的な目標にのみターゲットを絞る」生き方を選択しながら、相対的に高い満足度を感じていたようである。

　上記のような状況はなぜ生まれたのか。著者は、ソ連の労働・雇用条件が労働者の権利の保障、男女双方の高い労働参加率、失業の不在、賃金の平等性などを特徴としていたことをあげている。高い平等性のなかで、労働者は、かえって企業への帰属意識を失い、より手厚い福利厚生や業績に

応じたボーナス支給を提供する企業に移動する可能性があった。帰属意識の低さは、さらにモチベーション低下、労務管理の弛緩といった現象をも伴ったのである。

体制転換後、人々は職場・職種の自由選択が可能になったが、所得格差、賃金の遅配・未払いといった、これまで経験したことのない現実と向き合うことになった。2000年代の経済成長期になると、賃金の遅配・未払いは減少したものの、長時間労働、変動の大きい賃金などの問題は改善されてはいなかった。しかし、著者によれば、そうした市場経済化の影響を受けつつも、安定した雇用はソ連時代から形を変えて維持され続けたという。職場内の良好な人間関係を基礎とする副業の斡旋や非公式経済での雇用がまさにそれであり、ロシアの「自然発生的ワークシェアリング」（ロシア型労働市場調整）として知られることとなった。なお、この仕組みはソ連時代の「遺産」（あるいは経路依存性）ともいえるものでもあり、大きな社会変動のわりに社会を安定させる装置になっていたといえよう。

以上の分析から、著者は、体制転換後のロシア社会は、第一に、公式・非公式に弱者へのサポートがあり危機の際にも最低限の生活保障が機能している社会である、第二に、さまざまな形での国家への依存が国全体の労働生産性を低下させている社会である、とまとめている。この状況は、体制転換初期のショック療法が生んだ対立と軋轢を緩和してきた結果ではあったものの、強すぎる国家依存は社会のダイナミズムをそいでしまう可能性がある。古くて新しい問題であるが、今後のロシア社会（そして移行経済国）が直面し続ける課題であろう。

なお、上記のまとめにも関連して第4章末尾ではロシア社会の労働者保護立法について、そして終章ではロシア社会の特質を規定する要因としての国家の「質の低さ」が取り上げられている。

前者については、立法そのものの厳格さに比して、運用における「弱さ」が指摘されている。法の支配に従う伝統の欠如、労働契約順守の強制力の弱さ、労働者の交渉力の弱さ、汚職度の高さなどがその表れである。立法のルールが厳格で、運用の効率性も高い大陸欧州諸国との違いがその点にある。

　終章末尾の「国家の質」に関する分析では、6つの領域からなる「世界ガバナンス指標」にもとづいてロシア社会の現状が評価されている。①国民の声と説明責任、②政治的安定と暴力の不在、③政府の効率性、④規制の質、⑤法の支配、⑥汚職の抑制からすると、ロシアは、いずれの領域でもガバナンスの低さが顕著であるという。2000年代半ば以降は、さらに指標の数値の低下がみられる。

　こうした状況は、民主主義および市場経済を支える社会階層としての「中間層」の弱さ、少なさが市場のみならず国家の質をも低下させているという著者の主張につながっていると思われた。エリート層が指導する社会という意味では、ソ連時代とも共通しているのかも知れない。経済体制と政治体制の関係を、より国民目線で改良していくには、やはり「中間層」の果たす意味は大きいだろう。著者がいうように、ネガティブな現象の根本が、もし日本の政治・経済社会の構造（古くからの：評者）にも見え隠れするのであれば、もはや他人事ではすまされない。

　最後に、本書全体を通じて感じたことを述べておきたい。本書の社会階層分析は、ロシアの市場経済化ならびに民主化の進展を検討する有効な手段であると思われた。本書を通じて、その輪郭をつかめたように感じた。論述からは、著者がさまざまな論点の実証の精緻化を目指していることが伝わってくる。おそらく不足しているのは、さまざまな社会調査分析（政治、宗教、教育、福祉などの生活分野）のデータや、新しい労働法制下の企業内労働関係の実態、従業員の意識等の変化に関する調査データであろう。杞憂であることを願いたいが、入手したデータを扱う際には、社会調査への権力の介入、という要素も考慮しなければならないのかも知れない。ペレストロイカ期にユーリ・レバダら社会調査の先駆者たちが真実探求に向けて「勇気ある一歩」を踏み出していたという事実を知り得たことは、門外漢の評者にとって有意義な副産物であった。この書評において紹介しきれなかった様々な分析視角や事実関係が、読者を通じて一層広がることを願っている。

（しらかわ　きんや／釧路公立大学）

Shift from shareholder primacy and the structure of corporate control

Tsutomu SHIBATA （Gifu University）

This study aims to identify the characteristics of corporate behavior, which have been viewed as an indicator of shareholder primacy, and the actors who promote it.

Major changes have taken place in corporate management in recent times, including the August 2019 U.S. Business Roundtable Statement and the declaration of the World Economic Forum's "Davos Manifesto 2020" in January 2020. These changes mark a shift from the approach of maximizing shareholder value to a management approach that also emphasizes the interests of stakeholders other than shareholders.

However, there has been a lack of consensus on how to evaluate this shift to stakeholderism. The debate pertains to whether it is the shareholders or the management that controls a company. Therefore, to accurately understand this shift, it is necessary to clarify what shareholder primacy is and who has been driving it.

Section 2 clarifies the structural changes in corporate management and the structure of capitalism that is viewed as shareholder primacy. Section 3 analyzes the control of corporations by shareholders against the backdrop of a rising number of institutional investors since the 1970s. In Section 4, we make it clear that this shift from shareholder primacy is a management-led shift and examine its significance and limitations.

Shareholder (Fund) Capitalism and the Transformation of Corporate Management in Japan

Hiroyuki KUNISHIMA （Soka University）

This paper considers the ownership structure of stock (capital) as a part of governance (control over management), control (dismissal and removal of management), management strategy, and the lives of workers and other citizens. Then, I examined the situation in Japan in the transition from corporate capitalism to shareholder capitalism.

After World War II, Japan established Corporate capitalism based on cross-shareholdings within corporate groups. Under this type of ownership, corporate group management and the management of individual companies were conducted. However, at the end of the 20th century, with the rapid dismantling of intra-group ownership of shares, the ability of corporate groups to manage their own business declined sharply.

The main role of the stock market changed drastically from cross-shareholdings within corporate groups for takeover defense and corporate control to investment funds for asset management. This has had a major impact not only in Japan but also in the global stock market. There, the trading of stocks has become more active, and the M&A market has been formed by the liquidation of corporate control. In this context, shareholders, especially investment funds, have come to have a major influence on corporate management.

In this context, shareholders, especially investment funds, came to have a major influence on corporate management.

In the process, there was pressure from the US government. In addition, the corporate governance reforms under the Abe administration have created a system in which the public's money, such as pension funds, is entrusted to asset management funds to manage in the stock market, and the asset management funds exert pressure on corporate management to increase stock prices and other investment profits. In particular, the Corporate Governance Code calls for the absolute sovereignty of shareholders, a clear statement of return on equity (ROE) targets, one of the stock price indices, and how to achieve them, and an increase in the number of independent outside directors who can govern management to raise stock prices rather than expand business.

Corporate governance for the benefit of shareholders (funds) is causing major problems worldwide, including the pursuit of short-term profits and the destruction of human, labor, and environmental rights. We are now beginning to seek a shift to corporate governance and corporate management that guarantees the diverse human rights of all people in the world.

Corporate Management in Post-Shareholder Capitalism: Multifaceted Comparative Study on "Joint" and "Co-operation

Ryota MURAKAMI （Okinawa International University）

This study aims to predict the future of post-shareholder capitalism by examining the stages of development of capitalism and the countermeasures that emerged in each stage. Additionally, this study incorporates the element of "rural areas" into the management of corporations in post-shareholder capitalism.

In this paper, I will refer to the initial stage of capitalism as merchant capitalism, and it goes without saying that this capitalism has gradually developed into shareholder capitalism over time. As capitalism develops, various issues (climate change, vulnerable people in transportation, depopulation, etc.) have been exposed at the global and regional levels and have entered various phases in recent years, there is even talk of revising shareholder capitalism.

What is the next option (new mode of production) then? While there is a movement toward socialism in some quarters, this paper will discuss it from the perspective that "improvement" within the framework of capitalism is realistic. To do so, I compare the lessons of the past with the current situation, intertwining the elements of economic history and business history. I look for solutions to the various problems of capitalism today by going back to the past and thus take into account the differences in the stages of development of capitalism and refer to "community" and "co-operative" as opposing axes.

While taking up the various problems associated with the development of capitalism in rural areas, we learn how to counter them by revisiting the past and pointing out the relevance of these problems to the present day in order to predict the future of capitalism. Although this paper contains elements of economic history and business history, I would like to clarify the direction in which we can learn from history about contemporary issues and arrange them in a more contemporary way. Moreover, I attempt a multifaceted comparative study that includes local elements, especially from the perspective of Okinawa (and, in some cases, Amami) and that of the UK (and, in some cases, the US) in order to explain the necessity of the concept of community (co-operative). Finally, I discuss the sustainability of collaborative organizations, i.e., learning from cases of failure and examine alternatives.

Sustainable society and ownership of enterprise: the significance and limitations of the corporate purpose thesis as a critique of shareholder capitalism

Toru SAKURAI (Research Fellow at Business Institute of
Kokushikan University)

Faced to the environmental and social crisis, we are challenged to realize the sustainable society. Concerning to corporations, most debates have focused on asking how corporations should be directed towards the realization of the sustainable society, such as ESG investments, mandatory CSR or social regulations. Such debates and their practices are necessary and useful. At the same time, we must point out that those debates are lacking the viewpoint to ask what have been the causes of this crisis. If the answer is capitalism and corporations, it is then important to ask which form of enterprise ownership will achieve the sustainable society. The answer seems to be different according to the two opinions about which kind of capitalism is the causes of the crisis-capitalism in general or shareholder capitalism. The first opinion could be called a critique of capitalism itself, the second called a critique of the shareholder capitalism.

The article aims to investigate the significance and limitations of the corporate purpose thesis as a critique of the shareholder capitalism from the viewpoint of the role of enterprise ownership in the realization of the sustainable society. The object of our investigation is the very influential corporate purpose thesis presented by British Academy's Project, "the future of corporation" and Oxford professor Colin Mayer.

We approached our investigations from three dimensions: to compare the two opinions concerning the form of ownership of enterprises, that is, the worker cooperative vs the foundation-owned corporation; to explore the ascendent opinions of the corporate purpose thesis, those of Merrick Dodd in 1930s and George Goyder in 1950s; and to analyze six foundation-owned corporations, such as Denmark's , Carlsberg and Novo Nordisk, Germany's Robert Bosch and Carl Zeiss, and England's John Lewis Partnership and Scott Bader.

We found that the six foundation-owned corporations have two notable characteristics: partial or perfect independence from the stock market and employee participation in corporate decision-making, including employee-owned corporations. However, the corporate purpose thesis supported and admired these foundation-owned corporations only with the first characteristic, not with the latter aspect, in spite of the fact that the ascendant research had found the importance of the latter. Restating the corporate purpose thesis to include both characteristics, it will be easy to understand that the worker cooperatives recommended by the critique of capitalism and the foundation-owned corporations recommended by the corporate purpose thesis have a commonality.

A study on the management philosophy of Korean companies with longevity: Focusing on the spirit of public service exemplified by the founder of Doosan Group and his heir

Keisuke NAKAGAWA（Shimonoseki City University）

The purpose of this paper is to clarify how Doosan Group has become the only company with longevity (100 years old or older) in Korea by focusing on the management philosophy of its founder and his heir. Park Seung-jik, the founder of Doosan, aimed to diversify the corporation's stock at an early stage, irrespective of whether the business was managed by his family members. Park Doo-byung, the founder's heir, heeded the requirement for the separation of ownership and management and enabled the company to go public. Moreover, he declared that his successor would be selected based on their ability, regardless of blood relations. Indeed, he handed over his position as chairman to an individual who was not related to the family. In this regard, it was also revealed that they followed the same path as Kongo Gumi, the oldest company in the world. In addition, their management philosophy was characterized as the opposite of the pursuit of personal gain, which is the essence of Confucian ethics. This was made possible because the heir successfully inherited the founder's management philosophy underpinned by Christianity, and their spirit of public service based on Christianity was revealed to good effect.

Originally, Confucianism (Neo-Confucianism) was a governance ideology that aimed for long-term administration. However, this paper presents an unconventional view that the company broke away from Confucianism at an early stage, and it was this that enabled it to become the only company with longevity in Korea. In recent years, the term "anti-business sentiment" has emerged in Korean society along with a series of corporate scandals involving chaebols. The chaebols need to break away from the curse of Confucianism and attempt to separate ownership from management. That is to say, chaebols should not prioritize the private interests of only their families, but should keep in mind Doosan's motto "A company is a public institution of society," and enforce a spirit of public service in their companies.

Comprison of Personnel Networks Built through Interlocking Directorates in Germany before and after Wold War II: An Analysis of Representative Enterprises in Banking, Iron and Steel, and Chemical Industries

Toshio YAMAZAKI（Ritsumeikan University）

Inter-firm relationships are of significance for cooperation between enterprises. Of various measures to secure cooperation between corporations, interlocking directorates have been an important means of collecting, exchanging, and sharing information and coordinating interests between cormpanies. Concerning the interlocking directorates, another special type of interfirm relationships can be observed in addition to the direct and indirect interlocking directorates. There are numerious cases in which members of the supervisory boards of several other enterprises in which the supervisory board members of a company have interlocking mandates also hold many posts of third-party enterprises. Considering the interlocking directorate between a company and another company as a second-party enterprise as that in "distance 1," "distance 2" can be considered between second- and third-party enterprises, where the former has the mandate of the top management organ. Possibilities of exchanging and sharing information, coordinating interests, and resolving conflicts between enterprises are enlarged through such a system. When considering a system of interfirm relationships from the international perspective, in Germany, the interactive relationships between enterprises differ from those in other countries and a typical pattern can be observed.

In this paper, personnel networks built through interlocking directorates on the supervisory board in Germany are considered using the methodology of social network analysis. Cases of representative large enterprises in major industrial sectors such as the banking, the iron and steel, and the chemical before and after World War Ⅱ are analyzed. The characteristics and significance of personnel networks will be clarified through comparison among industrial sectors and between the periods before and after the war. This paper examines cases of Dresdner Bank AG, Vereinigte Stahlwerke AG, and IG Farben AG before the war. It also analyzes cases of Dresdner Bank AG, Mannesmann AG, and Bayer AG after the war.

A study on CSV deviance cases focusing on the dynamics of strategic CSR and passive CSR

Kota HIGUCHI （Chuo University）

Strategic Corporate Social Responsibility (CSR) is a concept to build a competitive advantage that a company identifies as a social issue, compatible with its business domain, and addresses the issue by integrating it with its business activities. Passive CSR seeks to fulfill social responsibility by responding to stakeholder needs through philanthropy. Creating Shared Value (CSV) is achieved by distinguishing between strategic and passive CSR and focusing on the former (Porter & Kramer 2006 ; 2011). In other words, the relationship between them has been viewed as static in previous research.

However, the actual business environment and social conditions are changing rapidly. Under such circumstances, it is not easy to appropriately judge the compatibility and integration of business and social issues. Additionally, there may be situations where reinterpreting strategic and passive CSR may be necessary (sharply distinguished at a certain point in time).

Therefore, I propose the dynamic nature of strategic and passive CSR. More precisely, we assume that initiatives positioned as passive CSR at a certain point in time may evolve into strategic CSR or contribute to the realization of CSV, depending on changes in the business environment and social conditions.

The subject of this study is the "Barley of Hope Project" undertaken by the alcoholic beverage manufacturer Asahi Group Holdings, Ltd. The project is a case study of how philanthropic activities were developed to support the recovery from the Great East Japan Earthquake that led to the formation of the beer barley industry.

The data from the interviews were analyzed. Then, we derived a process by which the network and trust with stakeholders in the affected area, gained through passive CSR, led to CSV (recovery of local industry and economy, and the company's business model).

『比較経営研究』 投稿規程

2004 年 9 月 4 日制定
2007 年 5 月 12 日改正
2011 年 5 月 13 日改正
2015 年 5 月 9 日改正

1) 投稿資格

原則として、当学会会員とする。

2) 投稿内容

経営の比較研究に関する学術論文（以下論文、大会報告にもとづく論文のほか、自由投稿論文も含む）、研究ノート、大会ワークショップ、ミニシンポ等の記録、書評等とし、未発表のものに限る。二重投稿は厳に禁止する。

3) 原稿字数

論文および研究ノートは 20,000 字（英文の場合は 7,500 語）以内、大会ワークショップ、ミニシンポ等の記録および書評は 7,000 字（英文の場合は 2,550 語）以内とする。この文字数には、本文のほかに図表、注、参考文献も含まれるものとする。

4) 使用言語

審査および印刷の関係上、使用言語は日本語、英語のいずれかとする。

使用言語が母語でない場合は、使用言語を母語とする者の点検を受けたうえで原稿を提出すること。十分な点検を受けていない原稿は受理しない。

5) 執筆要領

別に定める執筆要領にしたがうこととする。

6) 原稿審査

論文あるいは研究ノートとして提出された原稿は、統一論題報告にもとづく論文を除き、審査の上掲載を決定する。原稿の審査は、1 篇につき編集委員会が依頼する 2 名の会員により行う。なお、審査の過程において、編集委員会より、原稿の手直しや、論文から研究ノートへの変更を求めることがある。この求めに投稿者が同意できない場合、投稿者は原稿の投稿自体を取り消すことができる。

7) 投稿方法

論文あるいは研究ノートの投稿希望者は、学会誌発行前年の 8 月末日までに、氏名、所属、職名（大学院生の場合は課程、学年など）、住所、電話、Fax、e-mail アドレス、論文・研究ノート・書評などの別を書き、「執筆要領」に定める数の原稿とファイルとともに編集委員会に投稿すること。その他の原稿については、学会誌発行前年の 9 月末日までに投稿すること。

8) 規程の施行と改正

本規程は、2004 年 9 月 4 日より施行する。
本規程は、2007 年 5 月 12 日に一部を改正した。
本規程は、2007 年 5 月 12 日より施行する。
本規程は、2011 年 5 月 13 日に一部を改正した（3) および 7)）。
本規程は、2011 年 5 月 13 日より施行する。
本規程は、2015 年 5 月 9 日に一部を改正した。
本規程は、2015 年 5 月 9 日より施行する。
本規程改正は、理事会の承認によって行う。

最新の投稿規程は、学会ホームページをご確認ください。

『比較経営研究』 執筆要領

1) 原稿用紙は A4 用紙を使用し、1頁あたり40字×30行、横書きとする。活字は10.5ポイントのものを使用する。英文の場合は A4 用紙にダブル・スペースで印字する。

2) 英文アブストラクト（30行以内）を巻末に一括して掲載するので、執筆者は英語を母語とする人からチェックを受けたものを用意し、最初のページに添付する。

3) 統一論題報告をもとにした論文や書評を投稿する者は印刷した原稿1部と電子ファイルを、それ以外の論文や研究ノートを投稿する者はレフリー制度に基づき編集するため原稿3部と電子ファイルを、編集事務局宛に送付するものとする。付表は、必ず原稿の本文中か、末尾に一括して綴じるものとする。

4) タイトル・目次・本文について
   イ）本文の冒頭にタイトル、氏名、勤務先を付記する。例「経営太郎（比較大学）」
   ロ）査読の対象となる投稿の場合には、原稿には氏名、勤務先を付記せずに、別紙に連絡先（住所・電話番号・e-mail）とあわせ記載し、原稿とともに提出する。
   ハ）章・節・項の見出しは、それぞれ1、(1)、①とし、「項」以下の見出しはa)、b)、c)とする。
   ニ）大学院生の場合は所属を「経営太郎（比較大学・院）」とする。

5) 注・文献リストについて
   イ）本文中、当該箇所の右肩に1)、2)のようにつける。
   ロ）注および文献リストは、本文の文末にまとめて付す。
   ハ）一つの注のなかで複数の文献を列挙するときは、長くなる場合でも改行をしないことを原則とする。

6) 図表について
   イ）図および表はそのまま印刷できるよう鮮明なものを用意する。印刷所で新たに作る場合は実費負担を求めることもある。
   ロ）図表の番号と標題を、図の場合は図の下に、表の場合は表の上に記す。図1、図2、表1、表2のように図表は別々に、一連の番号を用いる。
   ハ）図や表の典拠などは図や表の下に注記する。

○ 著者校正を実施するが、編集上の重大な誤りを防ぐ目的であり、新たな文章を加えないものとする。
○ 予め決められた原稿字数と原稿締め切り日を厳守するものとする。
   ［付則］2004年度第2回理事会（2004年9月4日）改正
   ［付則］2007年度第3回理事会（2007年5月12日）改正
   ［付則］2010年度第2回理事会（2011年5月13日）改正（3）の一部）
   ［付則］2016年度第2回理事会（2017年5月12日）改正（1）2)5) および○の一部）
      ならびに追加（6)）

最新の執筆要領は、学会ホームページをご確認ください。

編集後記

　『比較経営研究』第46号は、2021年7月30日（金）〜8月1日（日）に、立命館大学びわこ・くさつキャンパス（滋賀県）を本部としてオンライン形式で開催された、日本比較経営学会第46回全国大会における統一論題「ポスト株主資本主義の経営─ポスト株主資本主義とポストコロナの経営（学）の探究」での研究報告、本テーマに関連するワークショップや講演会、そして自由論題や書評セッション報告をベースに編集いたしました。

　この2年間、新型コロナの影響も受けて世界は大きく変化し、日本でも貧富の格差がより顕在化しました。そのような中で、「ポストコロナ」や「ポスト株主資本主義」は本学会の会員だけではなく、さまざまな分野の研究者、そして世界中の人々が注目しているテーマです。そのような中で行われた統一論題は時宜に適うものであり、熱い討論が交わされました。本号は熱い討論の基になった4人の報告者の渾身の論文を収めた学会誌に仕上がっています。また、ワークショップ「ポスト株主資本主義と企業経営の探究」、講演会「株主重視型経営の限界と新たな経営のあり方」も統一論題に連動する内容となっており、この両記録を掲載できたことで、本号はより重厚な内容になったといえます。さらに、自由論題、書評も例年通り会員の皆様からご投稿をいただくことができました。会員の皆様をはじめ多くの方々にご一読いただきたい内容に仕上がったと思います。

　本号の刊行にあたり、ご投稿くださった会員の皆様ならびに、ご多忙な中、査読審査を快くお引き受けくださった会員の皆様に心より御礼を申し上げます。また、本号は新型コロナの影響もあって第45号と第47号との刊行間隔が短かったためタイトなスケジュールで編集されましたが、当初の予定通りのスケジュールで刊行することができました。原稿の提出期日を厳守してくださった関係者の皆様に重ねてお礼を申し上げます。編集委員長として至らぬ点も多々あったかとおもいますが、関係者の皆様のお声がけに励まされて、最後までやり切ることができました。ありがとうございました。

　最後に、刊行にあたっていつも的確なご助言をくださった文理閣の山下信様ならびに編集委員各位には、多大なご協力を賜りましたこと、厚く御礼申し上げます。

2022年3月

　　　　　　　日本比較経営学会　学会誌編集委員会委員長　　松本典子

日本比較経営学会

Japan Association for Comparative Studies of Management

　「企業経営の理論と現実を市場・社会体制との関連で比較研究する」ことを目的に、1976 年 4 月創立された。年次研究大会、部会の開催および学会誌の刊行などの研究交流事業を行っている。本学会はこれまでに『会社と社会―比較経営学のすすめ―』（文理閣、2006 年）、その英語版である Business and Society -New Perspective for Comparative Studies of Management, Bunrikaku Publisher, 2007 などを刊行してきた。

　本学会の概要、加入方法、連絡先については以下の本学会ホームページに掲載している。 http://www.soc.nii.ac.jp/jascsm/index.html

ポスト株主資本主義の経営
―ポスト株主資本主義とポストコロナの経営（学）の探究―
比較経営研究　第46号

2022年6月10日　第 1 刷発行

編　者　日本比較経営学会

発行者　黒川美富子

発行所　図書出版　文理閣
　　　　　京都市下京区七条河原町西南角　〒600-8146
　　　　　電話 075-351-7553　FAX 075-351-7560
ISBN978-4-89259-911-8